pmv FREIZEITFÜHRER MIT KINDERN

1. Auflage 2014, Frankfurt am Main
PETER MEYER VERLAG

HAMBURG MIT KINDERN

*300 preiswerte und spannende Aktivitäten
für drinnen und draußen*

VON KIRSTEN WAGNER & STEFANIE WÜLFING

IM & AUF DEM WASSER

FREIZEIT AKTIV & SPORTLICH

NATUR & UMWELT ERFORSCHEN

HANDWERK & GESCHICHTE

BÜHNE, LEINWAND & AKTIONEN

INFO & VERKEHR

REGISTER

INHALT

	6	**Vorwort**
	7	**Zur Gliederung des Buches**

IM & AUF DEM WASSER	11	**TIPPS FÜR WASSERRATTEN**
	11	**Baden**
	11	Frei- & Strandbäder
	18	Hallen- & Spaßbäder
	29	Badeseen
Kleine Wetterkunde 31	33	**Bootstouren**
Checkliste Bootstour 37	33	Einmal selbst Kapitän sein
Der Hamburger Hafen 43	40	Hamburg vom Wasser

FREIZEIT AKTIV & SPORTLICH	51	**FRISCHE LUFT UND SPORT**
	51	**Bewegen mit Muskelkraft**
	51	Radeln mit dem Wind
	54	Skaten auf Ramps oder im Zirkus
Paternoster 58	56	Wandern in Hamburg
	63	**Parks**
	63	Blumen bewundern
	65	**Ponyhöfe**
	65	Auf dem Rücken der Pferde …
	68	**Hamburgs Stadtpark**
Happy Birthday Stadtpark! 69	68	Action im Stadtpark Hamburg
	70	**Spielplätze**
	70	Bau- & Aktivspielplätze
	75	Parks & Plätze zum Toben
	79	Klettern & bouldern
	85	Indoorspielplätze
	92	**Winterspaß**
	92	Rodeln in den Hamburger Parks
	92	Schlittschuh laufen in Hamburg

TIERE UND NATUR VERSTEHEN	97	**NATUR &**
Tierparks	97	**UMWELT**
Tierisch was los	97	**ERFORSCHEN**
Kinderbauernhöfe	102	*Basteln* 107
Natur erkunden	104	*Baum vermessen* 109
Naturhäuser & Umweltgärten	104	
Sternwarten & Planetenlehrpfad	112	*10° 4' 47", 48° 50' 5"* 113

BAHNEN, SCHLÖSSER & MUSEEN	117	**HANDWERK &**
Alles einsteigen	117	**GESCHICHTE**
Bahnen	117	
Hinter Schloss & Riegel	120	
Betriebsbesichtigungen	120	*Die Cholera!* 121
Schlösser & Türme	127	
Entdeckertouren	130	*Rollende Köpfe – Piraten*
Durch Hamburgs Unterwelten	130	*in Hamburg* 137
Stadtbesichtigung oberirdisch	132	
Museen	138	*Aufbruch in ein neues*
Wissen und erleben	138	*Leben* 150
Geschichte & Kultur	147	
Kunst & Können	155	
Museen rund um den Hafen	157	

BÜHNE,	167	**HAMBURG KREATIV**
LEINWAND	167	**Theater für Kinder**
& AKTIONEN	167	Spielen lassen
	171	Selbst Theater spielen
Theater spielen 172	173	Puppentheater
	174	**Musik**
	174	Hier gibt's was auf die Ohren
	176	**Kino**
	176	Leinwandträume
	177	**Halli galli in Hamburg**
	177	Im Zirkus mitmachen
	179	Mitmach-Aktionen in Hamburg
Ferienpass 182	182	**Rund ums Buch**
Hamburg 183	183	Lesen und lesen lassen
	187	**Feste & Märkte**
	187	Festivals
	188	Volksfeste
	190	Polizei hautnah & Fischmarkt
Festkalender 191	191	**Advent in Hamburg**
Hamburg 194	191	Weihnachtsmärkte
INFO & VERKEHR	199	**WISSEN IST MACHT …**
	199	**…und Connexions sind alles!**
	199	Internetportale
	200	**Karten**
	201	Metrobusplan
	203	Geografischer Metrobusplan
	205	Hafenfähren
	206	Infoquellen
REGISTER	210	**Register**

IMPRESSUM

Unsere Inhalte werden ständig gepflegt, aktualisiert und erweitert. Für die Richtigkeit der Angaben übernimmt der Verlag jedoch keine Haftung. | 1. Auflage 2014. **Umschlag- und Reihenkonzept,** insbesondere die Kombination von Griffmarken und Schlagwort-System auf dem Umschlag, sowie Text, Gliederung und Layout, Karten, Tabellen, Piktogramme und Illustrationen sind urheberrechtlich geschützt. | Abdruck und Einspeisung in elektronische Medien, auch auszugsweise, nur mit Genehmigung des Verlags. | Die Aufnahme und Beschreibung in diesem Buch unterliegt der Auswahl durch die Autorinnen und kann nicht erkauft werden. Anzeigenschaltung ist unabhängig davon möglich. | **Druck & Bindung:** AZ Druck und Datentechnik GmbH, Kempten, www.az-druck.de | **Umschlag:** Agentur 42, Annette Sievers, Foto U4 »Auf dem Michel« Kirsten Wagner | **Fotos:** Wenn nicht anders angegeben, alle Rechte beim Verlag, siehe Nachweis beim jeweiligen Bild. Wir danken allen Unterstützern. **Zeichnungen:** Silke Schmidt | **Karten:** OpenStreetMap-Mitwirkende (ODbL) | **Bezug:** über Prolit, Fernwald-Annerod, oder den Verlag, ✆ 069/405 62 57-0, vertrieb@PeterMeyerVerlag.de.

ISBN 978-3-89859-420-2

PEFC zertifiziert
Dieses Produkt stammt aus nachhaltig
bewirtschafteten Wäldern und kontrollierten
Quellen.

www.pefc.de

VORWORT

Hamburg: Das sind die Elbe und der Hafen, ein riesiger See mitten im Stadtzentrum, unzählige Parks und Kanäle sowie viele Geschäfte und genug Trubel in den Straßen. Das haben wir zu Beginn unserer Entdeckungstour erwartet und uns auf Boots- und Wandertouren, auf Hafenrundfahrten, Museen und Abenteuerspielplätze eingestellt. Aber Hirsche röhren hören? Am Sandstrand in der Sonne braten? Auf einer Riesendüne wandern, eine eigene Schokolade herstellen und in Fantasie-Abenteuerwelten abtauchen?

Die zweitgrößte Stadt Deutschlands bietet euch unendlich viele Möglichkeiten zum Entdecken, Spielen, Toben und Lernen.

Wir waren mit viel Spaß und einigen »Oh«- und »Aha«-Erlebnissen auf der Suche und haben hier unsere besten Tipps für euch zusammengestellt.

Wir sind selbst Mütter: Eine Wahlhamburgerin, die auf ihren Erkundungen so manchen Geheimtipp ausfindig gemacht hat und von Ben (3) kräftig unterstützt wurde. Seine Spezialität: Der Spaßfaktor auf Spielplätzen! Die andere kennt Hamburg von Kindesbeinen an und hat die Stadt mit ihren drei Söhnen neu ausgekundschaftet.

Egal, ob ihr nun selbst in Hamburg wohnt oder ob ihr als Besucher kommt – in *Hamburg mit Kindern* erhaltet ihr zahlreiche Anregungen, was ihr hier unternehmen könnt: Am, auf oder im Wasser, in der Natur oder in einem der zahlreichen Museen. Dabei haben wir natürlich auch die neusten Attraktionen für euch in Augenschein genommen, z.B. das Chocoversum, das Festland, die Flut-Erlebnisausstellung oder das Drachenlabyrinth.

Wir wünschen euch viel Spaß beim Entdecken von Hamburg!

Kirsten Wagner und Stefanie Wülfing

Über die Autorinnen

Kirsten Wagner schreibt seit vielen Jahren Freizeit- und Reiseführer. Als Online-Redakteurin testet sie außerdem Freizeittipps in ganz Norddeutschland und entwickelt Internetseiten für Kinder. Für pmv hat sie nach dem Harz und Hannover nun Hamburg erkundet. Ihre Söhne Lukas, Jonathan und Niko sind als Tester für kinderfreundliche Aktivitäten immer gerne mit von der Partie.

Stefanie Wülfing ist Referentin für deutsche Sprache und Kultur. Seit 2006 lebt sie in Hamburg und hat für pmv jetzt mit ihrem Sohn Ben Hamburger Attraktionen für Kinder unter die Lupe genommen.

Kirsten Wagner

Stefanie Wülfing

Zur Gliederung dieses Buches

▶ Das Buch *Hamburg mit Kindern* ist in **6 Griffmarken** gegliedert: *Im & auf dem Wasser*, *Freizeit aktiv & sportlich*, *Natur & Umwelt erforschen*, *Handwerk & Geschichte*, *Bühne, Leinwand & Aktionen* und *Info & Verkehr*.

In **Im & auf dem Wasser** sind Infos zu Frei- und Hallenbädern, zu Seen und Flüssen sowie zu Kanu-, Tretboot- und Schifffahrten zu finden. Ihr erfahrt sogar, wo ihr Segeln oder Surfen lernen könnt.

Freizeit aktiv & sportlich gibt euch Ideen für Radtouren und Spaziergängen und zeigt, wo ihr ponyreiten, klettern, eislaufen und skaten könnt, welche Parks zu sportlicher Aktivität einladen und wo ihr die tollsten Spielplätze drinnen und draußen findet.

Natur & Umwelt erforschen stimmt euch auf umweltfreundliches Naturerleben ein. Hier findet ihr Tierparks, Programme von naturkundlichen Exkursionen sowie Planetarien.

Handwerk & Geschichte führt euch zu den vielen spannenden Museen in Hamburg. Ihr werdet über-

Schreibt an:
Peter Meyer Verlag
Hamburg mit Kindern
Schopenhauer-
straße 11
60316 Frankfurt a.M.
info@PeterMeyer-
Verlag.de
www.PeterMeyer-
Verlag.de.
Trefft uns auf face-
book.com/PeterMeyer-
Verlag mit vielen guten
Tipps rund ums Rei-
sen und Ausfliegen!

rascht sein, wie viel es auch bei schlechtem Wetter zu entdecken gibt! Dass sogar Stadtführungen keinesfalls langweilig sein müssen, erfahrt ihr z.B. auf dem Seeräubergang oder wenn es per Bus in den Hafen geht. Auch die touristischen Höhepunkte wie die Michaeliskirche, den Alten Elbtunnel oder das Rathaus findet ihr hier.

Bühne, Leinwand & Aktionen informiert euch über Theater und Kino, aber auch Lese-Clubs, Zirkus oder Kochschulen. Der **Festkalender** listet wichtige Großveranstaltungen in Hamburg auf, die ihr nicht verpassen solltet.

Die Griffmarke **Info & Verkehr** versorgt euch mit Infostellen und -quellen sowie Verkehrshinweisen, damit ihr in Hamburg und auch ohne Auto hin- und wegkommt. Die **Verkehrslinienpläne** helfen euch dabei.

▶ pmv-Leser sind neugierig und mobil – nicht nur in der Fremde, sondern auch in der eigenen Umgebung. Den Wissensdurst ihres Nachwuchses wollen sie fördern, seinem Tatendrang im Einklang mit der Natur freie Bahn lassen. Daher finden Sie in diesem Ausflugsführer Tipps und Adressen zu allem, was kleine und große Kinder begeistert, je nach Wetterlage und Jahreszeit. Alle Adressen und Aktivitäten wurden von den Autorinnen persönlich begutachtet und strikt nach Kinder- und Familienfreundlichkeit ausgewählt. Es ist nicht möglich, einen Eintrag ins Buch zu erkaufen.
Wir freuen uns über Tipps und Anregungen! ◀

IM & AUF DEM WASSER

© pmv, Kirsten Wagner

IM & AUF DEM WASSER

FREIZEIT AKTIV & SPORTLICH

NATUR & UMWELT ERFORSCHEN

HANDWERK & GESCHICHTE

BÜHNE, LEINWAND & AKTIONEN

INFO & VERKEHR

REGISTER

Hamburg ist eine Wasserstadt! Wer sich ins Wasser begeben möchte, hat im Sommer die Wahl zwischen Frei-, Strand- und Naturbädern sowie mehreren Seen. Ganzjährig locken in und um Hamburg tolle Erlebnisbäder unter ihre Dächer.

Nicht nur Elbe und der Hafen oder die Alster laden dazu ein, sich aufs Wasser zu begeben, sondern auch die vielen Kanäle, Flussarme und Fleete. Unzählige Stationen verleihen Kanus, Ruder- und Tretboote. Segelkurse sind ebenso im Angebot wie Hafenrundfahrten auf Barkassen und Schaufelraddampfern.

TIPPS FÜR WASSER-RATTEN

Frei- & Strandbäder

BADEN

Die längste Rutsche Hamburgs
Freibad Aschberg, Rückersweg, 20537 Hamburg-Hamm. ✆ 040/18889-0, www.baederland.de. **Bahn/Bus:** Bus 130 bis Braune Brücke. **Auto:** Eiffestraße (B5). **Zeiten:** Mitte Mai – Mitte Sep Mi – So 10 – 18 Uhr. **Preise:** 3 €; Kinder bis 15 Jahre 1,50 €; Familie 2 Erw, 1 Kind 7,30 €.

▶ Mit 111 m Länge besitzt das Freibad Aschberg die längste Rutsche von Hamburg! Von einem Hügel schlängelt sie sich mit euch abwärts. Wer lieber seine Ausdauer trainiert, nutzt das 50 m lange Schwimmbecken. Es besitzt außerdem ein Nichtschwimmer- und ein Sprungbecken, in das ihr sogar aus 5 m Höhe hüpfen dürft. Das runde Planschbecken erfreut die kleinsten Badegäste.

Wasservergnügen mit Elbblick
Hallen- und Freibad Finkenwerder, Finksweg 82, 21129 Hamburg-Finkenwerder. ✆ 040/18889-0, www.baederland.de. **Bahn/Bus:** Fährlinie 62 ab Landungsbrücke 3, Bus 150, 251 bis Steendiek. **Auto:**

Aufräumen kann ja doch Spaß machen: Als Fleetenkieker auf der Alster tut ihr Gutes für Mensch und Natur

A7 Ausfahrt 30 HH-Waltershof, Finkenwerder Straße, Aue-Hauptdeich, Ostfrieslandstraße, Steendiek, Schloostraße. **Zeiten:** Hallenbad Di – Sa 14 – 18 Uhr, Freibad Mai – Sep Mo – Do 10 – 20, Fr 8.30 – 20, Sa, So 10 – 18 Uhr. **Preise:** 5,40 €; Kinder bis 15 Jahre 2,70 €; Familie 2 Erw, 1 Kind 11,60 €.

▶ Auf der einen Seite die *Elbe,* auf der anderen Seite der *Steendiekkanal* und noch dazu mitten im *Gorch-Fock-Park* – so herrlich liegt das Schwimmbad in Finkenwerder. Mit Blick aufs Wasser lässt es sich im Freibad wunderbar planschen. Ein 50-m-Becken mit Nichtschwimmerteil und Sprungkuhle (1- und 3-m-Brett) bietet viel Platz für sommerlichen Badespaß. Ein Spielplatz, Tischtennisplatten, ein Beachvolleyballfeld und ein Basketballkorb sorgen für Abwechslung auf dem Trockenen.

Im 25-m-Mehrzweckbecken des **Hallenbades** könnt ihr dann in der kühleren Jahreszeit abtauchen. Wer noch nicht schwimmen kann, besucht die **Pinguin-Schwimmschule.**

 Schwimmen wie ein **Pinguin?** Das lernt ihr in der Schimmschule des Bäderlands, z.B. in Finkenwerder. Nach jeweils drei Kursen seid ihr ein Junior Pinguin, ein Pinguin oder ein Star Pinguin. Ein Kurs kostet 49 €.

Freibad Neugraben

Neuwiedenthaler Straße 1, 21147 Hamburg-Neuwiedenthal. ✆ 040/18889-0, www.baederland.de. **Bahn/Bus:** Bus 251, 340. **Auto:** B4/75, B73, rechts Süderelbebogen, im Kreisel 1. Ausfahrt. **Zeiten:** Mitte Mai – Mitte Sep 10 – 18 Uhr. **Preise:** 3 €; Kinder bis 15 Jahre 1,50 €; Familie 2 Erw, 1 Kind 7,30 €.

▶ Klein, aber fein ist das **Freibad** Neugraben im Südwesten von Hamburg. Hier geht es familiär und gemütlich zu. Das Schwimmbecken besitzt eine Größe von 19 x 8 m. In den Nichtschwimmerbereich führt eine 6 m lange Rutsche.

Außerdem sind für euch zum Toben und Spielen Planschbecken, Spielplatz und ein Beachvolleyballfeld vorhanden.

Für den Erhalt des Bades setzt sich ein Förderverein ein. Er organisiert auch Mondscheinbaden mit Übernachtung oder das Saisonabschlussfest, www.freibad-neugraben.de.

Freibad mit Abenteuerfelsen

Freizeitbad Geesthacht, Elbuferstraße 1, 21502 Geesthacht. ✆ 04152/3100, www.freizeitbad-geesthacht.de. **Bahn/Bus:** S2, S21 bis Bergedorf, Bus 12 bis Geesthacht ZOB, Bus 539, 8890, 8892 bis Freibad. **Auto:** A25 Richtung Geesthacht, B404, Ausfahrt Richtung Geesthacht/Altengamme, links Am Schleusenkanal, rechts Steinstraße. **Zeiten:** Mai – Sep Mo 10 – 20, Di – Fr 6.30 – 20, Sa, So 7 – 20 Uhr. **Preise:** 4 €; Kinder 3 – 17 Jahre 2,50 €; Familie 2 Erw, 2 Kinder 10 €.

Bitte lächeln: Im Freizeitbad Geesthacht ist Badespaß garantiert

▶ Schwimmen und dabei Schiffe beobachten? Das geht im Freibad von Geesthacht, weil es direkt an der *Elbe* liegt. Zwei 50 m lange Becken laden im Sommer zum Baden, Tauchen und Springen ein. Zum Schwimmerbecken gehört eine Sprunganlage, von der ihr aus 1, 3 und 5 m Höhe eintauchen könnt. In das eine Ende des Nichtschwimmerbeckens mündet die 65 m lange Wasserrutsche, am anderen Ende erwartet euch der Abenteuerfelsen. Und an Land? Da könnt ihr kickern, in der Sandkiste buddeln, Volleyball, Tischtennis oder Riesenschach spielen.

Minigolf, Werftstraße, Geesthacht. Handy 0173/2633260 (Thomas Aussieker). www.geesthacht.de. April – Okt ab 14 Uhr. 2,50 €, Kinder 2 €.

Freibad im BeachCenter Hamburg

Alter Teichweg 220, 22049 Hamburg-Dulsberg. ✆ 040/6964613-0, www.beachhamburg.de. **Bahn/Bus:** U1 bis Wandsbek-Gartenstadt; Bus 8 bis Tilsiter Straße. **Auto:** Oberaltenallee, rechts Dehnheide, geradeaus bis Eulenkamp. **Zeiten:** Mai – Aug 10 – 18 Uhr. **Preise:** 3 €; Kinder bis 12 Jahre 1,50 €.

Happy Birthday! Feiert hier euren Geburtstag im Sand, ab 14 € pro Person.

IM & AUF DEM WASSER

Volleyball, aber auch Fußball, könnt ihr im BeachCenter im Sand spielen. Es gibt 8 Plätze in der Halle und 7 draußen. Kosten: Outdoor 24 € pro Std, Indoor 38 € pro Std, jeweils für bis zu 4 Spieler.

▶ In das 2010 eröffnete BeachCenter wurde das Freibad Dulsberg integriert. Wer ein Beachvolleyballfeld bucht, kann ohne weitere Kosten ins Wasser eintauchen. Aber es lohnt sich auch, nur fürs Badevergnügen herzukommen. Denn neben dem 25-m-Schwimmbecken gibt es ein spannendes Becken mit Wasserspielplatz, eine 12 m lange Wellenbreitrutsche und einen Schlammspielplatz.

Baden und Waterclimbing in Billstedt

Archenholzstraße 50a, 22117 Hamburg-Billstedt. ✆ 040/18889-0, www.baederland.de. **Bahn/Bus:** U2 bis Billstedt oder Bus 233 bis Liebezeitstraße. **Auto:** Horner Landstraße, Schiffbeker Weg, Gothaer Weg. **Zeiten:** Di – Do 14 – 20, Fr 8.30 – 20, Sa, So 10 – 18 Uhr, Freibad Mai – Sep. **Preise:** 5,70 €; Kinder bis 15 Jahre 2,80 €; Familie 2 Erw, 1 Kind 12,20 €.

Hier ist Mut gefragt: Von der Kletterwand könnt ihr euch aus 6 m Höhe ins Wasser fallen lassen

© Bäderland Hamburg

▶ Die Sonne lacht über Hamburg? Dann nichts wie hin ins **Freibad** von Billstedt. Dort erwartet euch mit der Waterclimbing-Wand ein besonderer Höhepunkt. Auf drei Routen könnt ihr 6 m in die Höhe klettern und euch anschließend ins Wasser fallen lassen. Außerdem gibt es hier ein 50-m-, ein Nichtschwimmer- und ein Planschbecken. Ebenso ein Sprungbecken mit 1- und 3-m-Brettern sowie einem 5-m-Sprungturm. Wenn im September das Wasser draußen abgelassen wird, geht der Badespaß im **Hallenbad** weiter. Die 96 m lange Reifenrutsche dürft ihr ab 7 Jahre alleine hinabsausen. Für die 40 m lange Turborutsche solltet ihr 13 Jahre alt sein.

Freibad Rahlstedt

Wiesenredder 85, 22149 Hamburg-Rahlstedt. ✆ 040/18889-0, www.baederland.de. **Bahn/Bus:** Bus 164. **Auto:** B75, Tonndorfer Hauptstraße, Rahlstedter Straße, Brockdorffstraße, Am Sooren. **Zeiten:** Mitte Mai – Mitte Sep 10 – 18 Uhr. **Preise:** 3 €; Kinder bis 15 Jahre 1,50 €; Familie 2 Erw, 1 Kind 7,30 €.

▶ Abkühlung an heißen Sommertagen verspricht das Freibad in Rahlstedt. Ins 50-m-Becken gelangt ihr über die Sprunganlage oder die 3 m lange Rutsche. Für die Badepausen bieten Spielplatz, Minigolfplatz, Beachvolleyballfeld, Tischtennisplatten und Fußballtore viel Abwechslung. Oder ihr buddelt im Sand, während eure Eltern es sich in einem der Strandkörbe gemütlich machen. Natürlich gibt es auch einen Kiosk und ein Planschbecken.

Freibad Duvenstedt

Puckaffer Weg 3, 22397 Hamburg-Duvenstedt. ✆ 040/6070288, www.freibad-duvenstedt.de. **Bahn/Bus:** U1 bis Ohlstedt, Bus 176, 276 bis Lohe. **Auto:** Bramfelder Chaussee, Saseler Chaussee, durch Poppenbüttel Richtung Lemsahl, in Duvenstedt Kreisel 3. Ausfahrt. **Zeiten:** Juni – Aug 11 – 18 Uhr. **Preise:** 2,50 €; Kinder bis 13 Jahre 1 €.

▶ Das nördlichste Bad Hamburgs befindet sich in Duvenstedt. Das Naturbad ist in Schwimmer- und Nichtschwimmerbereich unterteilt. Auf zwei Rutschen saust ihr ins Wasser. Es gibt auch Startblöcke. Ein kleiner Strand lädt zum Buddeln ein, die Liegewiese zum Sonnenbad. Außerdem gibt es einen Spielplatz mit Tischtennisplatte und einen Kiosk.

Hunger & Durst

Duvenstedter Eiscafé, Poppenbütteler Chaussee 8, Duvenstedt. ✆ 040/60761377. www.duvenstedter-eiscafe.de.

Naturbad Kiwittsmoor: Das Kiwi

Hohe Liedt 9, 22417 Hamburg-Langenhorn. ✆ 040/ 5370247, www.naturbad-kiwittsmoor.

Seit 1985 betreibt der Hamburger Turnerbund von 1862 das *Naturbad Kiwittsmoor.* Im Angebot des Sportvereins sind z.B. Basketball, Schwimmen und Wasserball: www.htb62.de.

de. **Bahn/Bus:** U1 bis Kiwittsmoor; Bus 192 bis Hohe Liedt. **Auto:** B447, B433, Krohnstieg, links Langenhorner Chaussee, Neuberger Weg. **Zeiten:** Mai – Sep 11 – 19 Uhr. **Preise:** 3 €; Kinder 4 – 15 Jahre 1,50 €; Familienkarte 2 Erw, 1 Kind 6,50 €.

▶ Wer hier ins Wasser eintauchen will, muss sich um rote Augen vom Chlor keine Sorgen machen. Im Naturbad Kiwittsmoor badet ihr nämlich in frischem Brunnenwasser, es wird aus 507 m Tiefe hochgepumpt.

Das »Kiwi« besitzt ein 50 x 50 m (!) großes Schwimmerbecken. Ein Holzsteg trennt von ihm das 30 x 50 m große Nichtschwimmerbecken. Ein Strand bietet nicht nur einen flachen Einstieg, sondern auch viel Material zum Baggern und Bauen. Ihr mögt es sportlich? Dann spielt doch Minigolf, Tischtennis oder Beachvolleyball auf einem der acht Felder! Seit 2013 gibt es zudem eine Boccia-Bahn. Ein Spielplatz ist ebenfalls vorhanden. Knurrt der Magen, hilft der Kiosk mit Biergarten weiter.

Vieel Platz im Poseidonbad
Ollweg 51, 22527 Hamburg-Eidelstedt. ✆ 040/5705522, www.poseidon-hamburg.de. **Bahn/Bus:** Bus 4, 183, 281, 283 bis Wördemanns Weg. **Auto:** B4/5 (Kieler Straße), Düngelskamp. **Zeiten:** Mai – Sep Mo – Fr 9 – 22, Sa, So 9 – 19 Uhr. **Preise:** 6 €; Kinder bis 15 Jahre 3,50 €; Familie 2 Erw, 2 Kinder 14 €.

▶ Gleich zwei 50 m lange Becken stehen im Freibad des Schwimmvereins Poseidon zur Auswahl für alle, die schon schwimmen können.

Wasser marsch: Am Ende der langen Rutsche platscht ihr ins Wasser

© pmv, Kirsten Wagner

Nichtschwimmer vergnügen sich im eigenen Becken mit angeschlossenem Planschbecken. Wer es sportlich mag, spielt in den Badepausen Tischtennis oder Beachvolleyball. Ein Spielplatz mit Sandkiste, Schaukel und Wippe ist ebenfalls vorhanden.

Freibad Osdorfer Born
Am Osdorfer Born, 22549 Hamburg-Osdorf. ✆ 040/18889-0, www.baederland.de. **Bahn/Bus:** Bus 3, 21,37 bis Achtern Born. **Auto:** B431 (Osdorfer Landstraße), Rugenfeld, 1. links. **Zeiten:** Mitte Mai – Mitte Sep 10 – 18 Uhr. **Preise:** 3 €; Kinder bis 15 Jahre 1,50 €; Familienkarte 2 Erw, 1 Kind 7,30 €.

▶ Sommerlichen Badespaß bietet im Hamburger Westen das Freibad Osdorfer Born. Umgeben von grünen Wiesen liegt das 50 m lange Schwimmbecken, in das sich eine 41 m lange Rutsche schlängelt – und ihr natürlich mit! Zudem gibt es ein Planschbecken, einen Spielplatz und ein Beachvolleyballfeld.

Freibad Marienhöhe
Luzerneweg 1 – 3, 22589 Hamburg-Sülldorf. ✆ 040/18889-0, www.baederland.de. **Bahn/Bus:** S1, S11 bis Sülldorf, 15 Min Fußweg. **Auto:** B431 (Sülldorfer Landstraße), Sülldorfer Kirchenweg, Heidhofsweg. **Zeiten:** Mai – Aug 10 – 18 Uhr. **Preise:** 3 €; Kinder bis 15 Jahre 1,50 €; Familienkarte 2 Erw, 1 Kind 7,30 €.

▶ Hier macht das Abtauchen im Sommer Spaß. Es gibt nicht nur ein 50 m langes Schwimmerbecken mit Rutsche und Sprunganlage (1- und 3-m-Bretter), sondern auch ein Nichtschwimmerbecken mit einer weiteren Rutsche. Die Jüngsten haben in ihrem Planschbecken genug Platz, um das nasse Element zu erobern. An Land geht der Spaß weiter bei Tischtennis und Beachvolleyball. Auch ein Spielplatz und ein Kiosk sind vorhanden. Eure Eltern können sich

 Schwimmkurs für Kinder ab 6 Jahre: 95 €. Ihr wollt nach dem Kurs weiter schwimmen oder Wasserball spielen? Dann werdet doch Mitglied im Verein, 14 € pro Monat.

 Das Freibad grenzt an den **Waldpark Marienhöhe.** Hier könnt ihr herrlich toben und spielen. Es gibt einen Skaterpark, einen Bolz- und Streetballplatz sowie einen Spielplatz.

auf der großen Liegewiese entspannen, sogar auf einem Liegestuhl (2 € Gebühr).

Arriba Strandbad im Stadtpark Norderstedt

Stormarnstraße 55, 22844 Norderstedt. ℂ 040/521984-72, www.arriba-strandbad.de. **Bahn/Bus:** U1 bis Norderstedt-Mitte, Bus 293, 393 bis Stadtpark. **Auto:** B432, links Langenhorner Chaussee, links Stormannstraße, Parkplätze am Haupteingang am Kulturwerk am See. **Zeiten:** Mai – Sep Mo – Fr 12 – 20, Sa, So 9 – 20 Uhr. **Preise:** 3 €; Kinder 2 €.

▶ Zur Landesgartenschau 2011 eröffnet, ist das Strandbad im Stadtpark von *Norderstedt* jeden Sommer ein Ziel für alle, die das Baden im See und das Buddeln im Sand lieben. 4000 qm stehen für den Burgenbau zur Verfügung. Im Wasser gibt es einen großen, abgeteilten Bereich für Nichtschwimmer.

Kein Badewetter? Dann wandert doch einmal um den See. Der »Seeloop« ist 2 km lang.

Hallen- & Spaßbäder

Auf der perfekten Welle

Holthusenbad, Goernestraße 21, 20249 Hamburg-Eppendorf. ℂ 040/188890, www.baederland.de. **Bahn/Bus:** U1, U3, Bus 22, 25, 118 bis Kellinghusenstraße. **Zeiten:** Sep – April 9 – 23, Mai – Aug 9 – 22 Uhr. **Preise:** Sommer 9,70 €/Tag, 8,50 €/3 Std, Winter Sep – April Sa, So, Fei 10,20 €/Tag, 9 €/3 Std; Kinder bis 16 Jahre Sommer 7,20 €/Tag, 5,90 €/3 Std, Winter Sep – April Sa, So und Fei 7,40 €/Tag, 6,10 €/3 Std; Sommer 1 Erw und 1 Kind 12,70 €/Tag, 11,50 €/3 Std, 2 Erw und 1 Kind 21,40 €/Tag, 18,10 €/3 Std, jedes weitere Kind 3 € bis zu 3 Kinder, Winter Sep – April Sa, So und Fei 1 Erw und 1 Kind 13,50 €/Tag, 12 €/3 Std, 2 Erw und 1 Kind 22,40 €/Tag, 18,60 €/3 Std.

▶ Neben der Haltestelle Kellinghusenstraße ist das Holthusenbad, in dem ihr sowohl in der **Therme** als auch im **Wellenbad** gegenüber viel Spaß haben könnt. Im letzteren erwarten euch alle halbe Stunde lustige zehn Minuten stürmischer Wellengang. Meistens sind auch Matten zum Draufsitzen und Festhalten im Wasser. Besonders schön ist die Verbindung von Kleinkindbecken mit Wasserspuckern und Minirutsche mit dem Wellenbad. Für Erwachsene gibt es einen **Spa-Bereich** mit mehreren Saunen.

Am Wochenende und in den Ferien wird es manchmal voll. Deshalb gilt: Wer sehr früh oder relativ spät kommt, hat mehr vom Wasser.

Kaifu-Bad

Hohe Weide 15, 20259 Hamburg-Eimsbüttel. ✆ 040/18889-0, www.baederland.de. **Bahn/Bus:** U2 bis Christuskirche. **Auto:** B5 Fruchtallee, links. **Zeiten:** Mo – Fr 9 – 24, Sa, So 10 – 23 Uhr, Freibad Mai – Sep. **Preise:** 5,50 €; Kinder bis 15 Jahre 2,70 €; Familie 2 Erw, 1 Kind 11,80 €.

▶ Kaifu ist keine neue Kampfsportart, sondern die Abkürzung für das **Kaiser-Friedrich-Ufer.** Das Südufer des *Isebekkanals* trägt diesen Namen und an dem liegt das Kaifu-Bad. Zur Jahrhundertwende 1900 erbaut, versprüht es den Charme seiner Zeit und bietet doch modernen Komfort.

*Friedrich Wilhelm III. (1831 – 1888) war Namenspate für das **Kaiser-Friedrich-Ufer**. 1888 folgte er seinem Vater Wilhelm I. auf den deutschen Thron. Er war zu diesem Zeitpunkt schon sehr krank und regierte bis zu seinem Tod nur 99 Tage.*

IM & AUF DEM WASSER

Baden in besonderer Umgebung: Im Kaifu-Bad schwimmt ihr unterm Glasdach

Im **Freibad** erwarten euch neben dem 50-m-Schwimmbecken ein Planschbecken mit bunten Spielgeräten sowie eine Sprunganlage mit eigenem Becken. Bei Sprüngen aus 5 oder gar 10 m Höhe könnt ihr euren Mut unter Beweis stellen oder ihr übt erst einmal an den niedrigeren Sprungbrettern. Das **Hallenbad** besitzt ein Schwimmbecken von 22 m Länge und ein ganzjährig beheiztes Außenbecken.

Hallenbad St. Pauli

Budapester Straße 29, 20359 Hamburg-St. Pauli. ✆ 040/18889-0, www.baederland.de. **Bahn/Bus:** Bus 6 bis Paulinenstraße. **Auto:** B4. **Zeiten:** Di – Do 14 – 18 Uhr, Ferien ab 10 Uhr, Fr 8.30 – 18, Sa 14 – 18 Uhr, 10 – 14 Uhr nur für Frauen, So 10 – 18 Uhr. **Preise:** 5,40 €; Kinder bis 15 Jahre 2,70 €; Familie 2 Erw, 1 Kind 11,60 €.

▶ Wer vor allem schwimmen möchte, ist im Hallenbad von St. Pauli gut aufgehoben. Es punktet mit seiner zentralen Lage und einem sonntäglichen Spielangebot: Ab 10.30 Uhr werden im Nichtschwimmerbecken verschiedene Spielgeräte zur Verfügung gestellt. Das Schwimmbecken ist 25 m lang und besitzt ein 3-m-Sprungbrett. Zum Angebot gehören Babyschwimmen und Schwimmkurse.

Bille-Bad Bergedorf

Reetwerder 25, 21029 Hamburg-Bergedorf. ✆ 040/18889-0, www.baederland.de. **Bahn/Bus:** Bus 135 bis Bille-Bad. **Auto:** B5 (Bergedorfer Straße), links Weidenbaumsweg. **Zeiten:** 10 – 22 Uhr. **Preise:** 5,50 €; Kinder bis 15 Jahre 2,70 €; Familie 2 Erw, 1 Kind 11,80 €.

▶ Wer hier im Außenbereich schwimmt, zieht direkt an der idyllischen *Bille* vorbei. Zu erreichen ist der ganzjährig beheizte Außenpool direkt von der Halle. Dort locken neben dem Sportbecken (25 m) ein Erlebnisbecken mit Wasserfall und Bodensprudlern sowie ein Wasserspielgarten für Kinder bis 6 Jahre ins nasse Element. In beiden herrschen angenehme 32 Grad.

Wasserspaß mit Wickie im MidSommerland

Gotthelfweg 2, 21077 Hamburg-Harburg. © 040/ 188890, www.baederland.de. **Lage:** Am Harburger Stadtpark. **Bahn/Bus:** Bus 145 bis Freizeitbad Midsommerland. **Auto:** Aus Norden A253 Harburger Umgehung bis zum Ende, dort rechts in die Hohe Straße, 3. Straße rechts Winsener Straße, rechts Vinzenzweg, geradeaus in den Gotthelfweg, aus Süden B4 Winsener Straße, links Vinzenzweg, geradeaus in den Gotthelfweg. **Zeiten:** 10 – 23 Uhr. **Preise:** 1,5 Std 6,10 €, 3 Std 6,90 €, Tag 8,90 €; Kinder bis 16 Jahre 1,5 Std 3 €, 3 Std 3,40 €, Tag 4,50 €; Familie Erw, 1 Kind 3 Std 9,10 €, Tag 11,40 €, Familie 2 Erw, 1 Kind 3 Std 14,60 €, Tag 17,80 €, jedes weitere Kind 2 € (max 3), Rabatte mit der Multi Card.

▶ Felsen und Wasser – das sind die Elemente von MidSommerland: Eine Erlebnisrutsche mit mehreren Auffangbecken und wechselndem Wasserstrom (Anzeigentafel im Bad beachten), ein Wasserfall und ein großes Becken mit Gegenstromanlage garantieren Schwimmspaß in der **Halle.** Außerdem: Ein Wikingerschiff mit Wasserkanone und Rutsche und ein Kinderbecken mit einem Spielfloß im **Freibad.**

 Kennt ihr dieses Lied: »Anne Alster, anne Elbe, anne Bill, dor kann jeder eener moken, wat he will«? Immer wenn ihr über einen dieser Flüsse fahrt, könnt ihr es anstimmen.

Wraaaaaa: Das hat schon Wickie immer gerufen, ihr könnt das im MidSommerland auch

© Bäderland Hamburg

Licht und Luft in der Schwimmhalle Inselpark

Kurt-Emmerich-Platz 12, 21109 Hamburg-Wilhelmsburg. ✆ 040/18889-0, www.baederland.de. **Bahn/Bus:** Bus 13, 151, 152, 154, 156 bis Inselpark. **Auto:** B4 Ausfahrt 2 HH-Wilhelmsburg, rechts in die Mengestraße, links in die Dratelnstraße. **Zeiten:** Mo – Do 10 – 20 Uhr, Mitte Okt – März Mo 10 – 15 Uhr, ab 16 Uhr nur für Frauen, Fr 8.30 – 20, Sa, So 10 – 18 Uhr. **Preise:** 5,50 €; Kinder bis 15 Jahre 2,70 €; Familie 2 Erw, 1 Kind 11,80 €.

Für Wasserratten lohnt sich die Multi-Card, eine Bäderland-Guthabenkarte, mit der ihr bis zu 18 % Ermäßigung auf euren Eintritt und die Teilnahme an Kursen im Mid-Sommerland bekommt.

▶ Das alte Wilhelmsburger Schwimmbad hat 2013 einem modernen Bau Platz gemacht. Die Glasfassade in Richtung Süden lässt nicht nur viel Licht hinein, sondern kann im Sommer auch vollständig geöffnet werden. Einem Sonnenbad auf der Liegewiese steht dann nichts mehr im Weg. Neben einem 25-m-Mehrzweckbecken und einer Sprunganlage gibt es ein Kurs- und ein Kinderbecken. Im Sportbecken trainieren neben den Vereinen auch die erfolgreiche Hamburger Wasserballmannschaft.

Planschen im Krokoka

Hallenbad Süderelbe, Neugrabener Markt 9, 21149 Hamburg-Neugraben-Fischbek. ✆ 040/18889-0, www.baederland.de. **Bahn/Bus:** S3 bis Neugraben; Bus 240, 250 bis Neugrabener Markt. **Auto:** B4, B73, links Neugrabener Bahnhofstraße, 1. rechts. **Zeiten:** Di – Do 10 – 20, Fr 8.30 – 21, Sa, So 10 – 18 Uhr. **Preise:** 5,40 €; Kinder bis 15 Jahre 2,70 €; Familie 2 Erw, 1 Kind 11,60 €.

▶ Krokoka heißt hier euer Ziel. Das ist nämlich der Wasserspielbereich für alle Kinder bis 12 Jahre, benannt nach der gleichnamigen Wasserschlange. Außerdem gibt es eine Rutsche und Sprudelkaskaden. Zum Hallenbad gehören zudem ein 25-m-Mehr-

Krokoka spritzt überall hin: Mit der gelben Wasserschlange habt ihr viel Spaß

zweck-, ein Spiel-und-Spaß- und ein Babybecken sowie ein Whirlpool.

Freizeitbad Reinbek

Hermann-Körner-Straße 47, 21465 Reinbek. ✆ 040/7229327, www.freizeitbad-reinbek.de. **Bahn/Bus:** S21 bis Reinbek, Bus 136 bis Schulzentrum, Bus 137, 237 bis Dieselstraße, Bus 236 bis Mühlenredder. **Auto:** A24 Ausfahrt 4 Reinbek Richtung Glinde, links Gutenbergstraße, rechts Borsigstraße. **Zeiten:** Di, Mi 6.30 – 10 und 14 – 21, Do 6.30 – 10, Fr 6.30 – 21, Sa, So 10 – 19 Uhr. **Preise:** Tageskarte 5 €; Kinder unter 3 Jahre 1 €, Kinder 3 – 14 Jahre 4 €; Familie 2 Erw, 1 Kind 12 €.

▶ 70 m lang währt das Rutschvergnügen im Freizeitbad Reinbek. Hier braust über einen Hügel, der euch in der Rutsche hüpfen lässt und die Lichteffekte bringen dabei besonderen Spaß. Wem das nicht reicht, der rutscht gleich noch mal! Kleine Planscher besitzen in ihrem Becken ebenfalls eine Minirutsche und proben schon einmal für später. Die bunten Tiere und Blumen spritzen Wasser und sorgen garantiert für gute Laune. Ihr könnt euch außerdem im Wildwasserkanal des Außenbeckens treiben lassen oder neue Sprünge vom Sprungturm einüben.

Hunger & Durst

Bistro Atlantika, Hermann-Körner-Straße 47, Reinbek. ✆ 040/85404815. www.freizeitbad-reinbek.de. Mo 15 – 20, Di, Mi 9 – 10.30 und 14.30 – 20.30, Do 15 – 20, Fr 9.30 – 21, Sa, So 10.30 – 19 Uhr. Menü zum Kindergeburtstag 4,10 €.

Ab in die Schwimmoper

Alster-Schwimmhalle, Ifflandstraße 21, 22087 Hamburg-Hohenfelde. ✆ 040/18889-0, www.baederland.de. **Bahn/Bus:** U1 bis Lohmühlenstraße; Bus 35, 36 bis U Lübecker Straße. **Auto:** B75, Wallstraße, Sechslingspforte, rechts Ackermannstraße, rechts Ekhofstraße, am Ende rechts. **Zeiten:** Mo – Fr 6.30 – 23, Sa, So 8 – 22 Uhr. **Preise:** 1 Std 5,90 €, 2 Std 6,70 €, Tag 8,50 €; Kinder bis 15 Jahre 1,5 Std 2,90 €, 3 Std 3,30 €, Tag 4,30 €; Familie 2 Erw, 1 Kind 3 Std 14,20 €, Tag 17 €.

▶ Liebevoll nennen die Hamburger dieses Bad wegen seiner Größe und seines auffälligen Daches »Schwimmoper«. Beim Bau 1973 waren solche **Schalendächer** hochmodern. Zusammen mit seiner Glasfassade macht es doch auch heute noch was her, oder? Aber ihr seid ja zum Baden hier! Also rein ins Wasser.

Die Höhepunkte sind die 76 m lange Rutsche, die Sprunganlage (bis zu 10 m Höhe, jedoch nur zeitweise am Wochenende geöffnet) und das Außenbecken. Wenn ihr noch schneller werden wollt, ist das Sportbecken mit einer Länge von 50 m zum Üben genau die richtige Wahl. Interessant für besonders flotte Schwimmer sowie alle, die in Rückenlage trainieren wollen, sind die dafür reservierten Rücken- und Tempobahnen.

Schalenbauten entstehen, indem Beton in ein Netz aus Stahlträgern gegossen wird. So erhält man schräge oder gekrümmte Flächen, die leicht und luftig wirken.

Hallenbad Bramfeld

Fabriciusstraße 223, 22177 Hamburg-Bramfeld. ✆ 040/18889-0, www.baederland.de. **Bahn/Bus:** Bus 118. **Auto:** Bramfelder Straße, Steilshooper Allee. **Zeiten:** Di – Do 10 – 20, Fr 8.30 – 21, Sa, So 10 – 18 Uhr. **Preise:** 5,40 €; Kinder bis 15 Jahre 2,70 €; Familie 2 Erw, 1 Kind 11,60 €.

▶ Über eine Länge von 79 m genießt ihr hier die Rutschpartie, bei der die Zeitmessanlage und die

Lichteffekte für weiteren Spaß sorgen. Neben einem 25 m langen Mehrzweckbecken gibt es außerdem ein Nichtschwimmerbecken mit den Ausmaßen 12 x 9 m. Hier ist euer Revier im angenehmen 32 Grad warmen Wasser!

Parkbad Volksdorf

Rockenhof, 22359 Hamburg-Volksdorf. ✆ 040/188890, www.baederland.de. **Lage:** Direkt an der U-Bahnstation Volksdorf. **Bahn/Bus:** U1 bis Volksdorf, Bus 24, 174, 375, 607 bis U Volksdorf, dann geradeaus in die Straße Rockenhof. **Zeiten:** Mo – Fr 6.30 – 22, Sa, So 8 – 22 Uhr. **Preise:** 1,5 Std 5,90 €, 3 Std 6,70 €, Tag 8,50 €; Kinder bis 16 Jahre 1,5 Std 2,90 €, 3 Std 3,30 €, Tag 4,30 €; Erw, 1 Kind 3 Std 8,90 €, Tag 11 €, 2 Erw, 1 Kind 3 Std 14,20 €, Tag 17 €, jedes weitere Kind 2 € (max 3), Rabatte mit der Multi Card.

▶ Auf einer Walrutsche ins Wasser sausen, über ein versunkenes Piratenwrack klettern oder durch einen Wasserfall in einen farbigen Vulkan tauchen: Im **Taka Tuka,** dem Kinderbereich des Parkbads Volksdorf, können Wasserratten bis etwa 8 Jahre viel Spaß haben. Das Becken besteht aus zwei Teilen: einem rund 80 cm tiefen Strömungskanal unter Palmen zum Schwimmen und Planschen für die Älteren und einen Kleinkindbereich mit Spritztieren.

Freizeitbad Bondenwald – mit Babalu

Friedrich-Ebert-Straße 71, 22459 Hamburg-Niendorf. ✆ 040/18889-0, www.baederland.de. **Bahn/Bus:** U2 bis Niendorf Markt, Bus 5. **Auto:** A7 Ausfahrt 24 Schnelsen, B447. **Zeiten:** Mo – Fr 9 – 22, Sa, So 8 – 22 Uhr, Freibad Mai – Sep bis 20 Uhr. **Preise:** 1,5 Std 5,90 €, 2 Std 6,70 €, Tag 8,50 €; Kinder bis 15 Jahre 1,5 Std 2,90 €, 3 Std 3,30 €, Tag 4,30 €; Familie 2 Erw, 1 Kind 3 Std 14,20 €, Tag 17 €.

Nasse Rohrpost: Rutschen mit Mama und Geschwistern macht Spaß

Happy Birthday!

Für Kindergeburtstage kann im Parkbad ein Raum gleich neben dem Taka Tuka gemietet werden. Ein Kühlschrank für mitgebrachte Speisen steht zur Verfügung. Bringt nur bitte kein Glas mit.

IM & AUF DEM WASSER

▶ Mit Hallen- und Freibad lockt das Bondenwald-Bad das ganze Jahr über ins Wasser. Drinnen ist der **Wasserspielplatz Babalu** Anziehungspunkt Nummer 1 für alle Kinder bis 6 Jahre. Die Wasserrutsche ist leider geschlossen und wartet auf ihre Sanierung. Es gibt aber auch ein 25-m-Becken, eine Sprunganlage mit 1- und 3-m-Brett sowie ein Nichtschwimmerbecken. Auch im Winter könnt ihr nach draußen schwimmen, wo euch ein Strömungskreisel und Nackenduschen erwarten. Im Mai öffnet der große Außenbereich mit einem 50-m-Becken, zwei Rutschen, Sprungbereich und dem beliebten Matschspielplatz.

Schwimmen wie in der Steinzeit

Festland, Holstenstraße 30, 22767 Hamburg-Altona. ✆ 040/188890, www.baederland.de. **Bahn/Bus:** Bus 283 bis Thadenstraße (West) oder Paul-Roosen-Straße. **Zeiten:** Mo – Fr 9 – 23, Sa, So 10 – 23 Uhr. **Preise:** Mo – Fr 3 Std 6,70 €, Tag 8,50 €, Sa, So, Fei 3 Std 6,90 €, Tag 8,90 €; Kinder bis 16 Jahre Mo – Fr 3 Std 3,30 €, Tag 4,30 €, Sa, So, Fei 3 Std 3,40 €, Tag 4,50 €; Mo – Fr Erw, 1 Kind 3 Std 8,90 €, Tag 11 €, 2 Erw, 1 Kind 3 Std 14,20 €, Tag 17 €, jedes weitere Kind 2 € (max 3), Sa, So, Fei Erw, 1 Kind 3 Std 9,30 €, Tag 11,40 €, 2 Erw, 1 Kind 3 Std 14,60 €, Tag 17,80 €, Rabatte mit der Multi Card.

▶ Das Schwimmbad Festland steht unter dem Motto Erdgeschichte: Auf einer 20 m langen Rutsche rauscht ihr in ein Becken, an deren Rändern euch *Tyrannosaurus Rex* & Co. in Originalgröße erwarten. Flieht nach dem Rutschen in eine Höhle, in der es ab und zu anfängt zu regnen oder lauft über eine Hängebrücke. Augen auf, denn überall gibt es etwas zu entdecken! Außerdem gibt es für die Sportlichen zwei 25-m-Pools zum Schwimmen und Springen sowie für die Kleinen einen eigenen Bereich.

 Wusstet ihr, dass es keine **Fisch-Dinosaurier** *gab? Im Wasser schwammen zwar riesige Echsen, diese hatten aber keine Kiemen und mussten deshalb regelmäßig zum Atmen auftauchen.*

Arriba Norderstedt

Am Hallenbad 14, 22850 Norderstedt. ✆ 040/521984-0, www.arriba-erlebnisbad.de. **Bahn/Bus:** U1 bis Garstedt, Bus 178, 393 bis Arriba. **Auto:** A7 Ausfahrt 23 HH-Schnelsen-Nord, B432 bis Norderstedt, links Ulzburger Straße. **Zeiten:** Mo – Mi 11 – 22, Do, Fr 11 – 23, Sa, So 9 – 22 Uhr, Sportbad und Kleinkinderbereich Mo – Fr ab 6.30 Uhr, Strandbad Juni – Aug 9 – 20 Uhr (nach Wetterlage). **Preise:** Tageskarte 9 €, Zuschlag Sa, So 1 €; Kinder bis 16 Jahre 6 €, Zuschlag Sa, So 0,50 €; Familie 2 Erw, 1 Kind 16 €, Sa, So 18,50 €.

▶ 14 Becken warten im Arriba auf euch. Euer Favorit ist sicher das Wellenbecken mit Strand und Rutschenberg. Ein 124 m langer Wildwasserkanal gehört ebenso dazu wie eine Reifenrutsche (114 m), eine Turborutsche (38 m) und zwei Familienrutschen (10 m). Nicht zu vergessen ist auch das Erlebnisbecken mit Strömungskanal, Wasserpilzen und Hangelnetzen. Im Kleinkinderbereich fahren die jüngsten Besucher Wasserkarussell und freuen sich über den Wasser speienden Seehund. Im Sportbad befindet sich das Lehrschwimmbecken, in dem Schwimmkurse stattfinden.

Aufs Piratenschiff in der Badebucht Wedel

Am Freibad 1, 22880 Wedel. ✆ 04103/9147-0, www.badebucht.de. **Bahn/Bus:** S1 bis Wedel. **Auto:** B431 bis Wedel. **Zeiten:** Mo 14 – 20 Uhr (Ferien ab 6.30 Uhr), Di – Fr 6.30 – 20, Sa, So 10 – 20 Uhr. **Preise:** Mo – Fr Tageskarte 8 €, Sa, So 8,50 €; Kinder Mo – Fr 3 – 16 Jahre 5,50 €, Sa, So 6 €; Familie 17 €, Sa, So 19 €.

▶ Eine 90 m lange Wasserrutsche mit Zeitmessung und ein Piratenspielschiff sind die Attraktionen in der Badebucht Wedel. Ihr könnt auch im Kinderbecken

 Schwimmschule Thieme im Arriba, Norderstedt. ✆ 040/30854500. www.schwimmschule-thieme.de. Baby- und Kleinkinderschwimmen und Schwimmkurse ab 5 Jahre, auch Ferienkurse, ab 44 €.

 Hallenbäder ohne Schnickschnack, meist mit einem 25-m-Becken und einem Nichtschwimmerbecken, findet ihr in Rahlstedt, Blankenese, an der Elbgaustraße und in Wandsbek. Das Kombibad in Ohlsdorf soll einem Neubau weichen.

Babyschwimmen und Schwimmkurse für Kinder gehören ebenso zum Angebot der Badebucht wie die Ausrichtung von Kindergeburtstagen.

planschen, das Spielhaus erobern oder im Sportbad aus 1 oder 3 m Höhe ins Wasser hüpfen. Ganzjährig lädt das Außenbecken zum Schwimmen unter freiem Himmel ein.

Das 2006 erbaute Freizeitbad punktet bei euren Eltern durch seine Lage in einer schönen Auenlandschaft. Die lässt sich durch die Panoramaglasscheibe betrachten und im Sommer vom Freibad aus genießen. Wie ein gewundener Fluss fügt sich das mit ungewöhnlicher Form in die Gestaltung ein. Bei jungen Wasserratten ist dort der Matschspielplatz beliebt.

Badlantic Ahrensburg: Wellenbad und Spieleland

Reeshoop 60, 22926 Ahrensburg. ✆ 04102/4828-0, www.badlantic.de. **Bahn/Bus:** R bis Bahnhof Ahrensburg oder U1 bis Ahrensburg-West, Bus 476, 576 bis Hallenbad. **Auto:** A1 Ausfahrt 28 Ahrensburg, Richtung B75, Woldenhorn, Bei der Doppeleiche. **Zeiten:** Hallenbad Di – Do 6.30 – 22, Fr 6.30 – 20.30, Sa, So 9 – 19 Uhr, Freibad Mai – Sep Mo 12 – 20, Di – Fr 6.30 – 20, Sa, So 9 – 19 Uhr. **Preise:** Hallenbad Tageskarte 7 €, Freibad 3 €; Kinder 3 – 16 Jahre Hallenbad 4 €, Freibad 2 €; Familie je 1 € Ermäßigung im Hallenbad, ermäßigte Winterpreise.

▶ Zum Badlantic gehören ein Freibad und ein Hallenbad. So herrscht hier das ganze Jahr über Badefreude. Im **Hallenbad** steht das Wellenbecken besonders hoch im Kurs. Alle 30 Minuten geht es in den Wogen hoch her. In den Zwischenzeiten lockt das Käpt'n Blaubär Spieleland mit seinem Piratenschiff mit Rutsche. Wer lieber schwimmen möchte, hat das Sportbecken. Im Außenbecken könnt ihr ganzjährig schwimmen, im Sommer öffnet dann das **Freibad** mit Schwimmer- und Nichtschwimmerbecken.

Eltern-Kind-Sauna mit gemäßigten Temperaturen und Lichteffekten im Badlantic: Mi 11 – 14, Fr 11 – 20.15, Sa, So 9 – 18.30 Uhr.

Badeseen

Allermöher See

Felix-Jud-Ring, 21035 Hamburg-Allermöhe. www.hamburg.de/allermoeher-see-nord. **Bahn/Bus:** S21 bis Nettelnburg, Bus 234 bis Hilda-Monte-Weg. **Auto:** A25 Ausfahrt 3 HH-Neuallermöhe-West, rechts.

▶ Als man 1984 Kies für das Neubaugebiet Neuallermöhe-Ost benötigte, entstand ein neuer Badesee: der Allermöher See. Am Nord-Ost-Ufer darf in zwei Buchten gebadet werden, eine ist als Nichtschwimmerbereich abgetrennt. Es gibt einen 10 m breiten Sandstrand und einen Spielplatz.

In Naturseen ohne Badeaufsicht müsst ihr immer gut aufpassen und vorsichtig sein.

Hohendeicher See (Oortkatensee)

Overwerder Hauptdeich, 21037 Hamburg-Ochsenwerder und Kirchwerder. www.hamburg.de/hohendeicher-see-sued. **Bahn/Bus:** Bus 120, 422. **Auto:** A1 Ausfahrt 34 HH-Moorfleet, Andreas-Meyer-Straße, Brennerhof, rechts Ruschorter Hauptdeich.

▶ Der Hohendeicher See liegt am südöstlichen Stadtrand von Hamburg in den Marschlanden. Direkt hinter dem Elbdeich wurde er künstlich geschaffen, als man nach der Sturmflut 1962 einen neuen Deich baute. Am nördlichen Westufer hat die Surfschule ihr Revier, am Ostufer befindet sich ein Campingplatz. Gebadet wird vor allem am Südufer. Hier gibt es auch einen Sandstrand.

 **Windsurfing Hamburg,** Oortkatenufer 12. ✆ 040/7372043. www.windsurfing-hamburg.de. April – Okt 10 – 19.30 Uhr, Nov – März 12 – 18 Uhr. Surfkurse für Kinder ab 7 Jahre in den Sommerferien, 12 Std 100 €.

Sommerbad Ostende

Tonndorfer Strand 37, 22045 Hamburg-Tonndorf. ✆ 040/666194, www.freibad-ostende.de. **Bahn/Bus:** R10 bis Tonndorf, Bus 9, 27. **Auto:** B75 bis Tonndorf, links Sonnenweg, 2. links, kein eigener Parkplatz. **Zeiten:** Mai – Sep 9 – 19 Uhr. **Preise:** 3 €; Kinder bis 12 Jahre 1,50 €; Familie 2 Erw, 2 Kinder 8 €.

IM & AUF DEM WASSER

@ Die Wasserqualität der Hamburger Badeseen wird regelmäßig getestet. Die Ergebnisse gibt es auf www.hamburg.de.

▶ Ein abgetrennter Bereich des *Ostender Teichs*, der 1935 aus einer Tongrube entstand, wird als Sommerbad betrieben. Der vordere Bereich ist für Nichtschwimmer. Am Sandstrand könnt ihr Burgen bauen und auf der großen Liegewiese Federball oder Frisbee spielen. Es gibt ein Beachvolleyballfeld und ins Wasser kommt ihr hüpfend vom 3-m-Brett.

Öjendorfer See

Driftredder 1, 22117 Hamburg-Billstedt. www.hamburg.de/oejendorfer-see. **Bahn/Bus:** U1 bis Wandsbek Markt, Bus 263 bis Gleiwitzer Bogen. **Auto:** A1 Ausfahrt HH-Öjendorf, Glinder Straße, für Badestelle Süd Reinskamp, für Badestelle Nord Barsbütteler Weg.

▶ Der Öjendorfer See besitzt eine Badestelle im Norden und eine im Süden. An letzterer ist ein Nichtschwimmerbereich gekennzeichnet und es gibt einen kleinen Sandstrand. Ein Minigolfplatz lädt dazu ein, den kleinen Ball ins Loch zu befördern. Es gibt einen Spielplatz mit großer Kletterspinne und Seilbahn, eine Tischtennisplatte und Freiluft-Schach-Felder (Bodenschach und Spieltische, Schlüssel für Spielfigurenkasten am Kiosk). Der See nimmt den gesamten westlichen Teil des **Öjendorfer Parks** ein. Auch wenn das Wetter mal nicht zum Baden einlädt, könnt ihr hier toben, spielen oder spazieren gehen. Im Norden des Sees ist ein Vogelschutzgebiet. Vielleicht seht ihr Rohrdommeln, die hier überwintern?

Minigolf Öjendorfer Park, Driftredder, BIllstedt. Handy 0177/7151494. Mai – Okt Mo – Fr ab 13, Sa, So, Ferien ab 11 Uhr bis zur Dämmerung.

Strandbad Farmsen

Neusurenland 67, 22159 Hamburg-Farmsen. ✆ 040/6434410, www.strandbad-farmsen.de. **Bahn/Bus:** U1 bis Farmsen, Bus 27, 168, 171. **Auto:** Bramfelder Chaussee stadtauswärts, rechts Berner Chaussee, Am Stühm-Süd, Pezolddamm, Swartenhorst. **Zeiten:** Mai – Sep 11 – 19 Uhr. **Preise:** 4 €; Kinder 2 €.

KLEINE WETTERKUNDE

▶ Um zu wissen, wie das Wetter wird, müsst ihr nicht unbedingt den Wetterbericht hören, sondern beobachtet die Natur:

Anzeichen für schönes Wetter: Grillen zirpen, Frösche quaken abends, Abendrot, Mücken tanzen, Rauch steigt steil in den Himmel auf, Vögel fliegen sehr hoch.

Anzeichen für schlechtes Wetter: Krähen krächzen, Frösche quaken tagsüber, Regenwürmer und Schnecken sind zu sehen, Morgenrot und tiefblauer Morgenhimmel, Schmerzen an Narben und Bruchstellen, Gestank aus Rohrleitungen und Gullys. ◀

▶ Mit Wasser in Trinkwasserqualität punktet das **Strandbad** in Farmsen. Die einstige Tonkuhle wurde schon in den 1920er Jahren zum Baden genutzt. Heute gibt es eine 50 m lange Wasserrutsche, einen 200 m langen Sandstrand, einen abgetrennten Nichtschwimmerbereich, Tischtennisplatten und einen Spielplatz.

Naturbad Stadtparksee

Südring 5b, 22303 Hamburg-Winterhude. ✆ 040/188890, www.baederland.de. **Lage:** Gegenüber der großen Festwiese im Stadtpark. **Bahn/Bus:** U3 oder Bus 171, 172, 173, 261 bis Saarlandstraße, dann ca. 10 Min Fußweg. **Zeiten:** Mai – Sep. **Preise:** 3 €; Kinder bis 16 Jahre 1,50 €; Familie 1 Erw, 1 Kind 4,20 €, 2 Erw, 1 Kind 7,30 €, jedes weitere Kind 1 €.

▶ Das Naturbad ist ein Freibad am nördlichen Rand des Stadtparksees. Hier lässt es sich wunderbar schwimmen und sonnen mit Blick auf das Planetarium. Für die Kleinen gibt es einen flach abfallenden Sandbereich zum Planschen oder Burgen bauen. Zudem gibt es neben der Liegewiese einen kleinen Spielplatz mit Kletterwand und Rutsche.

Hunger & Durst

Schumachers Biergarten, Südring 5b, Winterhude. ✆ 040/27806979. www.schumachers-biergarten.de. Ein Biergarten mit großer Außenterrasse und Blick auf das Planetarium. Das Schumachers teilt sich den Eingang mit dem Naturbad.

IM & AUF DEM WASSER

Wie im Urlaub: Am Elbstrand Wittenbergen fühlt ihr euch genau so

Zwischen Booten baden: Elbstrand Wittenbergen

Falkensteiner Ufer, 22587 HH-Blankenese. **Lage:** Am Naturschutzgebiet Wittenbergener Elbwiesen.
Bahn/Bus: Bus 189, 286 bis Tinsdaler Kirchenweg, dann geradeaus in den Wittenbergener Weg, Straße Falkensteiner Ufer bis an den Elbstrand.

▶ Sonne, Strand und Wasser – das könnt ihr auch in Hamburg haben. Der *Elbstrand Wittenbergen* ist einer der schönsten Strände in der Hansestadt, an dem ihr nach Herzenslust im weißen Sand buddeln und bauen könnt. Grillen und picknicken, einen Spaziergang im schattigen Naturschutzgebiet gleich daneben machen oder einfach in einer Hängematte zwischen den Bäume entspannen – das könnt ihr hier genauso gut. Im Wasser der *Elbe* könnt ihr problemlos baden, denn die Strömung wird in Ufernähe durch kleine Wälle immer wieder gebrochen.

Allerdings solltet ihr dennoch vorsichtig sein: Durch die vorbeifahrenden Schiffe können immer wieder neue Strömungen und Wellen entstehen. Das kann aber auch Spaß machen, denn auch die richtig großen »Pötte« passieren gleich neben euch in den Hafen.

Hunger & Durst
Strandperle, Oevelgönne 60, Othmarschen. ✆ 040/8801112. www.strandperle-hamburg.de. April – Okt 10 – 23 Uhr, Nov – April Sa, So und bei gutem Wetter.

An schönen Tagen wird es sehr voll, dann werden die Autos auch am Straßenrand im Parkverbot geparkt, so braucht ihr für den Weg statt 10 Minuten bis zu 1 Stunde. Mit Bus und Fahrrad seid ihr schneller – und bleibt entspannter.

Elbstrand in Oevelgönne

22605 Hamburg-Othmarschen. **Bahn/Bus:** Bus 112 bis Neumühlen/Evelgönne, Bus 36 bis Hohenzollernring oder Fähre 62 bis Anleger Neumühlen. **Auto:** Elbchaussee.

▶ Als einer der schönsten Strände Deutschlands wurde der *Elbstrand* in Oevelgönne schon bezeichnet. Und ein kleines Paradies ist er wirklich. Ihr könnt mit Blick auf die herrliche Hafenkulisse im Sand buddeln und euch sonnen. Die **Strandperle** bietet dafür sogar Liegestühle an.

Vom Bad in der *Elbe* raten die Behörden allerdings ab. Die Wasserqualität ist zwar generell gut, doch die Strömung und der Sog der Schiffe sind nicht ganz ungefährlich.

Einmal selbst Kapitän sein

Bootsverleih Stute am Café Hansasteg

Schöne Aussicht 20a, 22085 Hamburg-Uhlenhorst. ✆ 040/22698657, www.cafehansasteg.de. **Bahn/Bus:** U3 bis Mundsburg oder Uhlandstraße, Bus 6 bis Averhoffstraße, Bus 173 bis Mundsburger Brücke oder Alsterdampfer ab Jungfernstieg bis Uhlenhorster Fährhaus. **Auto:** B5 Richtung Winterhude, links Heinrich-Hertz-Straße, Auguststraße. **Zeiten:** Di – Sa 13 – 20, So 11 – 20 Uhr. **Preise:** 1 Std 12 € je Boot.

▶ Von ihrem Ostufer aus lässt sich die *Außenalster* besonders schön per Boot erkunden. Mit Blick auf das Panorama am gegenüberliegenden Ufer des Stadtteils *Rotherbaum* paddelt ihr vom Hansasteg los. Neben Kanus gibt es auch Tret- und Ruderboote. Nach der Arm- oder Beinarbeit schmeckt ein Eis im **Café Hansasteg,** wo ihr bei gutem Wetter draußen sitzen könnt.

BOOTS-TOUREN

Hunger & Durst

Café Hansasteg, Schöne Aussicht 20a, Uhlenhorst. ✆ 040/2200030. www.cafe-hansasteg.de. Mai – Sep ab 11 Uhr, Okt – April Sa, So ab 11 Uhr. Kindergerichte (Nudeln, Kartoffelpuffer, Chicken Nuggets, Fischstäbchen) 6 €.

IM & AUF DEM WASSER

Über die Außenalster

Bootsverleih Bobby Reich, Fernsicht 2, 22301 Hamburg-Winterhude. ✆ 040/487824, www.bobbyreich.de. **Bahn/Bus:** U1 bis Klosterstern; Bus 109 bis Harvestehuderweg. **Auto:** Mittelweg, Harvestehuder Weg, Krugkoppel. **Zeiten:** Mai – Sep ab 10 Uhr. **Preise:** Ruderboot oder Kanu 1 Std 12 € (2 Pers) bis 14 € (4 Pers), Segelboot 1 Std 18 € (2 Pers) bis 22 € (4 Pers).

▶ Hier ist die Adresse Programm: Fernsicht. Dort, wo die *Außenalster* im Norden in den *Alsterkanal* mündet, könnt ihr bei Bobby Reich weit über die Alster gucken. Erkennt ihr die Hochhäuser und Kirchtürme am gegenüberliegenden Ufer? Näher ran kommt ihr dann per Boot. Leiht euch entweder ein Ruderboot oder ein Kanu aus, beide sind genauso im Verleih wie Segelboote.

Hunger & Durst

Bobby Reich, Fernsicht 2, Winterhude. ✆ 040/487824. www.bobby-reich.de. Restaurant 10 – 24 Uhr, warme Speisen 12 – 15 und 18 – 22 Uhr. Matjes mit Bratkartoffeln für die Großen, Nudeln oder Schnitzel für die Kinder.

Optimistisch: Segelschule Pieper

An der Alster/Atlanticsteg, 20099 Hamburg. ✆ 040/247578, www.segelschule-pieper.de. **Lage:** Gegenüber vom Hotel Atlantic. **Bahn/Bus:** U2, U4, S1, S2, S3, S11, S21, S31 Hauptbahnhof. **Auto:** ↗ Hauptbahnhof. **Zeiten:** Mai – Okt. **Preise:** Optimisten-Segelkurs Anfänger oder Fortgeschrittene 130 €.

▶ Mitten in Hamburg segeln lernen, ist schon etwas besonderes. Genau das könnt ihr auf der Außenalster mit der Segelschule Pieper.

Zwischen Mai und Oktober werden Kurse für Kinder zwischen 8 und 12 Jahre angeboten. An vier Terminen lernt ihr in insgesamt 10 Stunden, wie man den Optimisten auf Fahrt bringt oder wie man eine Halse macht. Den Fortgeschrittenenkurs schließt ihr dann mit dem Segelgrundschein Junior ab. In den Ferien finden die Kurse meist von Montag bis Donnerstag statt, außerhalb der Ferien dann jeweils viermal samstags.

Die Segelschule Pieper betreibt Mai – Mitte Okt auch einen Bootsverleih, geöffnet täglich ab 10 Uhr. Tret- oder Ruderboot 1 Std 16 €, Segelboot 1 Std 20 – 24 €.

Segeln lernen mit Käpt'n Prüsse

Segelschule Käpt'n Prüsse, An der Alster 47a, 20099 Hamburg. ✆ 040/2803131, www.pruesse.de. **Bahn/Bus:** U2, U4, S1, S2, S3, S11, S21, S31 Hauptbahnhof, Bus 6, 37 bis Gurlittstraße. **Auto:** ↗ Hauptbahnhof. **Zeiten:** Mai – Okt, einmal wöchentlich oder in den Ferien Mo – Fr. **Preise:** Anfängerkurs 120 €, Fortgeschrittene, Jüngstenschein oder Prüsse Profis je 110 €, alle Kurse 10 Stunden, Prüfungsgebühr 12 €.

▶ Auf der *Gurlitt-Insel* am Ostufer der Außenalster ist Kapitän Prüsses Segelschule beheimatet. In den **Optimisten** mit den roten Segeln dürft ihr segeln lernen, wenn ihr zwischen 7 und 12 Jahre alt seid. Im Anfängerkurs lernt ihr in fünf Doppelstunden, wie ihr mit Pinne und Schot umgeht. Natürlich gehören auch Seemannsknoten zum Kursinhalt. Im Fortgeschrittenen-Kurs vertieft ihr euer Wissen. Nach dem nächsten Kurs absolviert ihr euren Jüngsten-Segelschein und wem das nicht reicht, der wird ein Prüsse-Profi.

 Optimisten sind kleine Segelboote für Kinder bis etwa 15 Jahre. Kurz nennt man sie auch Opti.

Paddeln auf dem Isebekkanal: Goldfisch

Isekai 1, 20249 Hamburg-Eppendorf. ✆ 040/41357575, www.goldfisch.de. **Bahn/Bus:** U1 bis Klosterstern, U3 bis Eppendorfer Baum. **Auto:** Rothenbaumchaussee. **Zeiten:** Mai – Sep 10 – 20 Uhr. **Preise:** 1 Std 1er Kajak 9 €, 2er Kajak/Kanu 10 €, 3er Kanu 11 €, 4er Kanu 13 €, Tag 2 Pers ab 60 €.

▶ Der idyllische *Isebekkanal* fließt von Eimsbüttel in die *Alster*. Er war früher ein natürlicher Flusslauf und hieß *Isebek,* was auf Hochdeutsch soviel wie »Eisenbach« bedeutet. Der Fluß hieß wohl so, weil das Wasser einen hohen Eisengehalt besaß, der ihm eine rötliche Farbe verlieh. Vom **Restaurant Goldfisch** aus könnt ihr mit dem Kajak oder Kanu entweder dem Kanal bis zur Quelle folgen (3 km) oder Richtung Alster paddeln.

Hunger & Durst
Restaurant Goldfisch, Isekai 1, Eppendorf. ✆ 040/57009690. www.goldfisch.de. Mo – Fr 12 – 23, Sa 15 – 23, So 10 – 23 Uhr, Winter So geschlossen. Gehobenes Restaurant mit Terrasse, auch Mittagstisch, So 10 – 13 Uhr Frühstück.

Hunger & Durst

Café Isekai, Isekai 13, Eppendorf. ✆ 040/473461. www.cafe-isekai.de. Mai – Sep 10 – 22 Uhr. Eis und Kuchen, aber auch warme Gerichte.

 Minigolf an Amors Bistro, Schillerufer 10, Bergedorf. ✆ 040/29812351. www.grand-delikat.de. März – Okt 12 – 20 Uhr. 3,50 €, Kinder 6 – 14 Jahre 3 €.

Bootshaus Osterndorff

Waldemar Wielengowski, Isekai 13, 20249 Hamburg-Eppendorf. ✆ 040/473461, www.cafe-isekai.de. **Bahn/Bus:** U1, U3, Bus 20, 22, 25, 118 bis Kellinghusenstraße. **Auto:** Mittelweg, Frauenthal, Heilwigstraße. **Zeiten:** Mai – Sep ab 10 Uhr. **Preise:** Kanu/Ruderboot 1 Std 11 € (2 Pers), Tretboot (4 Pers) 14 €, (5 Pers) 16 €.

▶ An der Mündung des *Isebekkanals* in die *Alster* liegt das Bootshaus Osterndorff. Neben Kanus und Ruderbooten für bis zu 6 Personen könnt ihr hier auch Tretboote für bis zu 5 Personen ausleihen.

Vom Bootshaus Bergedorf über die Bille

Schillerufer 41, 21029 Hamburg-Bergedorf. ✆ 040/41922906, www.bootshaus-bergedorf.com. **Bahn/Bus:** Gegenüber dem ↗ Bille-Bad. **Zeiten:** April – Sep Mo – Sa 13 – 19, So 10 – 19 Uhr. **Preise:** 1er Kajak 8 €, 2er Kajak/Kanu 10 €, 3er Kanu 11 €, 4er Kanu 12 €, Tretboot 14 €, Tag 40 – 70 €.

▶ Vom Bootshaus Bergedorf schippert ihr auf der *Bille* – im Kajak, Kanu oder Tretboot. Unter der Eisenbahnbrücke schlängelt sich der Fluss in Richtung Schleswig-Holstein, wo ihr nach 2 km die Brauereiteiche erreicht, nach 3 km die **Bergedorfer Wasserwerke,** nach 6 km den Mühlenteich in Reinbek. Vom Anleger aus in die andere Richtung geht es nur 400 m weit bis zum **Bergedorfer Schloss,** wo der Staudamm an der Alten Holstenstraße eine Umkehr erfordert.

Auf dem SUP-Board über die Gose-Elbe

Paddel-Meier, Heinrich-Osterath-Straße 256, 21037 Hamburg-Kirchwerder. ✆ 040/7372270, 7372240. www.paddel-meier.de. **Bahn/Bus:** Bus 222, 322, 422 bis Heinrich-Osterath-Straße 241. **Auto:** A25 Ausfahrt 2 HH-Allermöhe, Allermöher Deich, Kirchenbrücke, Vorderdeich, Sietwende, Wulffsbrücke. **Zeiten:** Mai – Sep 10 – 18 Uhr. **Preise:** 1 Std 1er Kajak 6 €, 2er Kajak/Kanu oder SUP-Board 8 €, Kanu/Ruderboot 9 €, Tag ab 40 €.

▶ Die **Gose Elbe** in Hamburgs Südosten erkundet ihr am besten mit den Booten von Paddel-Meier. Kajaks, Kanus und Ruderboote sind im Verleih, außerdem könnt ihr dem neuesten Wassersport-Trend folgen und im Stehen paddeln: auf dem **SUP-Board.** Für Geburtstagsfeiern gibt es 4er- und 7er-Kanus. Durch die Vierlande gleitet ihr dann mit euren Booten dahin, vorbei an Pferden und Kühen. Da der Seitenarm der *Elbe* fast ohne Strömung ist, könnt ihr auf einer Tagestour locker bis zur **Dove Elbe** und dem *Bergedor-*

SUP ist die Abkürzung für Stand Up Paddling oder einfach: Stehpaddeln. Stehend bewegt ihr euch auf einer Art Surfbrett mit einem Paddel vorwärts.

*Die **Gose Elbe** fließt in die **Dove Elbe** und die wieder dann in die Elbe!*

CHECKLISTE BOOTSTOUR

▶ Eine Bootstour ist sicher lustig – und damit sie das auch bis zum Schluss bleibt, hier eine kurze Checkliste:

❑ Handtuch dabei?

❑ Sonnencreme und -hut für empfindliche Personen griffbereit?

❑ Falls ihr länger unterwegs seid, Mückenabwehr eingepackt oder etwas Längeres zum Anziehen?

❑ Ersatzhose und Ersatzschuhe – in Plastiktüten – eingepackt? Ein oder zwei Extra-Plastiktüten helfen auch, Trockenes zu schützen oder Nassgewordenes aufzubewahren.

❑ Karte der zu befahrenen Kanäle organisiert? Bekommt man oft auch beim Bootsverleih gratis dazu. Falls man keine eigene hat, am besten vorher noch mal fragen.

❑ Falls ihr ein Picknick plant: Essen und Trinken in gut verschlossenen Behältern einpacken, falls es mal mehr schaukelt. Können gerne nach unten in den Rucksack. Und einen kleinen Müllsack einpacken, um eure Reste später wegzuschmeißen.

❑ Und – ganz wichtig – Kamera dabei? Die wiederum am besten griffbereit noch oben packen, allerdings auch hier zum Schutz noch einmal eine Plastiktüte drumrum. ◀

fer *Schleusengraben* paddeln. Ihr erhaltet kostenlos eine Karte, sodass ihr immer seht, wohin es gehen soll.

Über die Kanäle von Wilhelmsburg

Bootsverleih Zum Anleger, Vogelhüttendeich 123, 21107 Hamburg-Wilhelmsburg. ✆ 040/86687781, www.zum-anleger.de. **Bahn/Bus:** S3, S31 bis Veddel, Bus 13 bis Vogelhüttendeich. **Auto:** A252 Ausfahrt HH-Georgswerder/HH-Wilhelmsburg-Nord, Veddeler Straße, Harburger Chaussee, links Schlenzigstraße, nach dem Kanal rechts. **Zeiten:** Ostern bis 3. Okt Mo – Sa ab 11.30 Uhr, So ab 10 Uhr. **Preise:** Kanu bis 2 Pers 1 Std 10 €, 3 Std 20 € (Spartarif), Tag 45 €, Tretboot bis 2 Pers 12 €, 3 Std 24 €, Tag 60 €, weitere Person Std 5 €.

▶ Grüne Idylle in Wilhelmsburg? Ja, die gibt es. Schippert mit dem Kanu oder dem Tretboot über die Kanäle, dann werdet ihr sie finden. Der Bootsverleih *Zum Anleger* befindet sich am *Ernst-August-Kanal,* der 1852 ausgehoben und nach dem 7-jährigen Kronprinzen von Hannover *Ernst August* (1845 – 1923) benannt wurde. Von hier aus könnt ihr im Kanu, auch zu dritt, viert oder fünft, oder im Tretboot (im Schwan) die Umgebung erkunden. Die Nachbarkanäle, wie z.B. der Aßmann- und der Jaffe-Davids-Kanal, stehen ebenfalls offen. Und nach dem Sport gibt es etwas zu essen im **Biergarten** des Bootsverleihs!

Auf dem Alsterlauf
Bootsverleih Wüstenberg, Deelbögenkamp 3, 22297 Hamburg-Eppendorf. ✆ 040/517701, www.kanuverleih-bootslagerung.de. **Bahn/Bus:** Bus 114, 214, 281 bis Orchideenstieg. **Auto:** B5, B433 stadtauswärts, rechts Deelböge. **Zeiten:** Mai – Sep. **Preise:** 1 Std Kanu, Ruderboot, Kajak 10 € (2 Pers), 13 € (3

Pers), 16 € (4 Pers), Tretboot 15 € (3 Pers), 18 € (4 Pers), Tag 35 € (2 Pers), Tretboot 75 € (2 Pers).

▶ **Nach Norden** oder Süden auf dem Alsterlauf? Für eine Route und für einen Bootstyp müsst ihr euch entscheiden. Tret- und Ruderboote, Kanus und Kajaks stehen nämlich bei der Bootsvermietung Wüstenberg bereit. Nach Norden geht die Tour durch den *Insel-*, den *Skagerrak-* und den *Brabandtkanal*. Nach Süden könnt ihr bis zum *Alstersee* paddeln oder treten. Beides dauert etwa zwei Stunden.

Die **Südtour** kann auch als drei- bis vierstündige Rundtour geplant werden. Dann biegt ihr nach Unterquerung der Hudtwalkerstraße links in den Leinpfadkanal ab. Sobald es wieder links geht, folgt ihr dem Lauf bis zum *Rondeelteich*. Noch einmal links erkundet ihr den *Goldbekkanal* und fahrt über den Barmbeker Stichkanal in den *Osterbekkanal* hinein, der euch über den Langen Zug in die Außenalster bringt. Nach Norden geht es dann wieder zur Bootsvermietung zurück. Wasserwanderkarten sind dort erhältlich.

Tierische Gesellschaft: Auf der Alster fahrt ihr Kanu mit Schwänen

*Auf der **Alster** gilt das Rechtsfahrgebot! Überholt wird links.*

Kübis Bootshaus & Café

Poßmoorweg 46e, 22301 Hamburg-Winterhude. ✆ 040/2796741, **Bahn/Bus:** U3, Bus 179 bis Borgweg, Bus 6 bis Borgweg oder Semperstraße, ca. 10 Min Fußweg zum Goldbekkanal. **Zeiten:** 9 – 21 Uhr, Himmelfahrt geschlossen. **Preise:** 1er Kajak 8 €/Std, weitere 30 Min 4 €, Mo – Fr 35 €/Tag, Sa, So 45 €/Tag, 2er Kajak 10 €/Std, weitere 30 Min 5 €, Mo – Fr 50 €/Tag, Sa, So 60 €/Tag, 3er Kajak 12 €/Std, weitere 30 Min 6 €, Mo – Fr 60 €/Tag, Sa, So 70 €/Tag, 4er Kajak 14 €/Std, weitere 30 Min 7 €, Mo – Fr 70 €/Tag, Sa, So 80 €/Tag. **Infos:** Mindestleihdauer: 1 Std, Pfand (Personalausweis oder Führerschein) muss hinterlegt werden.

▶ Kleiner Kanuverleih mit Café am *Goldbekkanal*. Schwimmwesten und eine Karte von den umliegen-

Hunger & Durst
Zur Gondel,
Kaemmererufer 25, Winterhude. ✆ 040/28058466. www.zur-gondel.de. März – Mitte Okt 9 – 24 Uhr, Mitte Okt – Dez Mo – Fr 11 – 23, Sa, So 10 – 24 Uhr. Pizza, Pasta, Fleisch, Fisch. Mo – Fr Mittagstisch. Mit Terrasse, im Winter beheizt.

den Kanälen bekommt ihr dort ausgehändigt. Tipps für eine Tour bestimmt auf Nachfrage auch. Wichtig: Kinder bis 16 Jahre dürfen nur in Begleitung ihrer Eltern paddeln.

Im Flamingo über den Osterbekkanal
Bootsvermietung Dornheim, Kaemmererufer 25, 22303 Hamburg-Winterhude. ✆ 040/2794184, www.bootsvermietung-dornheim.de. **Bahn/Bus:** Bus 172, 173 bis Großheidestraße. **Auto:** Oberaltenallee, Adolph-Schönfelder-Straße, nach Überquerung des Osterbekkanals links in die Jarrestraße, 1. links, am Ende rechts. **Zeiten:** Mai – Okt ab 9 Uhr bis zur Dunkelheit. **Preise:** 1 Std 1er Kajak 7 €, 2er Kajak/Kanu/Ruderboot 9 €, Tretboot 9 – 16 €, Gondelfahrt ab 110 €; Mi 12 – 19 Uhr 50 % Ermäßigung für min. 1 Erw mit Kind für Hamburger Kanu, Ruder- oder Tretboot.

▶ An ihrem nordöstlichen Ufer öffnet sich die Außenalster zum *Langen Zug*, der wiederum in den *Osterbekkanal* mündet. An diesem liegt die Bootsvermietung Dornheim, die auch das Restaurant **Zur Gondel** betreibt. Mit einer echten venezianischen Gondel kann der Kanal ab hier befahren werden. Günstiger und alltagstauglicher ist die Ausleihe von Kajak, Kanu oder Ruderboot. Tretboote gibt es auch in einer besonderen Form, als Schwan oder Flamingo.

Hamburg vom Wasser
▶ Ganz neue Ein- und Ausblicke auf Hamburg bieten **Schiffstouren** aller Art. Eine Hafenrundfahrt gehört für Hamburg-Touristen sowieso zum Programm, doch auch wer in der Hansestadt lebt, sollte sich diese Art von Stadtrundfahrt nicht entgehen lassen. Besonders authentisch ist die **Barkassenfahrt,** die die Schiffsführer an den *St. Pauli Landungsbrücken*

überall lauthals anpreisen. Weil Barkassen nicht so groß sind, wenig Tiefgang und eine geringe Höhe haben, können sie auch die Kanäle der Speicherstadt befahren. Die Sitzplätze sind nah am Wasser und so kann es auch schon mal ein wenig hoch spritzen.

Eine Seefahrt, die ist lustig … Singt das, wenn ihr eine Fahrt mit dem Schaufelraddampfer macht

Möchtet ihr es doch lieber etwas gemütlicher haben? Dann steigt doch in eines der großen **Fahrgastschiffe.** Da sitzt ihr auch bei Regen warm und trocken und habt einen guten Überblick von oben. Sogar **Schaufelraddampfer** stehen bereit. Aber es gibt ja nicht nur die *Elbe* in Hamburg, sondern auch die *Alster*. Auf ihr lässt es sich ebenfalls schippern. Statt riesiger Pötte und Stapel von Containern erwartet euch dabei eine grüne Idylle mitten in der Großstadt.

Auf Schmuggelfahrt

KULTours, Stiftstraße 16, 20099 Hamburg. ✆ 040/28050708, www.kultours-hamburg.de. **Lage:** Anleger Kajen, Hohe Brücke Nr. 2, Barkassenbetrieb Bülow. **Bahn/Bus:** U3 bis Baumwall. **Auto:** B4 (Willy-Brandt-Straße), Rödingsmarkt. **Zeiten:** Mai – Sep, Termine 14 Uhr, nur mit Voranmeldung. **Preise:** 16 €, Zollmuseum 2 €; Kinder bis 12 Jahre 6 €, Zollmuseum frei bis 18 Jahre.

▶ Eine ganz besondere Schiffstour erwartet euch bei der Schmuggelfahrt. Auf einer **Barkasse** geht es durch den Hafen und die *Speicherstadt*. Dabei lauscht ihr spannenden Schmuggelgeschichten und erfahrt, wie der Zoll Verstecke der Schmuggler auf-

*Eine **Barkasse** ist ein Motor- boot, das bis in die 1960er Jahre hinein als Hilfsboot im Hafen diente. Sie schleppte Schiffe und transportierte Güter und Personen. Heute wird sie fast nur noch für Rundfahrten genutzt.*

Hunger & Durst

Alex, Jungfernstieg 54, HH. ✆ 040/3501870. www.alexgastro.de. Mo – Do 8 – 1, Fr, Sa 8 – 3, So 9 – 1 Uhr. Im schönen Alsterpavillon residiert das Alex. Es ist immer voll, aber die Lage ist einfach herrlich.

spürt, was »Gerüstschüttler« tun oder wer die Black Gang ist. Nach der 90-minütigen Fahrt wandert ihr zum Zollmuseum, wo es noch eine Führung gibt.

Mit Kapitän Prüsse durch den Hafen

St. Pauli Landungsbrücken, Brücke 3, 20324 Hamburg-St. Pauli. ✆ 040/313130, www.kapitaen-pruesse.de. **Lage:** Abfahrt: St. Pauli Landungsbrücken, Brücke 3. **Bahn/Bus:** S1, S2, S3, U3 bis Landungsbrücken. **Auto:** B4, Rödingsmarkt, Vorsetzen. **Zeiten:** 9 – 18 Uhr. **Preise:** 18 €; Kinder bis 14 Jahre 9 €.

▶ An Brücke 3 der St. Pauli Landungsbrücken starten die Barkassen von Kapitän Prüsse. Bei Flut geht es zuerst in die *Speicherstadt,* ansonsten startet die Rundfahrt mit dem Reiherstieg, wo es eine Raffinerie und ein Trockendock zu sehen gibt. Weiter geht es in die Ellerholz-Schleuse zum älteren Hafenbereich mit den Containeranlagen und schließlich zur Großwerft »Blohm + Voss«. Während der Tour erhaltet ihr viele Informationen rund um den Hamburger Hafen.

Schiffstour auf der Alster

ATG Alster-Touristik GmbH, Jungfernstieg, 20354 Hamburg. ✆ 040/357424-0, www.alster-touristik.de. **Lage:** Anleger Jungfernstieg. **Bahn/Bus:** U1, U2, U4, S1, S2, S3 bis Hamburg Jungfernstieg. **Auto:** ↗ Zentrum. **Zeiten:** Rundfahrt April – Sep 10 – 18 Uhr halbstündlich, Okt 10, 11 – 16 Uhr halbstündlich, 17 Uhr, Nov, Dez täglich 10.30, 12, 13.30, 15, 16, 16.30, 17.30, 18 Uhr, Jan – März täglich 10.30, 12, 13.30 und 15 Uhr; Kanalfahrten April – Okt täglich 9.45, 12.45, 15.45 Uhr, Hauptsaison auch 11.45, 14.45 und 17.45 Uhr; Alsterkreuzfahrt April – Sep 10.15 – 17.15 Uhr stündlich ab Jungfernstieg, 10.10 – 1.10 Uhr ab Winterhuder Fährhaus. **Preise:** Rundfahrt 14,50 €, Kanalfahrt 18 €, Kreuzfahrt pro Anleger

> ## DER HAMBURGER HAFEN
> Der Hamburger Hafen ist einer der größten Häfen in Europa. Gegründet wurde er am 7. Mai 1189, was alljährlich mit dem Hafengeburtstag mehrere Tage lang gefeiert wird. Er ist ein Tidehafen, d.h. der Wasserstand der Elbe fällt und steigt mit den Gezeiten der nahen Nordsee. Im Durchschnitt beträgt der Unterschied zwischen Hoch- und Niedrigwasser im Hamburger Hafen 3,63 m.
>
> Ein Freihafen, in dem keine Zölle erhoben werden, ist der Hamburger Hafen seit 2013 nicht mehr. Der Großteil des Warenumschlags erfolgt in Containern. Im Jahr 2011 waren es mehr als 9 Millionen Container. Auf den Werften werden Schiffe gebaut, wenn ihre Anzahl auch in den letzten Jahrzehnten stark zurückging. Die letzte große Schiffswerft ist »Blohm + Voss«.

IM & AUF DEM WASSER

1,70 €, Tageskarte 12 €; Kinder bis 16 Jahre Rundfahrt 7 €, Kanalfahrt 9,50 €, Kreuzfahrt pro Anleger 0,80 €, Tageskarte 12 €; Familie 2 Erw, bis zu 4 Kinder Rundfahrt 36 €, Kanalfahrt 45,50 €, Kreuzfahrt 26 €.

▶ Gemütlich geht es zu bei der einstündigen **Alsterrundfahrt.** Die Alsterschiffe, gerne noch immer Alsterdampfer genannt, drehen ihre Runden um die *Außenalster.* Auch in den *Langen Zug* geht es hinein. Während ihr das Panorama der Stadt genießt oder Wasservögel beobachtet, könnt ihr euch Torte und Eis schmecken lassen. Im Winter ist eine Tasse heißer Kakao lecker. Wer viel Zeit hat, bucht die zweistündige **Kanalfahrt.** Neben der Runde auf der Alster geht es dann auf zwei Routen auch in die Kanäle hinein. Wie durch eine grüne Oase schippert es sich hier mitten durch die Großstadt. Lieber zwischendurch mal aussteigen und spazieren gehen?

Dann ist die **Alsterkreuzfahrt** perfekt. Vom Jungfernstieg bis zum Winterhuder Fährhaus gibt es neun

*Die **Alster** ist ein Nebenfluss der Elbe. In Hamburg fließt sie in den Alstersee, der sich in die Außen- und Binnenalster unterteilt.*

*Eine **Brigg** ist ein Segelschiff mit zwei Masten.*

Anleger. Mit einer Tageskarte könnt ihr an jeder Station aus- und wieder einsteigen. Schöne Aussichten bietet z.B. der Anleger am Uhlenhorster Fährhaus.

Segeltörn auf der Elbe

Elbe-Erlebnistörns, St. Pauli Landungsbrücken, Brücke 2, 20359 Hamburg. ✆ 040/2194627, www.elbe-erlebnistoerns.de. **Lage:** Fahrt ab Liegeplatz, eigene Anreise oder mit Anfahrt buchbar. **Preise:** zum Hafengeburtstag 64,50 €, mit Buffet 89 €, nach Kiel oder Büsum 72,50 €, nach Sylt 74,50 €, nach Warnemünde 92,50 €; Kinder bis 14 Jahre zum Hafengeburtstag 39,50 €, mit Buffet 55 €, Kiel oder Büsum 44,50 € Sylt 46,50 €, Warnemünde 55,50 €.

▶ Einmal auf der *Elbe* segeln? Mit der **Brigg** Mercedes wird dieser Traum wahr. Die Elbe-Erlebnistörns haben dazu mehrere Fahrziele im Angebot. Außerdem werden am Hafengeburtstag vierstündige Segelfahrten angeboten.

Maritime Circle Line

Gregors GmbH, St. Pauli Landungsbrücken, Brücke 10, 20359 Hamburg. ✆ 040/28493963, www.maritime-circle-line.de. **Lage:** Anleger: St. Pauli Landungsbrücken, Brücke 10. **Bahn/Bus:** S1, S2, S3, U3 bis Landungsbrücken. **Auto:** B4, Rödingsmarkt, Vorsetzen. **Zeiten:** April – Okt 10, 12, 14, 16 Uhr, Nov – März Sa, So 12, 14, 16 Uhr. **Preise:** 14,50 €, 2 Kinder bis 6 Jahre frei; Kinder 7 – 15 Jahre 7 €.

Roter Flitzer: Die Barkasse der Maritimen Circle Line

Das Internationale Maritime Museum hat Mo zu, das Hafenmuseum Mo und im Winter.

▶ Die Maritime Circle Line steuert mit ihren Barkassen mehrere der maritimen Attraktionen Hamburgs an. So lässt sich eine Schiffsfahrt wunderbar mit einem Besuch der *BallinStadt,* des ↗ *Hafenmuseums,* des ↗ *Maritimen Museums,* der *HafenCity,* der *Speicherstadt* oder der *Cap San Diego* verbinden. Der Start zur Rundtour kann von allen Anlegern erfolgen.

Hafenrundfahrt mit der Barkassen-Centrale Ehlers

Am Sandtorkai 39, 20457 Hamburg-Neustadt. ✆ 040/31991617-0, www.barkassen-centrale.de. **Lage:** Abfahrt: Vorsetzen-Anleger am roten Feuerschiff. **Bahn/Bus:** U3 Baumwall, Ausgang Überseebrücke. **Auto:** B4, Rödingsmarkt, Baumwall. **Zeiten:** Große Hafenrundfahrt (1 Std) April – Okt 10 – 18 Uhr halbstündlich, Nov – März Mo, Fr 12 und 14, Sa, So 10.30 – 16 Uhr halbstündlich; Super-Hafenrundfahrt (2 Std) Sa, So 11.30 und 14.30 Uhr, April – Okt auch Mo – Fr sowie Sa, So 13 Uhr. **Preise:** 1 Std 16 €, 2 Std 22 €; Kinder 4 – 18 Jahre 1 Std 8 €, 2 Std 11 €.

Niko und Jonathan bekommen nicht genug: Eine Fahrt mit der Barkasse auf der Alster

▶ Abseits vom Landungsbrücken-Rummel starten die Ehlers-Barkassen am Vorsetzen-Anleger, wenn ihr vom Hafen aus in Richtung Speicherstadt geht. Ihr erfahrt, wie man früher im Hafen lebte und arbeitete und wie es heute ist. Es geht zu den Lagerhäusern der Speicherstadt, zur Containerverladung und zu den großen Werften. Ihr kommt sogar an einem »tollen Ort« vorbei. An diesem Containerterminal mündet der **Köhlbrand** in die *Norderelbe*. Der Name leitet sich vermutlich von »Zoll« ab, denn hier befand sich bis 1768 die Grenze zu Dänemark. Wer die zweistündige Super-Hafenrundfahrt bucht, fährt noch bis zur **Köhlbrandbrücke** und dem Altenwerder Hafen.

Zum Fischmarkt oder nach Mölln

Bergedorfer Schifffahrtslinie, Alte Holstenstraße 64, 21029 Hamburg-Bergedorf. ✆ 040/73675690, www.barkassenfahrt.de. **Lage:** Anleger Bergedorf: Serrahnstraße 1, Anleger Hafen: Sandtorhöft am Sandtorkai. **Bahn/Bus:** S2, S 21 bis Bergedorf. **Auto:** B5 (Bergedorfer Straße), Weidenbaumsweg. **Zeiten:** Termine nach Programm. **Preise:** Vierlande 18 €, Fischmarkt 31 €, Wilhelmsburg einfach 22 €,

Die Elbe teilt sich in Hamburg in Norder- und Süderelbe, dazwischen liegt die Elbinsel Wilhelmsburg. **Köhlbrand** *ist die Bezeichnung eines Seitenarms der Süderelbe. Über den Köhlbrand führt seit 1974 die 3,6 km lange* **Köhlbrandbrücke.**

Hin- und Rückfahrt 39 €, Mölln 69 €, Bergedorf-Tour 21 €; Kinder 6 – 12 Jahre zahlen die Hälfte.

▶ Eine Vielzahl an Touren auf dem Wasser gibt es hier im Programm. Vom *Serrahn,* dem Bergedorfer Stadthafen, geht es in die *Vierlande,* zum *Fischmarkt*, nach *Wilhelmsburg* oder sogar bis nach *Mölln*. Eine Hafenrundfahrt beinhaltet die Bergedorf-Tour. Sie beginnt am Anleger *Sandtorhöft* in der Speicherstadt.

Auf dem Schaufelraddampfer durch den Hamburger Hafen

Hamburg Citytours, Kirchdorfer Straße 114, 21109 Hamburg. ✆ 040/57016664, www.hamburg-citytours.de. **Lage:** Abfahrt: St. Pauli Landungsbrücken, Brücke 4, Barkassen Brücke 1, Hop-on-Hop-off-Hafenrundfahrt Brücke 10. **Bahn/Bus:** S1, S2, S3, U3 bis Landungsbrücken. **Auto:** B4, Rödingsmarkt, Vorsetzen. **Zeiten:** 10 – 18 Uhr alle 20 Min, Nov – März 11 – 16 Uhr. **Preise:** 18 € pro Person ab 5 Jahre; Onlinetickets Erw 16 €, Kinder 5 – 14 Jahre 14 €.

▶ Neben Barkassen und Fahrgastschiffen steht bei den Hamburger Citytours ein Schaufelraddampfer bereit. Ihr findet ihn an Brücke 4. Wer die Fahrt an einer Sehenswürdigkeit wie der *BallinStadt* oder dem ↗ *Maritimen Museum* unterbrechen möchte, wählt die Hop-on-Hop-off-Variante ab Brücke 10.

Unterwegs mit der MS Aurora

Werftstraße, 21502 Geesthacht. ✆ 04171/690861, Handy 0171/4488119. www.msaurora.de. **Lage:** Zufahrt Schiffsanleger über Freibad. **Bahn/Bus:** S2, S21 bis Bergedorf, Bus 12 bis Geesthacht ZOB, Bus 539, 8890, 8892 bis Freibad. **Auto:** A25 Richtung Geesthacht, B404, Ausfahrt Richtung Geesthacht/Altengamme, links Am Schleusenkanal, rechts Steinstraße, Am Hafen, rechts Werftstraße. **Zeiten:**

März – Dez. **Preise:** Fahrten nach Länge der Tour 17 – 30 €, Nikolausfahrt 10 € pro Person; Ermäßigungen für Kinder unter 12 Jahre. **Infos:** Karl-Heinz und Gabriela Randel, Schillerstraße 15a, 21423 Winsen.

▶ Mit der MS Aurora schippert ihr ab *Geesthacht* über die *Elbe*. Da könnt ihr z.B. zum *Schiffshebewerk Scharnebeck* fahren und erleben, wie ein Schiff Fahrstuhl fährt. Der Ausflug kann auch nach Hoopte durch die Schleuse Geesthacht gehen, nach Boizenburg oder zum *Fischmarkt* in Hamburg – für Frühaufsteher. Eigens für Kinder ist die **Nikolausfahrt** im Dezember. Dann ist der Mann im roten Mantel an Bord und es gibt natürlich auch eine Überraschung.

Einmal Fleetenkieker sein

De Fleetenkieker e.V., Großheidestraße 2/Kämmererufer, 22303 Hamburg-Winterhude. Handy 0162/5934542. www.defleetenkieker.de. **Lage:** Am Osterbekkanal. **Bahn/Bus:** S1 oder U3 bis Barmbek, Bus 172 bis Großheidestraße. **Zeiten:** März – Okt,

Nase zuhalten: Müll stinkt, aber als Fleetenkieker sorgt ihr für sauberes Wasser

*Im 16. Jahrhundert war es völlig normal, seinen Müll einfach in die Kanäle oder »Fleete« zu schütten: Aus den Augen, aus dem Sinn! Damit dennoch Schiffe fahren konnten, musste deshalb schon damals die Wasserstraßen regelmäßig wieder leer geräumt werden. Das waren die – amtlich angestellten – **Fleetenkieker**.*

genaue Termine für die Fahrten telefonisch erfragen. **Preise:** freiwillige Spendenbasis, damit der Verein sich finanzieren kann; Spendenbescheinigung auf Wunsch. **Infos:** Die Bootsfahrten sind für Familien mit Kindern oder Kindergruppen ab 5 Jahren geeignet.

▶ Plastikmüll, alte Flaschen und gehören nicht in die Kanäle – und landen leider doch immer wieder dort. Mit den *Fleetenkiekern* macht ihr euch auf die Suche nach »Alstergold«, dem Müll und Unrat, der die Kanäle verstopft und zu einer Gefahr für Tiere, Umwelt und andere Schiffe werden kann.

Nach einer kurzen Einweisung geht es mit den beiden Motorbooten *Zitronenjette* und *Aalweber* raus zum Kanäle entdecken, Gucken, Staunen – und natürlich zum Aufräumen! Kescher, Handschuhe, Zangen und Schwimmwesten werden gestellt, wasserfeste Kleidung oder zumindest eine Garnitur Wechselwäsche solltet ihr selbst mitbringen, denn den einen oder anderen Wasserspritzer könntet ihr abkriegen.

Für mutige Seeleute: Im RIB mit den Piraten unterwegs

RIB Piraten Hamburg GmbH, Vorsetzen (City Sporthafen), 20459 Hamburg. ✆ 040/50719191, Handy 0172/2714004. www.rib-piraten.de. **Bahn/Bus:** U3 bis Baumwall. **Auto:** B4, Rödingsmarkt, Baumwall. **Preise:** 90-Min-Tour ab Sporthafen 89 €, HafenCity-Speedtour (30 Min) 39 €; Kinder bis 14 Jahre große Tour 59 €, Speedtour 29 €.

▶ Ein RIB ist ein *Rigid Inflatable Boat*. Das bedeutet Festrumpfschlauchboot. Es besitzt also einen festen Rumpf, hat dazu aber aufblasbare Seitenwände. So ist es leicht, kann schnell fahren und fährt sehr sicher. Die RIB Piraten in Hamburg bieten Touren vom City Sporthafen aus an. Mindestens 6 Mädchen und Jungen sollten an einer Fahrt teilnehmen.

FREIZEIT AKTIV & SPORTLICH

© pmv, Annette Sievers

IM & AUF DEM WASSER

FREIZEIT AKTIV & SPORTLICH

NATUR & UMWELT ERFORSCHEN

HANDWERK & GESCHICHTE

BÜHNE, LEINWAND & AKTIONEN

INFO & VERKEHR

REGISTER

Eine breite Palette an sportlichen Aktivitäten hat Hamburg für Familien in petto – euch wird also niemals langweilig.

FRISCHE LUFT UND SPORT

Zur Bewegung an der frischen Luft laden viele grüne Parks mit Wegen und Spielplätzen genauso ein wie Radtouren, Skateanlagen oder Minigolfplätze. Hochseilgärten sind in den letzten Jahren wie Pilze aus dem Boden geschossen und nun nicht nur in der Stadt, sondern auch zahlreich in der Umgebung zu finden. Selbst bei Regen oder Kälte muss niemand auf dem Sofa hocken, denn Indoorspielplätze, Soccer- und Kletterhallen sorgen für die nötige Infrastruktur.

Radeln mit dem Wind

Radtour um die Außenalster
Länge: 7,5 km, Start z.B. an Bodos Bootssteg, Ecke Alte Rabenstraße/Harvestehuder Weg.

▶ Hamburgs Facetten lassen sich bei einer Radtour um die *Außenalster* mit zugleich wunderbarem Blick entdecken. Im *Alsterpark* selbst darf man nicht fahren, aber der Radweg verläuft nur wenige Meter vom Ufer entfernt. Überwiegend darf man in beide Richtungen fahren. Nur am Ostufer müsst ihr ein Stück auf die Straße mit dem Namen *Schöne Aussicht,* allerdings ist diese verkehrsberuhigt und nicht stark befahren. Trotzdem gilt: Aufpassen! Natürlich lässt sich die Strecke auch spazierend oder joggend zurücklegen. In jedem Fall habt ihr einen schönen Blick nicht nur aufs Wasser, wo im Sommer ordentlich was los ist, sondern auch auf hochherrschaftliche Villen und die Skyline von Alt- und Neustadt. Vorbei kommt ihr auch am *Hotel Atlantic* und dem gut gesicherten *US-Konsulat*.

BEWEGEN MIT MUSKEL- KRAFT

FREIZEIT AKTIV & SPORTLICH

Gute Laune garantiert: Hier im Grasbrookpark gibt es spannende Geräte zu entdecken

Ihr findet zahlreiche Einkehrmöglichkeiten, am Ostufer z.B. die **Kajüte Hamburg** (An der Alster 10a, 10 – 23 Uhr, mit großer Terrasse und Wintergarten), am Westufer das **AlsterCliff** (Fährdamm 13, ab 10 Uhr) oder **Bodos Bootssteg** (Fähranleger Rabenstraße, mit Bootsverleih, ab 11 Uhr). Wer müde Beine bekommt, kann mit einem der *Alsterschiffe* per ↗ Schiffstour auf der Alster zurückfahren.

So geht's richtig: Hamburg ist eine große Stadt, also fahrt stets aufmerksam

Radeln mit dem ADFC

ADFC Landesverband Hamburg e.V. Geschäftsstelle, Koppel 34 – 36, 20099 Hamburg. ✆ 040/393933, www.hamburg.adfc.de. **Preise:** ADFC-Mitglieder Familie 3 €, Nichtmitglieder Familie 9 €.

▶ Gemeinsam mit anderen zu radeln macht Spaß. Der ADFC Hamburg hat Touren jeder Länge in seinem Programm. Einige richten sich auch an Familien und wenn ihr fit seid, könnt ihr bei den kürzeren Touren problemlos mithalten. Vielleicht meldet ihr euch einfach auch mit mehreren Familien an, dann sind Gleichaltrige mit dabei. Im Programm sind einfache und familienfreundliche Fahrten gekennzeichnet. Da geht es z.B. zum *Öjendorfer See,* rund um die *Alster,* zum Eisessen nach *Ohlsdorf* oder zum *Schloss Bergedorf.*

 **Fahrradstation Dammtor,** Schlüterstraße 11, HH. ✆ 040/41468277. www.fahrradstation-hh.de. Mo – Fr 10 – 18.30 Uhr. Nur 1 km von der Außenalster entfernt, Stadtrad Tag 12 – 14 €, Kinderrad Tag 4 €, Anhänger für Kinder pro Tag 8 €.

Radeln in Wilhelmsburg

21109 Hamburg-Wilhelmsburg. **Start:** S-Bahnhof Wilhelmsburg. **Länge:** 30 km. **Bahn/Bus:** S3,

S31 bis Wilhelmsburg. **Auto:** Elbbrücken stadtauswärts, B74 Ausfahrt HH-Wilhelmsburg, Mengestraße, Neuenfelder Straße. **Infos:** Tideauenzentrum, April – Okt Sa, So 11 – 18 Uhr, Nov – März 11 – 17 Uhr, www.naturschutzverband-goep.de.

▶ Mit etwas Ausdauer und genügend Zeit schafft ihr diese Radtour locker. Ihr lernt Wilhelmsburg dabei von seiner schönsten Seite kennen. Eine Rast am Elbsand gehört auch dazu. Über die Neuenfelder Straße und Am Inselpark gelangt ihr auf die Straße Hauland. Parallel zur Bundesstraße fahrt ihr immer weiter nach Süden, unterquert die Bahngleise und die Kornweide, folgt weiter Hauland, bis ihr auf den **König-Georg-Deich** stoßt, dem ihr nach links folgt. Erneut geht es unter den Gleisen hindurch, dann zweigt rechts der König-Georg-Weg ab. Er bringt euch direkt zur **Badestelle Finkenriek** mit kleinem Sandstrand. Nach Buddel- und Badepause (Vorsicht vor der Strömung) radelt ihr auf dem **Finkenrieder Hauptdeich** weiter. Ihr kommt am kleinen Hafen Holstenkaten vorbei, unterquert die Autobahn und seid nun auf dem **Stillhorner Hauptdeich,** der wiederum zum **Moorwerder Hauptdeich** wird. Rechts seht ihr das *Naturschutzgebiet Heuckenlock*. Ihr fahrt weiter und macht dort, wo die Straße eine Kehre macht, einen Abstecher zur Bunthäuser Spitze. Hier teilt sich die Elbe in Norder- und Süderelbe. Das *Leuchtfeuer Bunthaus,* ein hölzerner Leuchtturm, ist zwar nicht mehr in Betrieb, bietet aber einen sehr hübschen Anblick. Ihr könnt euch im **Tideauenzentrum** eine kleine Ausstellung ansehen.

Weiter geht es auf dem **Moorwerder Hauptdeich.** Ein Abstecher am Norderdeich ermöglicht die Einkehr im **Moorwerder Hof.** Über In de Huuk, Einlagedeich und Siedenfelder Weg geht es diesmal über die A1 hinweg und zurück zum Ausgangspunkt.

Hunger & Durst

Moorwerder Hof, Moorwerder Norderdeich 78, HH. ✆ 040/ 756028-80. www.moorwerderhof.de. Di – Fr ab 15, Sa ab 11, So ab 10 Uhr. Auf der Kinderkarte: Chicken Nuggets und Fischstäbchen.

Im Heuckenlock haben Priele und Auwälder eine einmalige Landschaft geformt. In dem Süßwasserwatt wachsen eine Vielzahl seltener Pflanzenarten wie die Schachbrettblume oder die Wiebelschmiele. 2012 und 2013 haben Seeadler hier gebrütet.

Fahrräder werden in U- und S-Bahnen kostenlos transportiert: Mo – Fr vor 6, zwischen 9 und 16 sowie nach 18 Uhr, Sa, So, Fei und Sommerferien ganztägig.

Hunger & Durst
Café Leinpfad, Leinpfad/Hudtwalckerstraße, HH. ✆ 040/464856. www.cafe-leinpfad.de. April – Okt ab 10 Uhr. Auf dem alten Anleger »Winterhuder Fährhaus«, Frühstück, Labskaus und Hamburger Pannfisch, das sind Fischreste mit Bratkartoffeln, Kuchen.

Von Ohlsdorf aus gen Süden: An der Alster entlang

22337 Hamburg. **Start:** S-Bahnhof Ohlsdorf. **Länge:** 7 km. **Bahn/Bus:** S1, S11 bis Ohlsdorf.

▶ Herrlich radelt es sich an der *Alster* entlang. Vom S-Bahnhof in Ohlsdorf nehmt ihr den Uferweg, der parallel zur Rathenaustraße nach Süden führt. Zwei große Straßen überquert ihr an den Ampeln und schon geht es weiter. Wenn die Kleingärten beginnen, bleibt ihr auf der Rathenaustraße. Nach Querung der Wilhelm-Metzger-Straße geht es wieder am Wasser weiter. Bald findet ihr direkt an der Alster einen tollen **Spielplatz.** Es gibt eine Drehscheibe, eine Seilbahn, eine Nestschaukel, einen Bolzplatz und vieles mehr. Wie wäre es dort mit einem Picknick? Sogar Grillen ist möglich. Über Meenkwiese radelt ihr nun auf die andere (westliche) Alsterseite, wo es durch den **Haynspark** geht. An der Hudtwalckerstraße überquert ihr den Wasserlauf erneut. Dort seht ihr schon das **Café Leinpfad,** das ebenfalls zu einer Pause einlädt. Der Leinpfad verläuft parallel zum *Leinpfadkanal,* der 1861 das Alsterufer entwässerte und somit die Bebauung möglich machte. Der Leinpfad war ein Treidelpfad: An ihm wurden Schiffe mit Hilfe von Leinen flussaufwärts gezogen. Auf diesem Pfad geht es nun bis zur Außenalster. Wer noch Puste hat, kann diese umrunden.

Skaten auf Ramps oder im Zirkus

i-Punkt Skateland
Spaldingstraße 131, 20097 Hamburg-St. Georg. ✆ 040/234458, www.i-punktskateland.de. **Bahn/Bus:** U2, U3, U4, S1, S2, S3, S11, S21, S31 bis Berliner Tor. **Auto:** B75 (Bürgerweide). **Zeiten:** Mo – Fr

15 – 20, Sa, So, Fei, Ferien 13 – 20 Uhr. **Preise:** Mo – Do frei, Fr – So 4 €, BMX 5 €; Fr – So Kinder bis 18 Jahre 3 €, BMX 4 €, Skate-Jam 10 € inklusive Helm.

▶ Auf Skateboards, Inline-Skates oder BMX-Rädern saust ihr im i-Punkt Skateland über Rampen, Bowl oder Halfpipe. In der Halle stehen 1500 qm Fläche zum Skaten zur Verfügung, im Außenbereich sogar 2100 qm. Mo – Do fahrt ihr kostenlos, sonntags lernt ihr beim Skate-Jam Grundlagen und coole Tricks.

Skate-Jam für Kids bis 14 Jahre: jeden So 11 – 13 Uhr. Bitte anmelden.

Hamburger Inline-Skating-Schule
Förderverein am Fachbereich Bewegungswissenschaft der Universität Hamburg, Mollerstraße 2, 20148 Hamburg-Rotherbaum. ✆ 040/42838-3605, www.inline-skating-schule.de. **Lage:** Kurse: Kleine Unihalle im Sportpark der Universität, Turmweg 2. **Bahn/Bus:** U1, Bus 34 bis Hallerstraße. **Auto:** Rothenbaumchaussee. **Preise:** Ferienkurs Mo – Fr 75 €, Wochenendkurs 55 €, Familienkurs 1 Erw, 1 Kind Mo – Fr 129 €, Wochenende 99 €.

▶ Inline-Skates zu fahren macht Spaß, aber wie bremst man eigentlich und wie fährt man rückwärts? Das und vieles mehr zeigt die Inline-Skating-Schule. Kinder ab 5 Jahre lernen bei den **Inline-Mäusen,** wie sie sicher rollen, bremsen und ausweichen. Wer darin schon fit ist, besucht den **Inline-Zirkus,** wo Slalom fahren genauso geübt wird wie das Rollen auf und von einer Rampe. Fortgeschrittene sind bei der »Rasselbande« oder im Rollsport-Kurs richtig aufgehoben. Die Einsteigerkurse werden auch für ein Elternteil mit Kind angeboten.

Happy Birthday! Der Kindergeburtstag auf Rollen kostet für bis zu 13 Kinder 179 €.

Skaten in den Wallanlagen
Planten un Blomen/Große Wallanlagen, Holstenwall, 20355 Hamburg-Neustadt. ✆ 040/42823-2157, www.plantenunblomen.hamburg.de. **Bahn/Bus:** Bus

FREIZEIT AKTIV & SPORTLICH

Hunger & Durst

Parkcafé Hamburg, Holstenwall 30, HH. ✆ 040/742039915. www.parkcafehamburg.de. April – Sep 10 – 22 Uhr nach Wetterlage. Snacks, Kuchen, Slush-Eis.

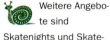 Weitere Angebote sind Skatenights und Skatecamps.

112 bis Handwerkskammer. **Auto:** ↗ Zentrum. **Zeiten:** Mitte April – Sep 7 – 22 Uhr. **Preise:** Eintritt frei.

▶ Auf Inline-Skates und Skateboards rollt ihr in Planten un blomen über die Rollschuhbahn. Mit 4300 qm gehört sie zu den größten in Deutschland. Ursprünglich verlief hier einmal die Stadtbefestigung. Darum spricht man auch noch von den Großen Wallanlagen. Im Winter wird die Fläche zur ↗ Indoo-Eisarena, aber April bis September ist sie für Skater freigegeben.

Skaten im JUZ Acker Pool Co

Haus der Jugend, Baumacker 8a, 22523 Hamburg-Eidelstedt. ✆ 040/42855764, www.acker-poolco.de. **Bahn/Bus:** S3, S21 bis Elbgaustraße, Bus 4, 184, 284 bis Pflugacker. **Auto:** B4 (Kieler Straße) stadtauswärts, Pinneberger Chaussee. **Zeiten:** Mo 15 – 21.30, Di 16 – 21.30 Uhr, in kleinerer Halle auch Mi, Do 15 – 21.30 Uhr, Fr nur Mädchen 15 – 20 Uhr.

▶ Das Acker Pool Co ist nicht nur ein Kinder- und Jugendzentrum, sondern besitzt auch eine Skatehalle. An mehreren Quarter Ramps, einem Curb, Kickern, einer Rail, einer 4er Treppe und einem Wallride könnt ihr eure Künste zeigen. Dazu läuft coole Musik. Wer genug vom Skaten hat, kann Billard spielen, kickern oder sich aus dem Programm etwas aussuchen.

Wandern in Hamburg

Mit Ausblick durch die Altstadt

20095 Hamburg. **Start:** Rathaus. **Länge:** 1,5 km. **Bahn/Bus:** ↗ Rathaus. **Infos:** St. Petrikirche, Mo – Sa 11 – 16.30, So 11.30 – 16.30 Uhr, 3 €, Kinder 1 €, www.sankt-petri.de.

▶ In der Altstadt bewegt ihr euch auf den Ursprüngen der Stadt Hamburg. Irgendwo hier stand einst die

Hammaburg, der die Stadt ihren Namen zu verdanken hat. Im Jahr 845 wurde sie von den Wikingern zerstört.

Los geht es am ↗**Rathaus,** das bei einer Führung vorweg auch von innen besichtigt werden kann. Vom großen Rathausmarkt aus lässt sich der 111 m lange Bau von 1897 gut betrachten. 20 Kaiser schmücken die Fassade. Wer findet Kaiser Barbarossa?

Durch die Eingangshalle gelangt ihr in den Innenhof (falls das Rathaus geschlossen ist, geht am *Bucerius Kunst Forum* vorbei zum Alten Wall, dort gibt es auch einen Zugang zum Hof). Hier steht der **Hygieia-Brunnen.** Er wurde zur Erinnerung an die **Cholera-Epidemie** von 1892 errichtet. Die große Figur in der Mitte ist die *Hygieia,* eine griechische Göttin der Gesundheit. Sie hat einen Drachen besiegt, der symbolisch die Cholera darstellt.

Cholera ist eine Krankheit, die durch unsauberes Trinkwasser verursacht wird. In Hamburg brach sie 1892 aus und forderte mehr als 8000 Tote. Weil sich so viele Menschen ansteckten, spricht man auch von einer Epidemie.

Durch das Tor zur Großen Johannisstraße verlasst ihr den Hof und wendet euch nach rechts. Lauft an der Seite der Börse entlang, überquert an der Ampel die Straße und folgt der Börsenbrücke, bis es rechts zur Trostbrücke geht. Sie führt über den **Nikolaifleet** und verband früher die Altstadt mit der Neustadt. Die beiden Statuen stehen symbolisch für diese Verbindung: Bischof *Ansgar* begründete die Altstadt, Graf *Adolf III. zu Schauenburg* ließ die erste Siedlung der Neustadt errichten. Die beiden prächtigen Gebäude sind rechts der **Globushof** (1907/08 für die Globus-Versicherung erbaut) und links der **Laeiszhof** (1897/98 für die Reederei *Laeisz* erbaut, man spricht es »Leiß« aus). Wenn ihr euch traut, schaut doch einmal durch die große Eingangstür: Dann seht ihr einen **Paternoster** aus dem Jahr 1950 seine Runden drehen.

Stadtgründer: Auf der Trostbrücke seht ihr eine Statue von Graf Adolf III.

Nur wenige Meter weiter seht ihr schon die Ruine der ↗**Nikolaikirche.** Den Turm könnt ihr mit dem glä-

> **PATERNOSTER** ▶ Hamburg war durch seine vielen Kontorhäuser eine Hochburg der Paternoster. Diese Aufzüge sind offen und fahren ständig im Kreis. Auf der einen Seite kann man nach oben fahren, auf der anderen nach unten. Weil das Ein- oder Aussteigen zu Unfällen führen kann, wurde die Inbetriebnahme neuer Paternoster in der Bundesrepublik 1974 verboten. Die alten Paternoster dürfen aber weiter fahren.
> In Hamburg sind noch etwa 30 der »Personenumlaufaufzüge« in Betrieb, ein Teil davon ist öffentlich zugänglich. Wenn ihr also mal Paternoster fahren wollt (aber nur mit einem Erwachsenen), könnt ihr es hier probieren: im Bezirksamt Eimsbüttel (Grindelberg 62 und 66), im Bezirksamt Hamburg-Nord (Kümmellstraße 7), in der Finanzbehörde, (Gänsemarkt 2), im Laeisz-Hof (Trostbrücke 1), im Paulsenhaus (Neuer Wall 72), im Slomanhaus (Steinhöft 11/17), im Finanzamt Harburg (Harburger Ring 40), im Finanzamt Hamburg-Mitte (Hachmannplatz 2) oder in der Behörde für Stadtentwicklung (Stadthausbrücke 8). ◀

Hunger & Durst

Mama Trattoria, Schauenburger Straße 44, HH. ✆ 040/360999-93. www.mama.eu. Täglich 11.30 – 23.30 Uhr. Pizza und Pasta und für Kinder eine eigene Karte zum Ausmalen.

sernen Aufzug befahren. Geht nun zur Trostbrücke zurück und »Bei der Alten Börse« rechts, dann links über Brodschrangen und die Kleine Johannisstraße, am Ende wieder rechts. Der Kirchturm, der sich hier erhebt, gehört zur **St. Petrikirche** und kann erklommen werden. Nach 544 Stufen steht ihr 123 m hoch und seht durch die Bullaugen die Stadt unter euch.

Spaziergang durch die Speicherstadt

20459 Hamburg. **Start:** U Baumwall. **Länge:** 3 km. **Bahn/Bus:** U3 bis Baumwall. **Auto:** Parkhaus Am Sandtorkai oder Parkhaus Baumwall.

▶ Die Lagerhäuser der Speicherstadt wurden ab 1883 aus rotem Backstein erbaut und stehen seit 1991 unter Denkmalschutz. Vor allem Kaffee, Tee, Gewürze und Teppiche lagerten die Kaufleute hier, ehe sie die Waren weiter verkauften. Sechs Fleete, ursprünglich Mündungsarme von *Alster* und *Bille,* durchziehen die Speicherstadt. So haben die Lagerhäuser jeweils einen Zugang von Land und einen vom Wasser. Die Speicherstadt gehört seit 2008

zu dem neuen Stadtteil *HafenCity,* wo ganz neue Wohngebiete entstehen. Der Rundgang durch dieses Viertel führt zu alten Schiffen, moderner Architektur und einem tollen Spielplatz. Von mehreren Museen dürft ihr eins aussuchen.

Los geht es an der U-Bahn Station **Baumwall**. Über die *Niederbaumbrücke* kommt ihr direkt in die Speicherstadt. Seht ihr das große Gebäude mit dem gläsernen Aufbau? Das ist die *Elbphilharmonie.* Seit 2007 wird an dem riesigen Konzerthaus gebaut, 2017 soll es fertig sein. Mit seinen 26 Geschossen wird es das höchste bewohnte Gebäude Hamburgs sein.

Folgt der Straße Am Sandtorkai und biegt dann rechts ab, hinunter zur Promenade am **Sandtorhafen.** Dieser Traditionsschiffhafen ist die Heimat verschiedener Schiffe. In einem alten Ladekran findet ihr ↗Harrys Hafenbasar. Ihr kommt dann zu den *Magellan-Terrassen,* wo im Sommer häufig ein Kinderprogramm geboten wird. Hier befindet sich außerdem der ↗**Elbphilharmonie-Pavillon,** in dem ihr euch über den Baufortschritt informieren könnt (Di – So 10 – 17 Uhr, Nov – März Do – So). Lauscht mal an den Hörmuscheln an den Außenwänden! Drinnen

Viele gleiche Häuser: Wie die Kapitäne wohl früher die richtige Adresse in der Speicherstadt gefunden haben?

Hunger & Durst

Kaisers, Am Kaiserkai 23, HafenCity. ✆ 040/36091790. www.kaisers-hamburg.de. Täglich ab 11 Uhr. Leckere Currywurst.

@ Das Programm auf den Magellan-Terrassen erfahrt ihr unter www.hafencity.com.

gibt es ein Modell des großen Konzertsaals. Habt ihr Lust, Pirat zu spielen? Dann stattet doch dem ↗*Grasbrookpark* noch einen Besuch ab! Dafür geht ihr am Großen Grasbrook nach rechts. Dieser Straße folgt ihr dann auch wieder zurück bis zum Sandtorkai, wo ihr das ↗*Speicherstadtmuseum* und das *Gewürzmuseum Spicy's (Am Sandtorkai 34, Di – So 10 – 17 Uhr, 4 €, Kinder 4 – 14 Jahre 2 €, www.spicys.de)* findet. Ganz nah sind außerdem der ↗*Hamburg Dungeon* und das ↗*Miniatur Wunder Land* (über die Straße Am Sande, dann links Kehrwieder). Von dort geht es jeweils zum Ausgangspunkt zurück.

Ausflug nach Blankenese

22587 Hamburg. **Start:** S-Bahnhof Blankenese, von dort Bus 48 zur Strandtreppe. **Bahn/Bus:** S1, Bus 36 bis Blankenese. **Auto:** Elbchaussee.

▶ Wer Blankenese erkunden will, braucht flinke Beine, denn im Treppenviertel geht es bergauf und bergab! Blankenese bedeutet eigentlich »glänzende Nase«. Wie eine solche sah nämlich die Landzunge aus, die hier in die *Elbe* ragte und bei Flut überspült wurde. Dann glänzte ihr Sand in der Sonne. Sie wurde aber schon im 17. Jahrhundert weggerissen. Vom Elbstrand zieht sich das mondäne Stadtviertel einen Hang hinauf. Früher lebten hier Fischer, Lotsen und Kapitäne in den schmucken weißen Häuschen.

Beginnt eure Erkundung an der **Strandtreppe.** Ihr wandert ein Stück bergab und biegt dann rechts in den Paarm. Weg ein und folgt dann Am Hang. Nun geht es auf Ingwersens Weg wieder bergauf und zur Einkehr in **Sagebiels Fährhaus.** Im Sommer könnt ihr hier auch draußen sitzen – mit herrlichem Blick auf die Elbe und die vorbeiziehenden Pötte. Nun aber zum Strand. Sagebiels Weg führt euch schnurstracks hinab zum **Fähranleger.** Gen Westen zieht sich der

Hunger & Durst
Sagebiels Fährhaus, Blankeneser Hauptstraße 107, HH. ✆ 040/861514. www.sagebiels.com. Di – So 12 – 22 Uhr, Kaffee und Kuchen ab 14.30 Uhr. Mit schöner Terrasse, wo der Kuchen am besten schmeckt.

Strand dahin, an dem entlang ihr eure Wanderung fortsetzt. Ihr könnt natürlich auch im Sand buddeln oder mit einem Ball spielen.
Von den Haltestellen **Krumdal** oder **Falkentaler Weg** könnt ihr mit der »Bergziege« zurück zum S-Bahnhof fahren. So werden die Busse der Linie 48 nämlich genannt. Sie sind kleiner und wendiger als die normalen Stadtbusse, damit sie überhaupt durch Blankenese fahren können.

Von Teufelsbrück bis Oevelgönne

22609 Hamburg. **Start:** Teufelsbrück. **Länge:** 3,5 km.
Bahn/Bus: Bus 21, 36, 39, 286 bis Teufelsbrück; Fähre 62 ab Landungsbrücken und ab Finkenwerder Fähre 64 bis Teufelsbrück. **Auto:** Elbchaussee.

▶ Dieser Spaziergang entlang der *Elbe* macht euch bestimmt Spaß. Los geht es in **Teufelsbrück**. Hier fließt die *Flottbek* in die Elbe. An der Furt sollen einst immer wieder Fuhrwerke verunglückt sein. Ein Zimmermann wurde mit dem Bau einer Brücke beauftragt. Der ließ sich vom Teufel helfen und versprach ihm dafür die Seele des ersten Lebewesens, das die Brücke überqueren würde. Als der Pfarrer die Brücke einweihte und gerade hinübergehen wollte, scheuchte das Volk einen Hasen auf, der daraufhin über die Brücke lief. Die Seele des Pfarrers bekam der Teufel nicht. An diese Legende erinnert das steinerne Denkmal – seht ihr es? Heute heißen die Brücke, der Anleger und der Hafen Teufelsbrück.

Am Hafen geht ihr vorbei und folgt dann dem Uferweg, dem **Hans-Leip-Ufer**. Ihr könnt die Schiffe auf der Elbe beobachten und Ausschau halten nach dem *Alten Schweden*. Das ist der älteste Einwanderer Hamburgs. Es handelt sich um einen Findling mit einem Gewicht von 220 Tonnen! Man fand ihn 1999 beim Ausbaggern der Fahrrinne. Von hier ist es

Hunger & Durste
Strandkiosk Ahoi, Oevelgönne 57, HH. www.strandkiosk-hamburg.de, April – Sep täglich 8 – 22 Uhr, Okt – März Sa, So 9 – 17 Uhr, Mo – Fr ab 9 Uhr außer bei Dauerregen.

 Am schönsten ist die Anfahrt mit der Fähre: Erst nehmt ihr die 62 bis Finkenwerder, dort steigt ihr in die 64 um, die über den Rüschpark nach **Teufelsbrück** fährt.

 Hans Leip (1893 – 1983) war ein Hamburger Schriftsteller. Bekannt ist er vor allem für sein Gedicht »Lili Marleen«, das später als Lied vertont wurde.

gar nicht mehr weit bis zur ↗*Strandperle* oder dem **Strandkiosk Ahoi.**

Auf den Spuren des Baron Voght: Der Jenischpark

Baron-Voght-Straße/Elbchaussee, 22609 Hamburg-Othmarschen. www.imjenischpark.de **Bahn/Bus:** S1, S 11 bis Klein Flottbek, Hafenfähre 64, Bus 15, 21 bis Baron-Voght-Straße (Mitte) oder Bus 36, 39, 286 bis Teufelsbrück. **Auto:** Elbchaussee. **Info:** Jenisch-Haus im Park, Di – So 11 – 18 Uhr, 5 €, Kinder bis 17 Jahre frei, www.jenischhaus.org.

▶ Mit Blick auf die nahe *Elbe* wandelt ihr auf dem ehemaligen Landgut des Barons *Caspar Voght* (1752 – 1839). Der interessierte sich mehr für Landwirtschaft als für Handel und kaufte ab 1785 mehr und mehr Grundstücke in *Klein Flottbek* auf. Auf ihnen errichtete er dann einen **Park,** der zugleich landwirtschaftlich genutzt werden sollte – eine Idee, die aus England kam. 1828 kaufte dann ein Freund des Barons, der Hamburger Senator *Martin Johann Jenisch* (1793 – 1857), den Besitz und ließ ein klassizistisches Landhaus erbauen, heute als **Jenisch-Haus** bekannt. Es beherbergt mit dem *Museum für Kunst und Kultur* eine Außenstelle des ↗*Altonaer Museums,* hier seht ihr im Weißen Saal oder dem Unteren Elbsalon, wie die Hamburger einst lebten. November bis Mitte März spielt hier zudem jeden Samstag und Sonntag um 15 Uhr das *Marionettentheater Thomas Zürn* (12 – 15 €, Kinder 8 – 10 €). Nun in den Park! Die *Flottbek* fließt mitten hindurch und steht mit ihren Feuchtwiesen unter Naturschutz, weil sich hier seltene Tier- und Pflanzenarten angesiedelt haben. Toben könnt ihr auf den weitläufigen Wiesen und dem Spielplatz. Kuchen gibt es in **Ralphs Kiosk.**

🦉 *Caspar Voght war ein Kaufmann, der kreuz und quer durch Europa reiste, und sich für die Armen engagierte. So sorgte er 1788 für die Einrichtung einer »Armenanstalt« und für die Verbesserung der Bedingungen in den Gefängnissen.*

Hunger & Durst
Ralphs Kiosk im Jenischpark, Othmarschen. Handy 0172/4531743. April – Okt Mi – Sa ab 11, So ab 10 Uhr. Hausgebackenen Kuchen und Honig von Jenischpark-Bienen gibt es zu kaufen.

Spiel und Spaß im Stadtpark Norderstedt

Stormarnstraße 34, 22844 Norderstedt. ✆ 040/3259930-00, www.stadtpark-norderstedt.de. **Bahn/Bus:** U1 bis Norderstedt-Mitte, Bus 293, 393 bis Stadtpark. **Auto:** B432, links Langenhorner Chaussee, links Stormannstraße, Parkplätze am Haupteingang am Kulturwerk am See. **Zeiten:** 6 – 23 Uhr. **Preise:** Eintritt frei.

▶ Auf **Riesenschaukeln** in die Lüfte fliegen, das nasse Element am **Wasserspielplatz** spritzen lassen und im **Kletternest** herumturnen, den Spielplatz der Schafe erobern, Tiere auf dem Bauernhof besuchen oder auf dem Kletterspielplatz hangeln – all das könnt ihr im Stadtpark von Norderstedt.

Drei Landschaften teilen das Gelände in See-, Feld- und Waldpark. Zum **Seepark** gehören das ↗*Strandbad* und die *Wasserskianlage*. Im **Feldpark** findet ihr ein Arboretum mit 90 Baumarten, einen Slackline-Parcours und das FitnessFeld mit 7 Stationen. Langeweile kommt hier nicht auf!

Hunger & Durst

Haus am See, Stormarnstraße/Schöne Aussicht 4, Norderstedt. ✆ 040/32040-120. www.restaurant-haus-am-see.de. Mai – Sep 11 – 22 Uhr, Okt – April Mi – Fr 12 – 21.30, Sa, So 9.30 – 21.30 Uhr. Für Kinder gibt es Nudeln oder Chicken Nuggets mit Pommes.

Blumen bewundern

PARKS

Haynspark Eppendorf

20251 Hamburg-Eppendorf. **Lage:** Nördlich der Außenalster. **Bahn/Bus:** U3 bis Hudtwalkerstraße, Bus 20, 25, 118 bis U Hudtwalkerstraße, dann ca. 5 Min die Hudtwalkerstraße entlang und rechts in den Park, Bus 114 bis Schubackstraße. **Zeiten:** frei zugänglich.

▶ Lang gezogen zu beiden Seiten des Alsterlaufs liegt der idyllische Haynspark mit zwei Brücken und einem kurzen Waldstück. Neben Spaziergängen und Picknicken am Wasser könnt ihr euch auf zwei Spielplätzen (Richtung Eppendorfer Landstraße) austoben oder euch an warmen Tagen im Planschbecken an der Meenkwiese erfrischen. Allerdings kann es

Bootshaus Silwar, Eppendorfer Landstraße 148b, HH. ✆ 040/476207. www.bootshaus-silwar.com. Alteingesessene und sehr exklusive Bootsvermietung im Haynspark, mit großer Auswahl an Booten und Tretbooten, darunter Polizei- oder Autotretboote.

Lust auf Wärme und grüne Palmen? Dann schaut in den **Tropengewächshäusern** vorbei. Macht eine Kinderführung mit, Eltern dürfen nicht mit – so ist es viel schöner.

dort bei hohen Temperaturen auch sehr voll werden. Wasserbegeisterte können sich beim **Bootsverleih Silwar** ein Kanu ausleihen.

Ein Park für jeden Geschmack: Planten un Blomen

20355 Hamburg. ✆ 040/428232150, www.planten-unblomen.hamburg.de. **Lage:** Westlich ab der Binnenalster bis fast runter an den Hafen. **Bahn/Bus:** S11, S21, S31 bis Bahnhof Dammtor, U1 bis Stephansplatz, Bus 35 bis Hamburg Messe (Eingang Mitte und Ost), Bus 112 bis Stephansplatz.

▶ Ein sehr schöner, lang gestreckter Park mitten im Zentrum, der allein durch seine Vielseitigkeit schon eine Attraktion ist. Neben den Wiesen zum Picknicken und Spielen gibt es einen Apothekergarten, einen Rosengarten und einen Japanischen Garten mit einem Teehaus. Außerdem mehrere Freilichtbühnen, zwei **Tropengewächshäuser,** Rollschuhbahn, Minigolfanlage, Wasserspiele, einen großen Spielplatz mit zwei riesigen Bullerbergen, Wasserpumpe und Trampolin.

Nicht genug? Dann schaut auf der Internetseite vorbei: Von Mai bis September veranstaltet die Stadt

Hier seht ihr nicht nur Blumen: Auf den Rutschen könnt ihr toben

beinahe jeden Tag allerlei Konzerte, Lesungen und Theaterstücke im Park, Eintritt meist frei.

Altonaer Volkspark
August-Kirch-Straße, 22525 Hamburg-Bahrenfeld.
Bahn/Bus: Bus 2, 3 bis Stadionstraße. **Auto:** A7 Ausfahrt 27 HH-Volkspark, Parkplatz am Hellgrundweg.

▶ Unter der Aufsicht des Gartenbaudirektors *Ferdinand Tutenberg* (1874 – 1956) entstand ab 1914 der Volkspark, damals noch in der eigenständigen Stadt Altona, die erst 1938 nach Hamburg eingemeindet wurde. Wälder und Wiesen gehören ebenso zum Park wie ein Heckentheater und mehrere Aussichtspunkte. Ihr könnt auf dem **Spielplatz** toben und **Minigolf** oder Pit-Pat spielen, eine Mischung aus Minigolf und Billard, das mit Queues gespielt wird. Ein Weg führt auf den in Terrassen angelegten *Tutenberg*, ein anderer auf die *Birkenhöhe*. An der *Luruper Chaussee* liegt der **Dahliengarten.** Mehr als 14.000 Dahlien in 444 Sorten wachsen hier. Im Süden des Parks ist der geometrisch angelegte **Schulgarten** zu finden. Einkehr im Park ermöglicht **Das Bauernhaus.**

 Minigolf und Pit-Pat, Nansenstraße, HH. ✆ 040/545967. www.minigolf-brandt.de. März – Mitte Okt Mo – Fr ab 14, Sa, So ab 10, Ferien ab 11 Uhr. 3 €, Kinder 1,50 €.

Hunger & Durst
Das Bauernhaus, Nansenstraße 82, April – Okt 11 – 18 Uhr, Nov – März Fr – So 11 – 18, So ab 11 Uhr Brunch)

Auf dem Rücken der Pferde ...

Über Stock und Stein im Meyers Park
Kinder- und Jugendreitverein – Ponyhof Meyers Park, Stader Straße 203b, 21075 Hamburg-Heimfeld.
✆ 040/38681877, www.ponyhof-meyerspark.de.
Bahn/Bus: S3 bis Heimfeld, Bus 141, 146, 241 bis Krankenhaus Mariahilf. **Auto:** A7 Ausfahrt HH-Heimfeld, Stader Straße. **Zeiten:** Reiten Mo – Fr 15 – 18, Sa, So 11 – 18 Uhr. **Preise:** Reiten Zaunrunde 3 €, 15 Min 5 €, 30 Min 10 €, Reit- oder Longenunterricht Monat 45 €, Schnupper-Reitstunde 12,50 €.

PONYHÖFE

Happy Birthday!
Hier Kindergeburtstag feiern mit viel Spaß und Ponys: 8 € pro Kind.

Schön kraulen: Auch Ponys mögen das hinter den Ohren

 Der Kiekeberg gehört zu den Harburger Bergen. Er ist 127 m hoch und war schon vor 100 Jahren ein beliebtes Ausflugsziel. Neben Ponyreiten könnt ihr hier das Freilichtmuseum, den Hochseilgarten oder den Wildpark Schwarze Berge besuchen.

▶ *Heinrich Christian Meyer* stand Pate für den Waldpark. Der Sohn eines erfolgreichen Stockfabrikanten verlegte das Unternehmen nach Harburg und kaufte das Gelände des heutigen Parks. Er errichtete 1869 eine Villa, die heute als Empfangsgebäude des Krankenhauses *Mariahilf* dient, sein Sohn erbaute 1906 mitten im Park ein Landhaus, genannt *Waldhaus.* Nach dem Zweiten Weltkrieg ging der Park auf die Stadt Hamburg über.

Heute ist vor allem der **Ponyhof** ein Anziehungspunkt. Die Ponys können das ganze Jahr über ausgeführt werden, entweder auf dem Hof oder in den Park hinein. Bei Schnee werden die Ponys vor Schlitten gespannt und ihr macht eine schöne Tour durch die Schneelandschaft. Der Ponyhof bietet auch Reit- und Longenunterricht an.

Ponyreiten am Kiekeberg
Kathi Prion, Am Kiekeberg 5, 21224 Rosengarten-Ehestorf. Handy 0152/04815950. www.ponyreiten-am-kiekeberg.de. **Bahn/Bus:** S3 bis Harburg oder Neuwiedenthal, Bus 340, 4244 bis Museum. **Auto:** A7 Ausfahrt 34 HH-Marmstorf, Ausschilderung Freilichtmuseum folgen. **Rad:** Radfernweg Hamburg – Bremen. **Zeiten:** Fr – So ab 11.30 Uhr bis zur Dämmerung. **Preise:** 15 Min 5 €, 30 Min 10 €.

▶ *Max* und *Moritz, Speedy* und *Lilly* heißen einige der kleinen Vierbeiner, die euch gern auf ihrem Rücken Platz nehmen lassen und sehr lieb sind. Wahlweise 15 oder 30 Minuten lang dürft ihr euch dann von euren Eltern auf den Ponys herumführen lassen oder auch mal eine Runde allein reiten.

Erlebnistage auf dem Harderhof
Regina Petersen, Moorfleeter Deich 395, 22113 Hamburg-Moorfleet. ✆ 040/73717102, Handy 0173/

2125140. www.harderhof-kinderfeste.de. **Bahn/Bus:** Bus 230 bis Rungedamm (West), 700 m zu Fuß. **Auto:** A25 Ausfahrt 2 HH-Allermöhe, 1. rechts. **Zeiten:** Termine auf der Internetseite. **Preise:** Pferde-Erlebnistag 15 €, Ponyreiten 90 Min 10 €, Märchentag Familie 25 €, Tomte Tummetott 12 €, Erw 3 €.

▶ Direkt an der *Dove Elbe* liegt der Harderhof mitten in den Vier- und Marschlanden – ein kleines Paradies vor den Toren der Stadt! Auf ihrem Bauernhof bietet *Regina Petersen* mehrere Programme zu unterschiedlichen Themen und Terminen an. So richtet sich der Pferde-Erlebnistag an alle Kinder zwischen 4 und 8 Jahre. Ihr dürft die Ponys und Pferde streicheln, füttern und auf *Rike, Luzifer* oder *Summer* reiten. Die Erlebnistage auf dem Bauernhof finden immer in den Ferien statt und drehen sich genau rund um das Leben auf einem Hof. Im Advent könnt ihr der Geschichte von *Tomte Tummetott* lauschen und anschließend den Tieren im Stall einen Besuch abstatten. Märchentage und Termine zum Ponyreiten runden das Angebot ab.

Der Ponyhof Waldschänke im Forst Klövensteen

Babenwischenweg, 22559 Hamburg-Rissen. ✆ 040/811454, **Bahn/Bus:** S1 bis Rissen, 3 km Fußweg über Klövensteenweg. **Auto:** B431 (Osdorfer Weg, Sülldorfer Landstraße), Sandmoorweg, rechts Grot Sahl, links Klövensteenweg. **Zeiten:** Di – Fr 14 – 17, Sa, So 10 – 17 Uhr, Sommerferien täglich ab 11 Uhr. **Preise:** 30 Min 8 €.

▶ Neben der Pony-Waldschänke befindet sich der **Ponyhof**. Auf dem ausgeschilderten Pony-Rundweg dürft ihr euch von Mama oder Papa führen lassen. An der Pony-Waldschänke könnt ihr anschließend auf dem **Spielplatz** toben. Vielleicht läuft euch auch Pfau

Happy Birthday!

Feiert hier euren Geburtstag, 50 € Pauschale plus 15 € je Kind.

Hunger & Durst

Pony-Waldschänke, Babenwischenweg 28, HH. ✆ 040/812353. www.pony-waldschaenke.de. 11 – 21, Sommer bis 22 Uhr. Auf der Kinderkarte: Kartoffelpuffer, Tischlein deck dich (Nudeln mit Tomatensauce), Waldfee (Schnitzel mit Gemüse und Pommes), Hänsel & Gretel (Putensteak mit Pommes und Salat).

Fridolin über den Weg. Ein zweiter Spielplatz befindet sich nicht weit entfernt im Wald am Klövensteenweg.

Miniranch Norderstedt

Wehlenhold 1, 22848 Norderstedt. ✆ 040/60928800, www.miniranch.de. **Bahn/Bus:** U1 bis Garstedt, Bus 193, 295 bis Garstedt-Alte Dorfstraße, 2 km Fußweg. **Auto:** A7 Ausfahrt 23 HH-Schnelsen-Nord, B432 (Oldesloer Straße), links Niendorfer Straße, links Alte Dorfstraße, Kornhoop, links Hasloher Weg, vor der Autobahn rechts. **Preise:** Reiterferien 147 €/Woche, Kutschfahrt 1 Std 95 €. **Infos:** Büro: Hasloher Weg 5, 22848 Norderstedt.

▶ Die Miniranch ist ein Paradies für alle Pferdefreunde oder die, die es noch werden wollen. Auf dem Ponyhof von Kim Lange entstehen wahre Pferdefreundschaften. Ihr bekommt ein Pony zugewiesen und werdet sein Pate. Ihr dürft es natürlich reiten, helft aber auch beim Füttern oder Stall ausmisten. Wer die Miniranch kennen lernen möchte, kann hier auch Reiterferien verbringen, ein Klassenfest oder seinen Geburtstag im »Wilden Westen« feiern.

Happy Birthday
Kindergeburtstag für bis zu 6 Kinder, 3 Std 140 €.

HAMBURGS STADTPARK

Hunger & Durst
Café am Planschbecken, Spielwiesenweg/via Südring. ✆ 040/69658465. www.café-planschbecken.de. 11 – 19 Uhr. Café mit Innenraum und Terasse, Spielzimmer hinten.

Action im Stadtpark Hamburg

22303 Hamburg-Winterhude. **Lage:** Im Norden Hamburgs. **Bahn/Bus:** S1, S11 bis Alte Wöhr, U3 bis Saarlandstraße oder Borgweg, Bus 6 bis Borgweg, Bus 179 bis Planetarium, Bus 20, 23, 26, 118 bis Jahnring-Mitte. **Infos:** Informationen zu Angeboten und Veranstaltungen im Stadtpark auf www.hamburgerstadtpark.de.

▶ Mit rund 150 Hektar ist der Stadtpark so etwas wie der größte öffentliche Garten Hamburgs: Kaum schauen die ersten Sonnenstrahlen aus den Wolken, joggen Sportler durch den Wald und Jonglierkünstler und Hobbymusiker lassen sich auf Decken nieder.

Außerdem gibt es einen Minigolfplatz, Liege- und Grillwiesen zum Ball spielen und Picknicken und mehrere Spielplätze.

Am Stadtparksee gibt es einen Bootsverleih und ein Naturfreibad. Ein echter Hingucker ist das Planetarium, ein alter Wasserturm (1912 – 15), der erst 1930 zum Planetarium ausgebaut wurde. Von der Aussichtsplattform habt ihr einen schönen Blick über den Park und den Norden der Stadt.

Minigolf im Stadtpark

Studio K, 22303 Hamburg-Winterhude. ✆ 040/ 687465, Handy 0173/2089466. www.minigolf-in-hamburg.de. **Lage:** Am südlichen Rand der großen Festwiese, auf Höhe der Kreuzung Südring und Borgweg. **Bahn/Bus:** U3 oder Bus 6, 179 bis Borgweg, dann ca. 10 Minuten zur Festwiese in den Stadtpark. **Zeiten:** März – Okt Mo – Fr ab 14, Sa, So ab 12 Uhr, Nov – Feb nur bei trockenem und gutem Wetter. **Preise:** 3 €; Kinder bis 14 Jahre 2 €; Gruppe ab 10 Pers Erw 2,80 €, Kinder 1,80 €, Ferienpass. **Infos:** Bälle und Schläger und Fußballtore für ein spannendes Spiel auf der Festwiese könnt ihr am Kiosk leihen, 5 €/Std.

Happy Birthday!

Geburtstagfeiern im Wald? Mit Lagerfeuer und Stockbrot, Seilbahn und Rutsche? Auf dem Abenteuerspielplatz Richtung Grasweg gibt es Grillplätze mit Tischen und einer offenen Lagerfeuerstelle.

Hunger & Durst

Café Linné, Linnering 1, HH. Handy 0178/ 3040222. Täglich 9 – 18 Uhr. Kleines Café mit Innenraum und Terrasse, in der Nähe des Abenteuerspielplatzes. Bietet neben selbstgemachten Kuchen und Muffins auch Suppen an.

▶ Endlich ist es soweit: Es ist der 14. Juli 1914 und im Stadtteil Winterhude wird ein neuer Park eröffnet. Er soll ein Park für alle sein,

HAPPY BIRTHDAY STADTPARK!

Reiche und Arme, Junge und Alte … Weitläufig, mit Waldstücken zum Spazieren gehen, Seen zum Boot fahren und Wiesen zum Picknicken, Ball spielen, Tanzen. Worauf auch immer die Menschen Lust haben. Deshalb heißt er auch Stadtpark. Und jetzt, 2014, feiert der Stadtpark seinen 100. Geburtstag. In den letzten anderthalb Jahren hat der Park deshalb eine »Schönheitskur« von rund 1 Mio Euro verpasst bekommen.

Was darf's sein? Ben übt verkaufen

▶ Mitten im Stadtpark könnt ihr eure Geschicklichkeit im Minigolfspielen auf 18 Bahnen ausprobieren. Die Anlage liegt sehr schön unter hohen Laubbäumen, nur einen Steinwurf von der großen Festwiese und dem Stadtparksee entfernt.

Ein Kiosk bietet neben Kaffee, Eis und Schnökerkram auch kleinere Snacks wie Brezeln, Bockwurst oder Pizza an. Sitzgelegenheiten an Tischen und Bänken sind über das ganze Gelände verteilt. Auf der Rückseite des Kiosk gibt es auch Toiletten, die allerdings etwas kosten.

Spiel und Spaß im Stadtpark

▶ Planschen, buddeln, rutschen, klettern, hüpfen, schaukeln, mit der Seilbahn fahren ... Eigentlich gibt es (fast) nichts, was ihr am Planschbecken und auf dem Spielplatz nicht machen könnt. Die Spielgeräte sind unterschiedlich groß und schwierig und für Kinder ab 6 Monaten bis hin zu 12 Jahre geeignet.

Und wer gerade keine Lust zum Toben hat, grillt mit seinen Eltern oder picknickt auf einer Decke, macht Musik oder spielt auf den umliegenden Wiesen Ball. Einen ganzen Tag im Stadtpark zu verbringen, ist wirklich nicht schwer.

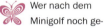 Wer nach dem Minigolf noch genug Energie hat, kann auf dem Spielplatz mit mehren Spielhäuschen, Klettergerüst, Dreh-Karussel und jeder Menge Sand weiter toben.

SPIEL-PLÄTZE

Bau- & Aktivspielplätze

▶ Es gibt in Hamburg eine Vielzahl an Bau- und Aktivspielplätzen. Hier könnt ihr nach der Schule oder in den Ferien bauen, werkeln, spielen, toben oder an einem der Angebote teilnehmen. Fast alles ist kostenfrei. Nur Ausflüge in Freizeitparks kosten etwas oder wenn Material anfällt. Zwei Bauspielplätze findet ihr hier näher beschrieben.

Wenn ihr in einem anderen Stadtteil wohnt, schaut einmal hier nach: www.kinder-und-jugendarbeit.de.

Hamburger Spielhäuser

Frickestraße 1, 20251 Hamburg. ✆ 040/428042677, www.hamburger-spielhaeuser.de. **Preise:** kostenlos.

▶ Spielhäuser gibt es in Hamburg schon seit 1953. Das Angebot der offenen Kinder- und Jugendarbeit richtet sich an alle Kinder zwischen 3 und 14 Jahre. Die mehr als 40 Spielhäuser verteilen sich auf alle Stadtteile, zu einigen gehört auch ein Bauspielplatz. Kostenlos dürft ihr hier spielen, basteln, malen und bauen. Meist werden zudem Tages- und Ferienfahrten organisiert.

Bauen und Werkeln in Eppendorf

Bauspielplatz Eppendorf, Frickestraße 1, 20251 Hamburg-Eppendorf. ✆ 040/428042677, www.baui-eppendorf.de. **Bahn/Bus:** Bus 20, 25, 600 bis Julius-Reinke-Stieg, ein Stück die Martinistraße geradeaus und links in die Frickestraße. **Zeiten:** Mo – Fr 10 – 12.30 und 14 – 18 Uhr. **Preise:** kostenlos, bei einzelnen Angeboten können Preise zwischen 2 – 8 € entstehen.

▶ Selber machen wird auf dem **Baui**-Eppendorf groß geschrieben: Werkeln, basteln, töpfern, am offenen Lagerfeuer Stockbrot backen oder die Hühner, Meerschweinchen und Ziegen versorgen, die auf dem Baui leben – ihr habt die Wahl. Und wer toben möchte, der kann auf dem rund 2000 qm großen Gelände Fußball spielen, mit Kettcars durch die Gegend sausen und auf dem Piratenschiff oder Flugzeug herumklettern.

> Die Klettergerüste auf dem **Baui** sind selbst gebaut. Bevor ihr losflitzt, geht sie einmal in Ruhe ab. Falls ein Brett locker ist, gebt einfach den Betreuern Bescheid. Vielleicht könnt ihr bei der Reparatur mithelfen – oder etwas Neues bauen?

Piratenspielplatz im Grasbrookpark

20457 Hamburg-Hafencity. ✆ 040/374726-0, www.hafencity.com. **Bahn/Bus:** U4 bis Überseequartier. **Auto:** Steintorwall, Deichtorplatz, Oberbaumbrücke, Brooktorkai, Am Sandtorkai, links Großer Grasbrook.

▶ In der HafenCity entstehen neben den vielen Wohn- und Bürogebäuden auch tolle neue Spielplätze. Dazu

© Elbe & Flut; Quelle HafenCity Hamburg GmbH

Auf ins Abenteuer: Auf dem Piratenspielplatz fühlt ihr euch wie richtige Piraten

gehört der Spielplatz im Grasbrookpark, der auf 7100 qm zu Spiel, Sport und Entspannung einlädt. Das Piratenspielschiff ist von einem Wasserbecken umgeben, das sich in drei Wasserläufe aufteilt, die die Auffächerung der *Elbe* mit ihren Flussinseln nachbildet. Bei Matschtisch, Trampolin, Nestschaukel und Spiellandschaft unter (hölzernen) Palmen spielt ihr, während eure Eltern mal die Trimmgeräte für Erwachsene ausprobieren.

Aktivspielplatz Uhlenhorst (Aki)

Averhoffstraße 1a, 22085 Hamburg-Uhlenhorst. ✆ 040/2291010, www.aki-uhlenhorst.de. **Bahn/Bus:** Bus 6 bis Averhoffstraße. **Zeiten:** Mo – Fr 14 – 19, in den Ferien 10 – 17 Uhr. **Preise:** Eintritt frei. **Infos:** Die Angebote des Aktivspielplatzes richten sich an Kinder 6 – 14 Jahre.

▶ Skaten oder BMX fahren, bauen, malen, lesen, basteln, Musik machen, Billard spielen, Stockbrot backen, zusammen kochen oder einfach auf den Sofas im Gemeinschaftshaus sitzen und klönen – ihr entscheidet auf dem Aktivspielplatz selbst, worauf ihr Lust habt und was ihr machen wollt. Mitbringen müsst ihr nur ein wenig Neugierde und Spaß am Ausprobieren.

Wenn ihr hungrig seid, macht ein Picknick. Es gibt um den Appelhoff Weiher viele schöne Stellen. Und danach geht es auf den **Fitness-Pfad** mit verschiedenen Bewegungsstationen zum Trainieren.

Spielplatz am Appelhoff Weiher

Georg-Raloff-Ring 32, 22309 Hamburg-Barmbek. **Lage:** Am Appelhoff Weiher.

▶ Mitten in der Stadt – und trotzdem auf dem Land! Das ist das Motto des Spielplatzes am *Appelhoff Weiher:* Holztraktor und Pferdekutsche stehen zum Klettern und Spielen bereit, die hölzerne Apfelbäuerin auf dem Drehkarussell hält glücklich ihre Ernte im Arm, Holzkarotten halten Kletterstangen und ein bunter Kaufmannsladen warten auf euch. Auch zum Austoben und Bewegen stehen jede Menge Spielgeräte und -flächen bereit: Seilbahn, Trampolin, Rutschen, Fußball-, Basket- und Beachvolleyballfeld bietet euch der Spielplatz.

Tarzan im Appelhoff: Der Dschungel-Spielplatz

Steilshooper Straße 277, 22309 Hamburg-Barmbek. **Bahn/Bus:** Bus 277 bis Schwarzer Weg oder Richeystraße, dann ein Stück die Straße entlang und in die Grünanlagen abbiegen.

▶ Ein Paradies für Kletterbegeisterte ist dieser liebevoll dekorierte Spielplatz mit einer großen Auswahl an Klettergerüsten und -seilen, mehreren Balancierstrecken auch im bewaldeten Teil des Spielplatzes, Riesen-Giraffenrutsche, Nestschaukel und mehr. Das Thema Dschungel findet ihr in vielen Details der Dekoration wieder, z.B. bei der Schlangen-Balancierstange, den Palmenwedeln und Bananenstauden an den Klettergerüsten oder dem Buschtelefon. Ein wirklich schöner Spielplatz.

Abenteuerspielplatz Alstertal

Wellingsbütteler Landstraße, 22337 Hamburg-Wellingsbüttel. **Lage:** Am Alsterlauf zwischen Wellingsbütteler Landstraße und Teetzpark. **Bahn/Bus:** U1 bis Klein Borstel, dann ein Stück die Wellingsbüttler Landstraße.

▶ Wunderschön gelegen, direkt an der *Alster* und auf einem sehr weitläufigen Gelände, findet ihr den

Hunger & Durst

Café Alsterwiesen, Wellingsbütteler Landstraße 75, HH. Handy 0173/6086826. www.café-alsterwiesen-hh.de. Ganzjährig Di – So 11 – 18 Uhr. Kiosk-Café mit Sitzmöglichkeiten unter einer Markise, große Auswahl an warmen Speisen wie Pizza, Pommes und Waffeln.

Jeden Dienstag ist Mutter-Kind-Tag im Café Alsterwiesen: Kakao, Kinderpunsch, Tee und andere Heißgetränke für 2 €.

Eine Auswahl an schönen Spielplätzen in Hamburg, Beschreibungen von ihrer Ausstattung und Anfahrt findet ihr auf www.hamburg.de. Stöbern lohnt sich!

Abenteuerspielplatz Alstertal. Hier erwarten euch Spielgeräte zum Klettern, Rutschen, eine große Sandkiste, Seilbahn und vor allem viel Platz zum Fußball- oder Frisbeespielen. Ein echter Hingucker ist das Kletterhäuschen mit Hängebrücke, das um einen großen Baum gebaut wurde. Schaut mal nach, findet ihr es auf dem großen Gelände?

Spielen an der Schemmannstraße

Schemmannstraße, 22359 Hamburg-Volksdorf.
Bahn/Bus: U1 bis Volksdorf oder Meiendorfer Weg, Bus 24 bis Eulenkrugstraße. **Auto:** Aus Süden über die Farmsener Landstraße, aus Norden über den Volksdorfer Damm und die Halenreie nach Volksdorf, dann in die Schemmannstraße. Kostenlose Parkplätze direkt am Spielplatz. **Infos:** Der Spielplatz bietet eine Auswahl an behindertengerechten Spielgeräten, z.B. ein rollstuhlbefahrbares Karussel.

▶ Hochwohlgeborene Burgdamen und Ritter! Seid herzlich willkommen auf dem Spielplatz in der Schemmannstraße, dem einzigen in Hamburg, wo ihr euch neben Wippen, Klettergerüsten, Rutschen und Seilbahn auch in eine große Kletterburg zurückziehen könnt. Ältere können sich derweil beim Fußball oder

Fleißige Sandburgenritter bauen große Sandritterburgen

beim Basketball austoben – und die »Alten« (auch Eltern genannt) mit einem Snack oder einem Kaffee vom Kiosk am Spielplatz auf einer der zahlreichen Sitzgelegenheiten ausruhen.

Parks & Plätze zum Toben

Schwerelos im Achterbahnrestaurant

Harburger Schlossstraße 22, 21079 Hamburg-Harburg. ℂ 040/8972131-0, www.rollercoaster-hamburg. de. **Bahn/Bus:** Bus 154 bis Harburger Schloß- straße. **Auto:** A253/B4/B75 Ausfahrt Hafen-Harburg, rechts auf Neuländer Straße, Veritaskai, Kanalplatz, links Harburger Schloßstraße, Mo – Fr bis 18 Uhr keine hauseigenen Parkplätze, übrige Zeit auch reservierte Plätze frei. **Zeiten:** Di – Do 16 – 23, Fr – So 11.30 – 23, Ferien Mo – So 11 – 23 Uhr.

▶ Hui, kommt das Essen angesaust! Steak und Spaghetti, Chicken Nuggets oder Ofenkartoffel werden hier per Touchscreen geordert und dann mit der Achterbahn »schwerelos« zum Tisch befördert. Abgefahren!

Inselpark Wilhelmsburg

21109 Hamburg-Wilhelmsburg. www.hamburg- tou-rismus.de. **Bahn/Bus:** S3, 31 bis Wilhelmsburg, dann 5 Min Fußweg über die Fußgängerbrücke. **Auto:** B75/Wilhelmsburger Reichstraße Abfahrt Wilhelmsburg auf die Neuenfelder Straße, rechts in die Straße Am Inselpark. Kostenpflichtige Parkplätze in der Tiefgarage. **Infos:** Weitere Infos zum Inselpark findet ihr auf www.igs-hamburg.de.

▶ Der Inselpark ist das Erbe der *Internationalen Gartenschau 2013*. Neben Liegewiesen und Grillplätzen an den Kanälen und Teichen bietet er vor allem viele

Happy Birthday!

Wer mal selber einen Topf schweben lassen will, feiert seinen Geburtstag im »Schwerelos«! Essen, Getränk und Deko nach Wunsch, 12 Mottos zur Auswahl, 13 € je Kind.

Hunger & Durst

Ein Kiosk von Wilhemsburgern für ihren Park: Der **Willi-Villa-Kiosk** am Kuckuckssteich im Inselpark wurde gemeinsam mit 30 Wilhemburgern unterschiedlicher kultureller Herkunft entworfen und bietet Snacks und Kleinigkeiten zu bezahlbaren Preisen an.

Möglichkeiten zum Toben: Lange Wege zum Joggen und Fahrradfahren, eine große Skateanlage, ein Basketballfeld und freie Spiel- und Bewegungsangebote. Außerdem könnt ihr Minigolfspielen, Balancieren, hüpfen und überall herum laufen. Außerdem gibt es vier Motto-Spielplätze: Paläste und Hütten, ein Wasser- und ein Wüstenspielplatz, die »Geheimnisvolle Insel« mit Klettergerüsten, die an untergegangene Schiffe erinnern. Wer möchte, kann den Park auch auf dem Wasserweg mit einem Kanu befahren.

Spiel- und Skateplatz Weidestraße

Weidestraße neben dem Haus 126, 22083 Hamburg-Barmbek. **Lage:** Im Johannes-Prassek-Park. **Bahn/Bus:** Bus 172, 173 bis Mozartstraße, Bus 171/261 bis Biedermannplatz.

▶ Der Spiel- und Skateplatz an der Weidestraße bietet euch viele Möglichkeiten: Neben Schaukeln, Klettergerüsten und einem Gurtsteg zum Toben und Balancieren, gibt es auch Bolz- und Basketballplatz sowie zwei Tischtennisplatten. Kleine Geschwister haben einen eigenen umzäunten Spielbereich mit Wipptieren, Nestschaukel, viel Sand und Spielhäusern. Außerdem laden große asphaltierte Freiflächen, breite Wege und eine Brücke zum Skaten, BMX- und Fahrradfahren ein. Gerade für Anfänger ist das ideal!

Aktion Kinderparadies

Geschäftsstelle Betreute Kinderspielplätze Hamburg e.V., Bilser Straße 35a, 22297 Hamburg. ✆ 040/5117915, www.aktion-kinderparadies.de. **Zeiten:** je nach Spielplatz,

Auf die Plätze, fertig, los: Hier wird um die Wette getwistet

© pmv, Kirsten Wagner

meist Mo – Fr 9 – 13 oder 8.30 – 12.30 Uhr, teilweise auch am Sa. **Preise:** 1,50 € im Monat plus 1 € je angefangene Betreuungsstunde.

▶ 28 Spielplätze betreut die Aktion Kinderparadies in ganz Hamburg. Kinder zwischen 1,5 und 4 Jahren dürfen hier unter Aufsicht spielen und mit Gleichaltrigen herumtollen. Das kann spontan, aber genauso regelmäßig, für kurze Zeit oder für länger sein.

Jumicar

Heestweg 1, 22143 Hamburg-Rahlstedt. ✆ 040/6777441, www.hamburg.jumicar.de. **Lage:** Brücke Scharbeutzer Straße. **Bahn/Bus:** R10 bis Rahlstedt. **Auto:** B75 Richtung Ahrensburg, rechts Scharbeutzer Straße. **Zeiten:** April – Okt Di – Fr 15 – 19, Sa, So 12 – 19 Uhr, März Sa, So 12 – 17 Uhr, Führerschein-Termine ca. einmal im Monat. **Preise:** 3 €, 5er Karte 13 €, 10er Karte 25 €, Formel-1-Bahn 3,50 €, 5er Karte 15,50 €, 10er Karte 30 €, Führerschein 15 €.

Happy Birthday!

Geburtstagspaket mit 20 Fahrten, einem Jumicar-T-Shirt und Cap für das Geburtstagskind 60 €.

▶ Wie fühlt es sich wohl an, als Fahrer in einem Auto zu sitzen, obwohl ihr eigentlich noch zu jung dafür seid? Genau das dürft ihr bei Jumicar ausprobieren! Auf dem Verkehrsübungsplatz für Kinder lernt ihr gleich die Verkehrsregeln und erfahrt, was die einzelnen Schilder bedeuten. In den umweltfreundlichen Mini-Autos kreuzt ihr durch die Straßen (ab 7 Jahre). Jüngere Geschwister dürfen als Beifahrer mit auf die Strecke. Wer schon 10 Jahre alt ist, kann sich auf die Formel-1-Strecke wagen. Sogar den Führerschein dürft ihr hier ablegen. Nach einer Stunde Theorie und drei Übungsfahrten haltet ihr den Führerschein in euren Händen.

Niendorfer Gehege

Lokstedter Holt 46, 22453 Hamburg-Niendorf. ✆ 040/5305560, www.wald.de/sdw. **Bahn/Bus:** U2 bis

Das Gehege war früher ein »Hauspark« reicher Kaufmannsfamilien. Deshalb gibt es relativ viele exotische Bäume, mehr erfahrt ihr auf den Touren des SDW.

Ponyhof, Niendorfer Gehege 50, Hamburg. ℗ 040/582341. Di – Fr 14 – 17, Ferien Di – Fr 11 – 17 Uhr. In den Wintermonaten wetterabhängig, 30 Min 7 €, 1 Std 12 €.

Niendorfer Markt, Bus 5, 23 bis Vogt-Cordes-Damm, Bus 181 bis Niendorfer Gehege. **Auto:** E45 im Westen Hamburgs oder 447 im Osten. **Zeiten:** frei zugänglich.

▶ Rund 150 Hektar Wald und das Bächlein *Kollau* laden zum Entdecken ein. Wer richtig toben möchte, findet auf den zwei **Waldspielplätzen** im Norden (Nähe Bondenwald-Straße) und im Süden (Nähe Voght-Kölln-Straße) viele Möglichkeiten zum Klettern, Rutschen und Balancieren. Und um wieder zu Kräften zu kommen, macht ein Picknick: Im Süden des Parks gibt es einen **Grillplatz**. Wer möchte, ergänzt sein Menü durch Obst von den frei stehenden Obstbäumen. Auch die Hirsche, die in einem Gehege im Zentrum des Parks leben, sehen euch am liebsten gestärkt. Noch nicht genug? Dann schaut noch einmal auf dem **Ponyhof** vorbei. Mit einem Helm und einer Begleitperson könnt ihr eine Tour durch den Wald machen.

Spielen und Skaten in der Rissener Kiesgrube

Sülldorfer Brooksweg, 22559 Hamburg-Rissen. **Bahn/Bus:** Bus 189, 286 bis Sülldorfer Brooksweg. **Auto:** B431.

▶ Eine ehemalige Tonkuhle wurde zu einer riesigen Spiellandschaft umfunktioniert. Zwischen 1928 und 1973 wurde hier Kies abgebaut.
Unzählige Spielgeräte wie ein Kletterturm mit Rutsche, Schaukeln, Wippen und eine Seilbahn laden zum Toben ein. Die Jüngeren unter euch buddeln im Sand oder fahren auf der Drehscheibe im Kreis. Bringt Bälle mit, dann könnt ihr Fußball, Basketball oder Volleyball spielen. Und schließlich gibt es eine Skateranlage mit mehreren Rampen. Bei einem Regenschauer bieten Häuschen sogar die Möglichkeit, sich unterzustellen.

Klettern & bouldern

Klettern im Salon du bloc
Eppendorfer Weg 4, 20259 Hamburg. ✆ 040/84508513, www.salondubloc.de. **Bahn/Bus:** U2 bis Christuskirche. **Auto:** Fruchtallee. **Zeiten:** Mo, Mi, Fr 15 – 22, Di, Do 10 – 22, Sa 12 – 18 Uhr (Familientag), So 12 – 22 Uhr. **Preise:** 9,50 €, Ankunft bis 16.30 Uhr 7,50 €, Monatskarte 49 €; Kinder bis 17 Jahre 6 €, Monatskate 29 €.

▶ Kinder ab 10 Jahre dürfen im Salon du bloc bouldern. Samstags ist Familientag, da reicht ein Mindestalter von 8 Jahre. Es gibt für euch spezielle Kinderrouten. Zu erkennen sind die an den pinkfarbigen Griffen.

Sa 13 Uhr Einsteigerkurs ab 15 Jahre, 5 €.

Nordwandhalle
Am Inselpark 20, 21109 Hamburg-Wilhelmsburg. ✆ 040/33442688, www.nordwandhalle.de. **Lage:** Im Inselpark. **Bahn/Bus:** S3, 31 bis Wilhelmsburg, dann noch ca. 10 Min Fußweg in den Inselpark. **Auto:** A1 bis Hamburg Wilhelmsburg, Abfahrt HH-Stillhorn, dann auf die Straße Kornweide, rechts auf die Otto-Brenner-Straße, geradeaus weiter auf die Neuenfelder Straße, kurz vor der S-Bahn ist der Parkplatz ausgeschildert (kostenpflichtig). **Zeiten:** Mo – Fr 10 – 22, Sa, So, Fei 10 – 23 Uhr. **Preise:** Halbjahres-Kurse Kinder 5 – 13 Jahre 59 € pro Monat; es gibt Geschwisterkinderrabatte.

▶ Hoch, runter oder waagerecht zum Boden – in der modernen Nordwandhalle könnt ihr in alle Himmelsrichtungen klettern. Es werden Kletter- und **Boulderkurse** und Trainings für Kinder und Jugendliche ab 5 Jahre angeboten, jüngere Geschwister können solange in der Kinderbetreuung spielen (3 € pro Std). Zwischen 5 und 8 Jahre gehört ihr zu den Zwegengruppe, bis ihr 13 Jahre alt seid zur Kindergruppe.

***Bouldern** ist Klettern ohne Sicherung, hier geht es aber nur bis zu 5 m in die Höhe und am Boden liegen dicke Matten, so kann euch nichts passieren.*

Besonderes Angebot: Familienklettern für 80 € pro Kind und 80 € pro Erw 4 x 1,5 Std.

HanseRock — Hochseilgarten Hamburg
Schattenspringer GmbH, Am Inselpark, 21109 Hamburg-Wilhelmsburg. ✆ 0521/32992020, www.schattenspringer-abenteuerparks.de. **Lage:** Auf der Seite der Wilhelmsburger Reichsstraße, in der Nähe der Nordwandhalle. **Bahn/Bus:** S3, 31 bis Wilhelmsburg, dann ca. 10 Min zu Fuß in den Inselpark. **Auto:** B75/ Wilhelmsburger Reichstraße Abfahrt Wilhelmsburg auf die Neuenfelder Straße, rechts in die Straße Am Inselpark. Kostenpflichtige Parkplätze in der Tiefgarage. **Zeiten:** März – Okt 9 Uhr bis Sonnenuntergang. **Preise:** 2,5 Std 24 €; Kinder 6 – 13 Jahre 2,5 Std 17 €, 14 – 17 Jahre 2,5 Std 20 €; Familien min. 3 Pers Erw 22 €, Kinder 6 – 13 Jahre 15 €, 14 – 17 Jahre 2,5 Std 18 €. **Infos:** Kinder und Jugendliche brauchen zum Klettern eine schriftliche Einverständniserklärung der Erziehungsberechtigten. Einen Vordruck zum Ausfüllen findet ihr auf der Internetseite der Schattenspringer.

▶ Mitten im Inselpark erwarten euch phantasievolle Kletterstrecken in 5 verschiedenen Schwierigkeitsgraden, von leichten Parcours für erste Klettererfahrungen bis zum Nervenkitzel in luftiger Höhe. Sicherheitseinweisungen und Kletterausrüstung sind im Preis inbegriffen.

Hochseilgarten am Kiekeberg
Am Kiekeberg 5, 21224 Rosengarten-Ehestorf. ✆ 040/74325589, Handy 0172/1691961. www.hochseilgarten-kiekeberg.de. **Bahn/Bus:** S3 bis Harburg oder Neuwiedenthal, Bus 340, 4244 bis Museum. **Auto:** A7 Ausfahrt 34 HH-Marmstorf, Ausschilderung Freilichtmuseum folgen. **Rad:** Radfernweg Hamburg – Bremen. **Zeiten:** März – Okt Sa, So, Ferien

10 – 19 Uhr. **Preise:** 15 €; Kinder 10 – 14 Jahre pro Lebensjahr 1 €, Miniparcours 8 €.

▶ Eine **Wasserfalle** in 8 m Höhe und eine 71 m lange, in luftiger Höhe endende **Seilbahn** gehören zu den Attraktionen im Hochseilgarten am Kiekeberg. Auf dem **Niedrigseilparcours** kommen auch schon die Kleineren unter euch zu ihrem Klettervergnügen. Alle ab 10 Jahre erleben so manche Abenteuerstation im Maxi-Parcours. Stolz auf eure Leistung könnt ihr anschließend Kuchen im Gasthaus am Kiekeberg verspeisen.

Hoch hinaus am Elbufer: Hochseilgarten Geesthacht

Elbuferstraße, 21502 Geesthacht. Handy 0170/ 4899984. www.hoga-hochseilgarten.de. **Lage:** Gegenüber von Haus Nr. 48 (Stadtwerke). **Bahn/ Bus:** Bus 539, 8890, 8892 bis Pumpspeicherwerk. **Auto:** A25 Richtung Geesthacht, B404, Ausfahrt Richtung Geesthacht/Altengamme, links Am Schleusenkanal, rechts Steinstraße. **Zeiten:** April – Okt Di – So 10 – 18 Uhr, Anmeldung empfohlen. **Preise:** 18 €; Kinder 6 – 10 Jahre 12 €, 11 – 16 Jahre 14 €. **Infos:** Büro: Neukoppel 9, 21516 Schulendorf.

▶ In einem Waldstück an der *Elbe* könnt ihr Höhenluft schnuppern. Gut gesichert überquert ihr schwankende Balken und schwingende Reifen. Insgesamt gilt es, 100 Elemente zu überwinden. Im ersten Parcours in 1,5 m Höhe dürfen Kinder ab 6 Jahre klettern. Die übrigen Parcours steigern sich im Schwierigkeitsgrad bis auf die Höhe von 9 m. Zwei weitere sind für alle ab 6 Jahre geeignet. Zweimal dürft ihr per Seilbahn wieder zur Erde sausen. Die Hohe Strecke ist erst ab 14 Jahre und der Extrem-Parcours dürft ihr es machen, wenn ihr 16 Jahre oder älter seid.

Hunger & Durst

Gasthaus zum Kiekeberg, Kiekeberg 5, Rosengarten-Ehestorf. ✆ 040/7905021. www.kiekeberg.de. Di – So 8 – 21 Uhr. Mit Kinderspielplatz und überdachter Terrasse.

Flohsprung im Kletterwald Aumühle

Holzhof 2, 21521 Aumühle-Friedrichsruh. ✆ 04104/90715-11, www.schnurstracks-kletterparks.de. **Bahn/Bus:** S21 bis Aumühle, Fußweg 1,5 km (Emil-Specht-Allee, Alte Schulstraße). **Auto:** A24 Ausfahrt 4 Reinbek, Landstraße Richtung Reinbek, Ausfahrt Aumühle, Sachsenwaldstraße, Alte Schulstraße. **Zeiten:** April – Okt Do 14 – 22, Fr 14 – 20, Sa, So 10 – 20 Uhr, Sommerferien auch Di, Mi ab 14 Uhr. **Preise:** 25 €; Kinder ab 1,20 m bis 17 Jahre 17 €, nur Kinderparcours 8,50 €.

▶ So manche Überraschung wartet im Kletterpark Aumühle auf euch. Zwischen Buchen und Eichen könnt ihr auf einem Fahrrad übers Drahtseil fahren oder bei einem Flohsprung durch die Lüfte fliegen. Dabei seid ihr natürlich immer gut geschützt. Ein umlaufendes Sicherungssystem macht ein Umhängen unnötig.

Schon ab 5 Jahre und einer Größe von 1,10 m dürft ihr dabei sein. Der grüne und der blaue Parcours in 6 m Höhe sind ab 8 Jahre (1,20 m groß) geeignet. Wer 1,50 m groß ist, kann sich in den roten Parcours wagen. Ganz Mutige trauen sich noch in den Schwarzen Parcours, der in mehreren Seilrutschen endet, und in die Frei-Fall-Anlage.

Kletterwald Hamburg

Meiendorfer Weg 122 – 128, 22145 Hamburg-Volksdorf. ✆ 04102/200919, www.kletterwald-hamburg.com. **Lage:** Im Volksdorfer Wald. **Bahn/Bus:** U1 und Bus 24 bis Meiendorfer Weg. **Zeiten:** März – Okt. **Preise:** 2,5 Std 25 €, die Einweisung dauert ca. 30 Min und ist inklusive; 2,5 Std 19 €; Familienkarte 2 Erw, 2 Kinder 79 €, Gruppe ab 10 Pers Ermäßigung von 10 %. **Infos:** Zum Klettern müsst ihr min. 5 Jahre alt und 1,10 m groß sein. Denkt daran, feste, flache Schuhe zu tragen. Keine Sandalen oder Flip Flops.

Happy Birthday!
Kindergeburtstag im Kletterwald 17 € pro Kind, mit Coach zzgl. 90 €. Oder lieber Bogenschießen? Komplettpaket ab 12 Jahre, 280 €.

▶ In einem richtigen Wald klettern – das könnt ihr in Hamburg nur hier. Einsteiger können sich am Nigara-Trail ausprobieren, einer Kletterstrecke auf 2 m Höhe, für Fortgeschrittene und Profis warten noch 6 weitere Parcours, von denen die höchsten euch über Hindernisse, Hängebrücken oder Tunnel auf bis zu 10 m Höhe führen.

Wer eine kurze Pause machen möchte oder auf andere Kletterbegeisterte wartet, kann sich am Kiosk auf einer Waldlichtung etwas zu essen oder zu trinken holen. Sitzgelegenheiten findet ihr dort ebenso wie einen kleinen, urigen Spielplatz mit lustigen Schnitztieren.

*Der **Volksdorfer Wald** gehört zu den ältesten in ganz Hamburg und ist noch sehr naturnah. Er besteht hauptsächlich aus Eichen, Birken und Buchen.*

DAV Kletterzentrum Hamburg

Döhrnstraße 4, 22529 Hamburg-Lokstedt. ✆ 040/60088866, www.kletterzentrum-hamburg.de. **Bahn/Bus:** Bus 22, 281 bis Oddernskamp. **Auto:** A7 Ausfahrt 26 HH-Stellingen, Kieler Straße Richtung Zentrum, links Sportplatzring, Grandweg, Erlenstraße. **Zeiten:** Mo – Sa 10 – 23, So 10 – 22 Uhr. **Preise:** Tageskarte Nichtmitglieder 14,50 €; Kinder 6 – 12 Jahre 6,50 €, Kinder 13 – 17 Jahre 9 €, Schuhe 4 €, Expressschlingen 2,50 €, Gurt 3 €, Seil 4 €, Trainerpauschale 3 Std 65 €, Anfängerkurs (2 x 3 Std) 75 €, Kinder 57 €.

▶ Hoch hinaus geht es auf dem Gelände des Kletterzentrums in Lokstedt. Zwei Hallen mit Kletterwänden innen und außen sowie ein Kletterturm bieten Anfängern und Profis viel Platz dafür. Insgesamt können 50 Routen erkraxelt werden.

Es gibt auch einen Boulderbereich, in dem in niedriger Höhe ohne Sicherung geklettert wird – wer fällt, landet weich auf Matten. Kletterneulinge sind im Anfängerkurs gut aufgehoben. Kinder ab 10 Jahre dürfen den Kletterschein **Toprope** ablegen. Im Angebot des Kletterzentrums sind zudem Eltern-Kind-

*Der **Deutsche Alpenverein** (DAV) ist der weltgrößte Bergsport-Verband. Er betreibt Kletterhallen, unterhält Hütten in den Bergen und hält Wege in Schuss. Die 350 Sektionen in Deutschland sind eigenständige Vereine. Mitglieder erhalten im Kletterzentrum Hamburg Ermäßigungen.*

__Toprope:__ Seilsicherung von oben.

Kurse, an denen schon Kinder ab 8 Jahre teilnehmen dürfen. Außerdem könnt ihr den Kindergeburtstag hier feiern (nur Mo – Fr, 6 – 9 Kinder, 27 € je Kind, Geburtstagskind frei).

Klettern am Kilimanschanzo

Lippmannstraße 60a, 22769 Hamburg-Sternschanze. ✆ 040/25485429, www.kilimanschanzo.de. **Lage:** Im Florapark zwischen Schulterblatt und Lippmannstraße. **Bahn/Bus:** S1, S11, S21 bis Sternschanze, Bus 3 bis Bernstorffstraße. **Auto:** Edmund-Siemers-Allee, An der Verbindungsbahn, Schröderstiftstraße, Kleiner Schäferkamp bis Lippmannstraße links. **Zeiten:** April – Okt offenes Klettern So 15 – 17.30 Uhr, Klettergruppen Di, Mi 16.30 – 18 Uhr. **Preise:** Mitgliedschaft im Verein 80 € pro Jahr; Kinder bis 18 Jahre 20 € pro Jahr. **Infos:** Büro: Kilimanschanzo e.V. Büro, Schanzenstraße 69, 20357 Hamburg, Mo 16 – 18 Uhr.

▶ An einem Bunker mit dem schönen Namen Kilimanschanzo könnt ihr mitten im **Florapark** Höhe gewinnen. 20 m hoch ragt das bunt besprühte und mit zahlreichen Klettergriffen versehene Gebäude in die Luft. Mit eurer Mitgliedschaft erhaltet ihr ihr die »Kili-Card«, mit der ihr an den Klettergruppen dienstags und mittwochs teilnehmen dürft.

So starten die Profis – und schaffen es dann auf den Kilimandscharo

Happy Birthday!
2,5 Stunden Geburtstag feiern am Kilimanschanzo kostet 15 € pro Kind

🦋 Im **Florapark** gibt es auch eine Rutsche, eine Kletterspinne, eine Tischtennisplatte und weitere Spielgeräte.

Hochseilgarten Hasloh

Pinneberger Straße, 25474 Hasloh. ✆ 04122/8449173 (Büro), Handy 01520/7472472 (Wald). www.hochseilgarten-hasloh.de. **Bahn/Bus:** S21 bis Eidelstedt, Bus A1 bis Hasloh. **Auto:** B4 Richtung Quickborn, in Hasloh links. **Zeiten:** April, Mai, Sep Di – Fr 14 – 20, Sa, So 10 – 20 Uhr, Juni – Aug bis 21 Uhr, Okt bis 19 Uhr. **Preise:** 20 €; nur Kinderbereich bis 9 Jahre 12 €, Kinder 16 €, ab 10 Jahre 14 €, Kinder 10 – 15 Jahre 18 €; Familie 2 Erw, 2 Kinder 65 €.

▶ Im Pfingstwald bei Hasloh erwarten euch 7 Kletterstrecken mit insgesamt 100 Elementen. Da dürft ihr dann zwischen den Baumwipfeln hangeln und balancieren. Zuvor bekommt ihr eure Ausrüstung und eine Einweisung. Für besondere Sicherheit sorgt das System, in dem sich immer nur einer der beiden Karabiner öffnen lässt. Ein eigener Kinderbereich mit drei Strecken und Seilbahn ist schon für alle unter 1,40 m geeignet. Im Hochseilgarten sind dann vier Parcours für alle ab 1,40 m zugelassen, drei weitere ab 14 bzw. 16 Jahre.

 Ein 5 km langer Waldlehrpfad führt durch den Pfingstwald.

Indoorspielplätze

Spielescheune der Geschichten

Marie-Henning-Weg 1, 21035 Hamburg-Allermöhe. ✆ 040/32848358, www.spielscheune-der-geschichten.de. **Bahn/Bus:** Bus 329, 334, 529, 629 bis Marie-Henning-Weg, dann ca. 10 Min Fußweg die Straße entlang. **Zeiten:** Di – Fr 9 – 19, Sa, So, Fei 10 – 19 Uhr, Hamburger Schulferien: Mo – So 10 – 19 Uhr. **Preise:** 3 €, 3er-Kanu 8 €/Std, 4er-Kanu 10 €/Std, Lagerfeuernutzung 10 €, Grillmiete 10 € für 2 Std inklusive Grillkohle und Reinigung; Kinder ab 3 Jahre 6,90 €, ab 17 Uhr 3,50 €; Familienkarte 2 Erw, 1 Kind 16 €, Familienkarte 2 Erw, 2 Kinder 18 €, 10er-Karte 25 €, 10er-Clubkarte 17 €. **Infos:** Kanu-Verleih nur in Begleitung eines Erwachsenen, Pfand (Personalausweis) erforderlich.

Keine Angst, der spuckt nicht: Einen Vulkan besteigen könnt ihr in der Spielscheune

© Spielscheune der Geschichten

▶ In der Spielscheune könnt ihr nicht nur toben, hüpfen und klettern, sondern auch Geschichten hören oder bei Veranstaltungen mitmachen. Und wen das schöne Wetter nach draußen lockt, der kann auf dem Fleet vor dem Haus Kanu fahren oder die Lagerfeuerstelle zum Grillen oder Stockbrot-Backen ausprobieren.

Pandino
Curslacker Heerweg 263 – 265, 21039 Hamburg-Bergedorf. ✆ 040/7207777, www.pandino.de. **Bahn/Bus:** S21 bis Bergedorf, Bus 12, 288 bis Holtenklinke. **Auto:** A25 Ausfahrt 6 HH-Curslack. **Zeiten:** Mo – Do 14 – 19, Fr – So, Fei, Ferien 11 – 19 Uhr. **Preise:** Mo – Do 3,95 €, Fr – So 4,45; Kinder Mo – Do 6,95 €, Fr – So 7,45 €, Krabbelkinder Mo – Fr 0,45 €, Fr – So 0,95 €.

Rabatzz, Kieler Straße 571, HH. ✆ 040/54709690. www.rabatzz.de. Mo – Fr 14 – 19, Sa, So, Fei 10 – 19 Uhr. Riesenwellenrutsche, Kletterlabyrinth, Power-Aqua-Paddler oder Hochseilgarten? Im großen Indoorspielplatz Rabatzz habt ihr eine Riesenauswahl. **Preise:** Kinder bis 3 Jahre 4,50 €, 3 – 15 Jahre 9,50 €, Erw 6,50 €, Hochseilgarten (ab 1,30 m) 4,20 €, ab 17 Uhr für alle 5 €.

▶ Grün ist die Farbe der Pandino Kinderspielwelt, ein Indoorspielplatz im Dschungelgewand. Im 6 m hohen Kletterlabyrinth werdet ihr flugs zu mutigen Urwaldforschern. Der **Wabbelberg** ist ein gefährliches Hindernis, das es zu überwinden gilt. Und auf den **Trampolinen** kann derjenige, der am höchsten hüpft, herannnahende Tiger am besten erkennen. Über einen See schippert ihr auf kleinen Booten und auf der **Kartbahn** testet ihr eure Geschicklichkeit beim Lenken. Ihr könnt auch Fußball spielen, kickern oder ein Airhockey-Match austragen. Im Sommer öffnet zudem ein Außenbereich.

In einer anderen Welt: Das Drachenlabyrinth
Bramfelder Chaussee 1 – 3, 22177 Hamburg-Barmbek-Nord. ✆ 040/38679603, Handy 0172/1573116. www.drachenlabyrinth.de. **Lage:** Im Untergeschoss des Einkaufszentrums Zebra. **Bahn/Bus:** U3 bis Habichtstra-

ße, dann ca. 100 m Fußweg bis zum Einkaufszentrum, Bus 166, 173 bis Heinrich-Helbig-Straße. **Zeiten:** Di – Fr 14 – 19, Sa, So 11 – 18 Uhr, Hamburger Ferien 11 – 18 Uhr. **Preise:** Dauer eines Auftrags 15 Min, 1 Spielauftrag 2 €, 2 Aufträge 3 €, 3 Aufträge 4 €, 4 Aufträge 5 €.

▶ Was passierte vor 300 Jahren in der Drachenburg? Ausgestattet als Elf, Magier oder Heiler geht ihr gemeinsam in die Ruinen des verfallenen Labyrinths, um Geheimschriften zu entziffern, ein wundersames Rezept zu suchen und das Geheimnis Schritt für Schritt zu lüften.

Das Drachenlabyrinth ist eine Abenteuer- und Erlebniswelt für Kinder ab 5 Jahre. Jeder Spielauftrag, den ihr erfolgreich löst, wertet eure Rolle und damit auch eure Ausstattung auf. Das Beste ist, ihr behaltet alle erarbeiteten Gegenstände und Fähigkeiten und könnt bei eurem nächsten Besuch dann damit weiterspielen, müsst also nicht mehr von Null anfangen, sondern startet direkt bei eurem letzten Stand.

Drachenzähmen leicht gemacht: Versucht euer Glück als Elfe oder Magier

Im Sommer veranstaltet das Drachenlabyrinth auch ein Fantasiespiel im Maislabyrinth Jersbek bei Hamburg (www.einlabyrinthimirrgarten.de), den Orkenhort. Gefährliche Orks haben im Maisfeld ihr Lager aufgeschlagen. Schafft ihr es, diese Unholde zu vertreiben?

Aktivhalle Tala 300

Schulen am Heidberg, Tangstedter Landstraße 300, 22417 Hamburg-Langenhorn. ✆ 040/428892-190, www.tala300.de. **Bahn/Bus:** U1 bis Kiwittsmoor, Bus 192 bis Hohe Liedt. **Auto:** B447 (Lokstedter Steindamm) stadtauswärts, rechts Garstedter Weg, Krohnstieg. **Zeiten:** Mi, Do 15 – 19, Fr 15 – 20, Sa 11 – 18 Uhr. **Preise:** 3 €, 10er Karte 25 €.

▶ Aus einer Sporthalle der Gesamtschule Heidberg wurde eine Aktivhalle, die allen Kindern zum Toben und Spielen offen steht. Aus Balken, Klötzen und Brettern könnt ihr euch auf der Bewegungsbaustelle immer neue Landschaften zum Klettern oder Balancieren ausdenken. Das Trampolin lädt zum Hüpfen ein, der Riesenkletterturm zum Rutschen und natürlich zum Klettern. Die Power-Wand und die Trapez-Schaukeln warten ebenfalls auf euch! Zu den Spielzeiten öffnet zudem eine Cafeteria.

Nicht weit entfernt von der Tala 300 liegt das *Naturschutzgebiet Raakmoor*. Ein 6 km langer Rundweg führt euch zu einem See und zu einer Aussichtsplattform. Zugang über Hattsmoor.

Spielstadt Hamburg XXL

Niendorfer Weg 11, 22453 Hamburg. ✆ 040/55449884, www.spielstadt-hamburg.de. **Bahn/Bus:** Bus 23, 34, 114 bis Spreenende, dann ca. 15 Min die Papenreye entlang und bei den Fahnen links auf das Industriegelände hinauf. **Zeiten:** Mo – Fr 9.30 – 19, Sa, So, Fei 10 – 19 Uhr. **Preise:** Mo – Fr 9.30 – 12 Uhr frei, 12 – 19 Uhr 2,90 €, Sa, So 10 – 19 Uhr 3,90 €; Kinder bis 12 Jahre Mo – Fr 5,90 €, Sa, So 6,90 €, Babys und Krabbelkinder frei; ab 17.30 Uhr halber Eintritt. **Infos:** Besondere Angebote: Clubkarte XXL 10x bezahlen, 11x spielen, Familientageskarte 2 Erw, 2 Kinder Mo – Fr 15 €, Sa, So 18 €.

▶ Mit dem Flugzeug um die Welt fliegen, im Kletter-Labyrinth einen Dieb verfolgen oder auf Kettcars durch den Raum sausen – wer hier nicht auf seine Kosten kommt, ist selbst schuld. Ihr dürft hier toben

bis ihr 12 Jahre alt seid. Solang findet ihr in der Spielstadt außerdem noch Riesenrutsche, Kletterwand und -gerüst, Bälleshooter, Trampolin und ein Kleinkindbereich. Für den kleinen Hunger zwischendurch bietet das Bistro Snacks und kleine Gerichte an.

Minigolf bei Schwarzlicht
Schwarzlichtviertel, Kieler Straße 571, 22525 Hamburg. ✆ 040/219019150, www.schwarzlichtviertel.de. **Bahn/Bus:** U2 bis Hagenbecks Tierpark, dann Bus 281 bis Wördemannsweg, Bus 4, 183, 281, 283 bis Wördemannsweg. **Auto:** A7 Abfahrt Stellingen, links in die Kieler Straße, nach 500 m nach links zum Einkaufsgelände einordnen und abbiegen, kostenlose Parkplätze auf dem Gelände. **Zeiten:** Okt – April Mo – Do 14 – 22, Fr 13 – 1, Sa 10 – 1, So 10 – 20 Uhr, Fei und Ferien ab 10 Uhr, Mai – Sep Mo – Do 14 – 20, Fr 14 – 24, 10 – 24, 10 – 20 Uhr, Fei und Ferien ab 10 Uhr. **Preise:** 9,50 €; Kinder bis 5 Jahre frei, 5 – 12 Jahre 8,50 €; Mo – Do 14 – 17 Uhr Erw 7,50 €, Kinder 5 – 12 Jahre 6,50 €. **Infos:** Achtung: Kinder bis 16 Jahre können das Spiel im Funtastic Minigolf nur bis 17 Uhr beginnen.

▶ Ein Indoorspielplatz der besonderen Art, der eher etwas für größere Kinder ab 10 Jahre alt ist. Im Schwarzlichtviertel könnt ihr drei Attraktionen ausprobieren: Minigolf spielen auf sehr ausgefallenen, lustigen, aber auch kniffeligen Schwarzlichtbahnen, dem **Funtastic Minigolf.**
Dann ein **Geschicklichkeitsparcours,** wo ihr euch so schnell wie es euch möglich ist, zwischen Laserstrahlen durch einen Raum schlängeln müsst, die *Mission possible.*
Und schließlich das **Blind house,** in dem ihr an den Wänden so viele Alltagsgegenstände wie möglich ertasten müsst, natürlich in kompletter Dunkelheit. Sicher nichts für schwache Nerven!

Sportspaß, Westphalensweg 11, HH. ✆ 040/4109370. www.sportspass.de. Mo – Fr 9.45 – 22.30, Sa, So 9.45 – 22 Uhr. Lust auf Taekwondo, Inline-Skaten, Tanzen oder Zirkus Akrobatik im Verein? Der Sportverein Sportspaß bietet über 200 offene Sportkurse auch für Kinder und Jugendliche in ganz Hamburg an – für nur 4,70 € im Monat an.

Schwarzlicht ist UV-Licht, was fluoreszierende Stoffe zum Leuchten bringt.

Besonders am Wochenende wird es sehr voll. Vermeidet unangenehme Wartezeiten, indem ihr im Internet oder telefonisch eure Spielzeit vorher reserviert.

Kinderspielplatz in Wedel

Kids und Play Wedel, Kronskamp 129, 22880 Wedel. ✆ 04103/9000-956, www.kidsundplay.de. **Bahn/Bus:** S1 bis Wedel oder Blankenese, Bus 189 bis Wedel-Industriestraße-Nord. **Auto:** B431 bis Wedel, links Industriestraße, 3. rechts. **Zeiten:** Mo – Fr 14 – 19, Sa, So, Ferien 11 – 19 Uhr. **Preise:** Mo 3,50 €, Di – So 3,90 €; Kinder 1 – 3 Jahre Mo 3,50 €, Di – So 4,90 €, ab 4 Jahre Mo 4,50 €, Di – So 6,90 €; Familienkarte 2 Erw, 2 Kinder 18,90 €.

▶ Schietwetter? Dann tobt euch doch drinnen aus! Im Kids und Play in Wedel gibt es Trampoline, ein Kletterlabyrinth, eine Riesenrutsche, ein Bällchenbad, Hüpfburgen, einen Wabbelberg und eine Kinderkartbahn. Gemeinsam könnt ihr kickern, Airhockey und Billard spielen oder an der Torwand eure Treffsicherheit testen. Hohe Hüpfer ermöglicht das Bungee-Trampolin.

Klettern im Indoo Park Ahrensburg

Ewige Weide 1, 22926 Ahrensburg. ✆ 04102/2009-00, www.indoo.de. **Bahn/Bus:** R10 bis Ahrensburg-Gartenholz, Bus 169 bis Ewige Weide. **Auto:** A1 Ausfahrt 28 Ahrensburg, Ostring Richtung Ahrensburg, rechts Kornkamp-Süd, geradeaus Kornkamp, 1. rechts. **Zeiten:** 10 – 19 Uhr. **Preise:** 8,90 €, ab 17 Uhr 5,50 €; Kinder unter 2 Jahre 3,50 €, ab 17 Uhr 2,50 €; Ankunft bis 12 Uhr: 1 Erw, 1 Kind 9,80 €.

▶ Ein Piraten-Kletterschiff, eine Wellenrutsche, Indoor-Minigolf und ein Klettervulkan warten im Indoo Ahrensburg auf junge Eroberer. Insgesamt stehen 3500 qm zur Verfügung. Ihr könnt auch Mini-Kart fahren, Fußball spielen und Trampolin springen. Hoch hinaus geht es auch an der Kletterwand, während ihr auf der längsten Indoor-Seilbahn Norddeutschlands flotte Fahrt gewinnt.

Happy Birthday!
Kindergeburtstag ab 15,90 € pro Kind mit Partyraum und Menü.

Die Hüpfburgen von Bönningstedt

Kids und Play Bönningstedt, Goosmoortwiete 40, 25474 Bönningstedt. ✆ 040/5566543, www.kidsundplay.de. **Bahn/Bus:** S21 bis Eidelstedt, Bus A1 bis Bönningstedt. **Auto:** B4. **Zeiten:** Mo – Fr 14 – 19, Sa, So, Ferien 11 – 19 Uhr. **Preise:** 2,90 €; Kinder 1 – 3 Jahre 4,50 €, ab 4 Jahre 6,80 €; Familienkarte 2 Erw, 2 Kinder 17,50 €.

▶ Spielspaß auf 2200 qm verspricht dieser Indoorspielplatz in Bönningstedt. Gleich drei Hüpfburgen stehen hier zur Auswahl. Da könnt ihr herumklettern, rutschen und Saltos machen. Im Riesenklettergerüst gibt es unzählige Möglichkeiten und immer neue Wege zu entdecken. Zudem könnt ihr Kart fahren, Fußball spielen und auf dem Trampolin ganz hoch springen. Wie wäre es noch mit einem Match gegen Mama oder Papa am Kicker, Airhockey oder Billard?

 Zum Kids und Play in Bönningstedt gehören ein Beach Center und eine Fußballhalle. Hier dürft ihr euch sportlich austoben.

Indoor-Soccer in Hamburg

Kieler Straße 565, 22525 Hamburg. ✆ 040/5404244, www.soccer-in-hamburg.de. **Bahn/Bus:** S3, S21 bis Eidelstedt, Bus 4, 183, 281, 283 bis Wördemannsweg. **Auto:** A7 Ausfahrt HH-Stellingen. **Zeiten:** 9 – 24 Uhr. **Preise:** 45 Min Mo – Fr 9.15 – 16 Uhr 40 €, 16 – 22.45 und Sa, So 9.15 – 22.45 Uhr 55 €.

▶ Fußball spielen, auch wenn es draußen stürmt und regnet? Den Kindergeburtstag kickend mit den Freunden feiern? Das geht bei Soccer in Hamburg. Drei Felder mit hochwertigem Kunstrasen stehen zur Verfügung. Gespielt wird üblicherweise 5 gegen 5, 4 gegen 4 ist natürlich möglich.

Happy Birthday!
Kindergeburtstag 19,90 € je Kind für bis zu 10 Kinder unter 15 Jahre (90 Min Spielzeit, Getränke und Menü).

Kicken im Winter in Norderstedt

Fußballcenter Pagelsdorf, Aspelohe 27, 22848 Norderstedt. ✆ 040/5233041, www.fc-pagelsdorf.de. **Bahn/Bus:** U1 bis Garstedt, Bus 195 bis

FREIZEIT AKTIV & SPORTLICH

Happy Birthday!
Hier Kindergeburtstag feiern und ganz viel kicken, für bis zu 10 Kinder: 99 – 149 €.

Aspelohe. **Auto:** A7 Ausfahrt 23 HH-Schnelsen-Nord, B432 bis Norderstedt, rechts Aspelohe. **Zeiten:** 8 – 24 Uhr. **Preise:** 45 Min 25 – 49 € nach Uhrzeit für maximal 12 Spieler, jeder weiterer Spieler 2,50 – 4 €.

▶ Das ganze Jahr Kicken ist eure Leidenschaft und ihr wollt keine Sommer oder Winterpause einlegen? Dann ist das Fußballcenter Pagelsdorf im *Sportpark Aspelohe* das richtige Ziel für euch. Ihr spielt auf einem der Aktionsplätze 5 gegen 5 oder 4 gegen 4. Als Untergrund dient moderner Kunstrasen. Bei Indoor-Fußball gibt es weder Abseits noch Aus, die Banden und Netze halten den Ball ständig im Spiel.

WINTER-SPASS

Rodeln in den Hamburger Parks

▶ Hamburg ist wirklich nicht für seine Berge berühmt … Trotzdem: Wenn Schnee fällt, könnt ihr auch hier euren Schlitten schultern und in den öffentlichen Grünanlagen nach Herzenslust rodeln. Da die meisten Hänge eher sanft sind, ist es gerade für kleinere Kinder ideal. Hier gibts das Wintervergnügen:

Schanzenpark: Rodeln unter dem historischen Wasserturm. Dort gibt es mittlerweile ein Möwenpick-Restaurant, das ist der ideale Platz zum Aufwärmen bei einer heißen Schokolade.

@ Mehr Infos und Adressen findet ihr auf www.hamburg.de unter Freizeit und Jahreszeiten Specials: Winter.

Eppendorfer Park in der Nähe des UKE in Eppendorf.
Innocentiapark und **Bolivarpark** in Harvestehude.
Donners Park und der **Rosengarten** in Altona: Rasanteres Rodeln mit Blick auf die Elbe.

Schlittschuh laufen in Hamburg

▶ In Hamburg und Umgebung gibt es einige Möglichkeiten, ein paar Runden auf dem Eis zu drehen. Die Saison beginnt meist im Oktober und endet üblich im März. In dieser Zeit habt Ihr eine große Auswahl.

Pirouetten unter freiem Himmel

Indoo Eisarena, Holstenwall 30, 20355 Hamburg-Innenstadt. ✆ 040/3193546, www.eisarena-hamburg.de. **Bahn/Bus:** U3 bis St. Pauli, ca. 300 m Fußweg durch die Wallanlagen, Bus 112 bis Handwerkskammer. **Zeiten:** Nov – März 10 – 22, Mi bis 17.30 Uhr. **Preise:** 2,5 Std 4,50 €; Kinder bis 16 Jahre 2,5 Std 3,50 €; Mo – Fr ermäßigt Schüler, Studenten, Rentner, Erwerbslose, Azubis 3,50 €; Familienkarte 2 Erw, 2 Kinder 11,80 €; 10er-Karte Erw 40 €, Kinder 30 €. **Infos:** Schlittschuhverleih 2,5 Std 5 €.

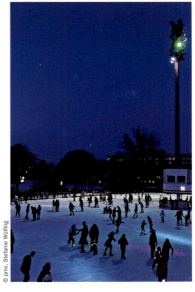

▶ Nur Fliegen ist schöner! Mit über 4000 qm steht euch von November bis März in den Wallanlagen des Parks ↗ *Planten un Bloomen* Deutschlands größte Freiluft-Eisbahn offen. Zu Musik und im Licht der riesigen Scheinwerfer macht das Schlittschuhlaufen in der Dämmerung und am Abend besonders viel Spaß. Wer an der frischen Luft beim Laufen Hunger bekommt, kann am Rand der Eisbahn Snacks wie Crepes oder Muffins schlemmen.

Keine Zeit fürs Bett: Hier könnt ihr abends wunderbar Eislaufen

Die Eisarena bietet Veranstaltungen rund ums Eis: Human Ice Curling auf Autoreifen oder den Besuch eines Profi-Eis-Hockey-Teams.

Eisland Farmsen

Berner Heerweg 152, 22159 Hamburg-Farmsen. ✆ 040/188890, www.baederland.de. **Bahn/Bus:** U1 bis Farmsen oder Bus 26, 27, 167, 168, 171, 368 bis U Farmsen, dann ca. 10 Min Fußweg die August-Krogmann-Straße entlang, links in den Berner Heerweg, Bus 171 bis Eissporthalle. **Zeiten:** Nov – März Di – So 11 – 17.30, Do, Sa 20 – 22 Uhr. **Preise:** 2,5

Eisiger Spaß für Klein und Groß: Im Eisland Farmsen lernt jeder Eislaufen

Samstags und sonntags wird ein Teil der Eisfläche 14 – 17 Uhr für Kleinkinder und Ungeübte abgesperrt. Wer sehr unsicher ist, schnappt sich eine Laufhilfe, einen 1 m großen Eispinguin.

Std 5,10 €; Kinder bis 16 Jahre 2,5 Std 3,60 €; Multi Card. **Infos:** Schlittschuhverleih 2,5 Std 4,50 €.

▶ Auf die Kufen, fertig – los! Bei Musik und tanzenden Lichtern habt ihr im Eisland Farmsen freie Fahrt zum Flitzen, Pirouettendrehen oder Schlangenlinienlaufen. Stärken könnt ihr euch zwischendurch mit einem Snack oder Imbiss an der Polarstation neben der Lauffläche.

Bahn frei bei jedem Wetter
Kunsteisbahn Stellingen, Hagenbeckstraße 124, 22527 Hamburg-Stellingen. ✆ 040/543152, www.eisbahn-stellingen.de. **Bahn/Bus:** U2, Bus 22, 39, 181, 281 bis Hagenbecks Tierpark, ca. 8 Min Fußweg. **Zeiten:** Nov – März Di, Do, Fr 10 – 12 und 14 – 16, Mi 10 – 12.30 und 17.30 – 19.30, Sa, So 10 – 12 und 15.30 – 17.30 Uhr. **Preise:** 3,40 €; Kinder bis 15 Jahre 1,60 €; Familie 2 Erw, 2 Kinder 6,60 €, Extra-Laufzeit 1,80 € pro Person **Infos:** Schlittschuhverleih 4,50 €.

Handschuhe wärmen eure Finger beim Eislaufen nicht nur, sie schützen sie auch beim Hinfallen vor dem rissigen Eis und den Kufen anderer Fahrer.

▶ Hier findet ihr eine überdachte Kunsteisbahn, auf der ihr bei jedem Wetter eure Runden drehen könnt. Es gibt eine Extra-Laufzeit, die für Familien mit Kleinkindern und Senioren reserviert ist, Mi – Fr 12.45 – 13.45 Uhr. Wer unsicher ist, leiht sich eine Laufhilfe.

NATUR & UMWELT ERFORSCHEN

© pmv, Kirsten Wagner

IM & AUF DEM WASSER

FREIZEIT AKTIV & SPORTLICH

NATUR & UMWELT ERFORSCHEN

HANDWERK & GESCHICHTE

BÜHNE, LEINWAND & AKTIONEN

INFO & VERKEHR

REGISTER

Wo lassen sich Schmetterlinge hautnah beobachten? Wo kann man an einer Fütterungstour von Wölfen teilnehmen? Lassen sich in der Stadt Tierspuren lesen und wo wird man Junior-Ranger?

All das erfahrt ihr im folgenden Kapitel. Ihr findet hier auch Kinder- und Erlebnisbauernhöfe, Planetarien und Lehrpfade. Wer regelmäßig in einer Gruppe etwas für die Umwelt tun möchte, wird ebenfalls fündig.

TIERE UND NATUR VERSTEHEN

Tierisch was los

TIERPARKS

Wildpark Schwarze Berge

Am Wildpark 1, 21224 Rosengarten-Vahrendorf. ✆ 040/8197747-0, www.wildpark-schwarze-berge.de. **Bahn/Bus:** S3 bis Harburg oder Neuwiedenthal, Bus 340 bis Eingang Wildpark. **Auto:** A7 Ausfahrt 34 HH-Marmstorf, Maldfeldstraße, Eißendorfer Waldweg, links Harburger Straße, rechts Am Sandberg. **Zeiten:** April – Okt 8 – 18 Uhr, Nov – März 9 – 17 Uhr. **Preise:** 9 €; Kinder 3 – 14 Jahre 7 €; Kombikarten mit ↗Kiekebergmuseum 15 €, Kinder 7 €, Verleih von Bollerwagen oder Schlitten 3,50 €.

▶ Wisent, Wolf, Luchs, Braunbär und Elch sind Bewohner des Wildparks Schwarze Berge, die ihr bestimmt nicht verpassen wollt. Zwergotter, Dachs und Waschbär lassen sich besonders gut bei ihrer täglichen Fütterung beobachten. Während der Flugschau erfahrt ihr Spannendes über Falke, Wüstenbussard und Seeadler. Nun aber noch ins Freigehege zum Damwild und zu den Ziegen im Streichelgehege. Ihr seht schon – ihr solltet Zeit mitbringen für euren Wildpark-Ausflug. Denn ihr wollt sicher noch die Aussicht über den *Kiekeberg* und den *Hamburger Hafen* vom 31 m hohen **Elbblickturm** genießen. Bei Hun-

☀ **Flugschau** täglich 12 und 15 Uhr, So auch 16.30 Uhr, Nov – Feb 14 Uhr. **Fütterungen:** Zwergotter 11 Uhr, Dachse 13 Uhr, Waschbären 15 Uhr. März – Okt So 13 Uhr Fütterungstour zu den Wölfen.

Steinstaub: Hier werden mit der BUND Jugend Naturfarben selbst hergestellt

NATUR & UMWELT ERFORSCHEN

Hunger & Durst
Wildpark-Restaurant, Am Wildpark 1, Rosengarten. ✆ 040/8197747-40. www.wildpark-restaurant.de. Mo – Do, Sa 11 – 21, Fr 11 – 22, So 8.30 – 21 Uhr. Malbögen und Kindergerichte.

 *763 erbaute Graf Friedrich Karl August von Lippe (1706 – 1781) östlich von Hamburg ein Jagdschloss, das nach ihm benannt wurde. 1871 schenkte Kaiser Wilhelm I. dem Reichskanzler Otto von Bismarck das Anwesen, wo er 1898 starb. Seine Urenkelin **Elisabeth von Bismarck,** eröffnete 1988 den Schmetterlingsgarten.*

ger und Durst wird es Zeit für einen Abstecher ins Wildpark-Restaurant. Gleich nebenan liegt der riesige **Spielplatz.**

Garten der Schmetterlinge
Am Schlossteich 8, 21521 Aumühle-Friedrichsruh. ✆ 04104/6037, www.garten-der-schmetterlinge.de. **Bahn/Bus:** R20 bis Friedrichsruh. **Auto:** A24 Ausfahrt 4 Reinbek, Landstraße Richtung Reinbek, Ausfahrt Aumühle, Sachsenwaldstraße, links Am Mühlenteich, 1. rechts. **Zeiten:** April – Okt 10 – 18 Uhr. **Preise:** 7 €; Kinder 4 – 16 Jahre 4,50 €; Familie 2 Erw, 3 Kinder 21 €.

▶ Schmetterlinge sind faszinierende Lebewesen: aus unscheinbaren Raupen und Puppen schlüpfen die farbenprächtigen Tierchen. Im **Schmetterlingsgarten,** den Fürstin *Elisabeth von Bismarck* übrigens gründete, in Friedrichsruh könnt ihr das mit etwas Glück an den Schaukästen selbst erleben. Im **Tropenhaus** umfliegen euch die hübschen Flatterer und lassen sich auf bunten Blüten nieder. Auf dem Gelände findet ihr auch einen **singenden Wassergarten** mit Koi-Karpfen, einen Libellenteich, einen Bienenschaukasten, ein Insektenhotel und ein Kaninchengehege. Ein Spielplatz und das **Café Vanessa** laden zum Verweilen ein.

Hagenbecks Tierpark
Lokstedter Grenzstraße 2, 22527 Hamburg-Stellingen. ✆ 040/5300330, www.hagenbeck.de. **Bahn/Bus:** U2, Bus 22, 39, 181, 281 bis Hagenbecks Tierpark. **Auto:** A7 bis Abfahrt Hamburg-Stellingen, dann Kieler Straße Richtung Stellingen, links in die Koppelstraße, dann wieder links in den Lokstedter Grenzweg. Parkplätze an der Straße oder im Parkhaus gegenüber dem Haupteingang. **Zeiten:** Jan – März und Ende Okt – Ende Dez 9 – 16.30 Uhr, März – Ende Juni und

Sep – Ende Okt 9 – 18 Uhr, Juli – Aug 9 – 19 Uhr, Kassenschluss 1 Std vorher. **Preise:** 20 €, Kombiticket mit dem Tropenaquarium 30 €; Kinder bis 4 Jahre frei, Kinder bis 16 Jahre 15 €, Kombiticket 21 €; Familienkarte 2 Erw, 2 Kinder 60 €, Kombiticket 85 €, Familienkarte 2 Erw, 3 Kinder 70 €, Kombiticket 98 €, Gruppenkarte ab 10 Pers 18 €, Kombiticket 28 € und Kinder 13 €, Kombiticket 19 €. **Infos:** Wer oft in den Zoo geht, für den lohnt sich eine Jahreskarte: 100 € für Erw, 60 € für Kinder bis 16 Jahre.

Unter Mami ist es sicher: Elefantenbaby Assam versteckt sich

▶ Elefanten, Löwen, Eisbären und viele mehr! Der über hundert Jahre alte Tierpark hat alles zu bieten, was Kinder sich von einem Tierparkbesuch wünschen können. Die Gehege sind den natürlichen Lebensbedingungen der Tiere nachempfunden, einige Tiere sind sogar frei unterwegs, können gefüttert und gestreichelt werden – wenn sie es möchten. Die Fütterungszeiten der verschiedenen Tiere findet ihr im Internet oder am Gehege.

Das Gelände ist groß und vielseitig, auf dem Tiger- und dem Elefantenpfad könnt ihr zum Spurenleser werden. Eine Hängebrücke führt über einen Teich, an dessen Ausläufern sich auch Dinosaurier tummeln, schaut einmal genau hin. Es gibt Ponyreiten, eine Grillstelle, die im Sommer gemietet werden kann, ein Streichelgehege und einen großen Spielplatz, um sich auszutoben. Im Internet könnt ihr Ideen für Rallyes im Zoo herunterladen, so gestaltet ihr euren Besuch noch spannender.

Happy Birthday! Tierischen Geburtstag feiert ihr hier und dürft dann exotische Tiere streicheln und erfahrt viel Wissenswertes von den Mitarbeitern der Zooschule, 90 Min, 50 € pro Gruppe mit max. 15 Kindern, Eintritt extra.

NATUR & UMWELT ERFORSCHEN

Hunger & Durst
Makalali-Lodge, Lokstedter Grenzstraße 2, Stellingen. ✆ 040/530033318. www.hagenbeck.de. 9 – 18 Uhr. Selbstbedienungsrestaurant im Tropen-Aquarium mit kleinen und größeren Gerichten, mit Blick auf den Krokodil-See.

Wie viele Fische seht ihr? Zählt einmal nach

Nichts für zarte Gemüter
Hagenbecks Tropen-Aquarium, Lokstedter Grenzstraße 2, 22527 Hamburg-Stellingen. ✆ 040/5300330, www.hagenbeck.de. **Bahn/Bus:** U2, Bus 22, 39, 181, 281 bis Hagenbecks Tierpark. **Zeiten:** 9 – 18 Uhr, Kassenschluss 1 Std vor Schließung. **Preise:** 14 €, Kombiticket mit dem Tierpark 30 €; Kinder bis 4 Jahre frei, Kinder 5 – 16 Jahre 10 €, Kombiticket 21 €; Familien 2 Erw, 2 Kinder 43 €, Kombiticket 85 €, Familien 2 Erw, 3 Kinder 49 €, Kombiticket 98 €, Gruppenkarte ab 10 Pers 12 €, Kombiticket 28 € und Kinder 8 €, Kombiticket 19 €.

▶ Über 300 exotische Tierarten hüpfen, krabbeln, schlängeln, schwimmen und fliegen durch das Tropen-Aquarium, direkt neben dem Tierpark. Die Ausstellung ist in vier große Bereiche aufgeteilt: Die **Unterwasserwelt** mit großen Panorama-Aquarien, die **Tropenwelt** mit einem Krokodil-See, die **Höhlenwelt** und das **Giftschlangendorf.** Spektakulär sind nicht nur die Tiere, sondern auch ihre Präsentation: Da laufen Küchenschaben von beeindruckender Größe über

© Hagenbeck

eine alte Küchenzeile, verstecken sich Vogelspinnen in einem scheinbar vergessenen Toilettenhäuschen.

Wildgehege im Klövensteen

Sandmoorweg, 22559 Hamburg-Rissen. **Bahn/Bus:** S1 bis Rissen. **Auto:** B431, hinter S-Bahnhof Rissen rechts in Sandmoorweg. **Zeiten:** frei zugänglich.

▶ Neben Rot-, Sika- und Damwild leben im Wildgehege Klövensteen auch Frettchen, Mufflons, Uhus und Wildschweine. Als Ausflugsziel ist der Forst im Bezirk Altona schon seit mehr als 100 Jahren beliebt. Seit der Eröffnung des Wildgeheges 1972 kommen Kinder besonders gerne hierher. Am Eingang findet ihr gleich einen Spielplatz mit Breitwellenrutsche. Um das Wild gut beobachten zu können, ist ein Aussichtsstand vorhanden. In der **Kleinen Waldschänke** könnt ihr Futter für die Tiere kaufen und selber zum Futtern einkehren.

Hunger & Durst
Kleine Waldschänke, Sandmoorweg 149, Rissen. ✆ 040/814792. www.kleine-waldschaenke-hamburg.de. Mo, Mi – So 11.30 – 21 Uhr. Saisonale Spezialitäten im Blockhaus. Auf der Kinderkarte: Nudeln, Schnitzel, Putensteak und Bockwurst.

Damwild und Rentiere im Hirschpark

Elbchaussee, 22587 Hamburg-Blankenese/ Nienstedten. **Bahn/Bus:** Bus 1, 22, 36 bis Mühlenberg oder Bus 49 bis Gätgensstraße. **Auto:** Elbchaussee.

▶ Damwild und Rentiere machen dem Hirschpark alle Ehre. Doch auch Pfauen und Wasservögel lassen sich in dem hübschen Park beobachten. Der Kaufmann *Johann Caesar IV. Godeffroy* (1742 – 1818) erwarb das ehemalige Landgut 1786 bei einer Auktion, ließ sich ein Landhaus erbauen und legte den Park als Landschaftsgarten an. In zwei Bauerngärten könnt ihr die Blumenpracht bewundern. Tolle Aussicht verspricht der Platz auf dem *Geesthang*. Um 1800 entstand das *Kavaliershaus,* in dem früher die Gäste der Familie Godeffroy übernachteten, heute beherbergt es das **Café Witthüs**. Probiert hier mal eine »Qualle auf Sand«! Ihr könnt auch den Spielplatz

Hunger & Durst
Café Witthüs, Elbchaussee 499a, Blankenese. ✆ 040/860173. www.witthues.de. Di – Sa 14 – 23, So 10 – 23 Uhr, Restaurant jeweils ab 19 Uhr, Brunch So 10 – 13.30 Uhr. Zufahrt über Mühlenberg.

beim Landhaus erobern, die Lindenallee entlang spazieren oder Hirsche mit Kastanien füttern.

Kinderbauernhöfe

Tiere streicheln mitten in Wilhelmsburg

Kinderbauernhof Kirchdorf e.V., Stübenhofer Weg 19, 21109 Hamburg-Wilhelmsburg. ✆ 040/7508484, www.kibaho.com. **Bahn/Bus:** Bus 152 bis Stübenhofer Weg. **Auto:** A1 bis zur Abfahrt Stillhorn, Richtung Wilhelmsburg/Kirchdorf. Kostenlose Parkplätze vor dem Kinderbauernhof. **Zeiten:** 10 – 19 Uhr. **Preise:** Eintritt frei.

▶ Der Kinderbauernhof Kirchdorf liegt mitten in Wilhelmsburg: Eine bunte Idylle hinter blauen Holzplanken. Vor rund 25 Jahren wurde er von einer Elterninitiative gegründet, um Kindern in der Stadt die Möglichkeit zu geben, heimische (Nutz-)Tiere kennen zu lernen. Mittlerweile könnt ihr hier nicht nur Schwein *Schnitzel* oder Schaf *Sven* treffen, sondern auch Pferde und Ponys striegeln und reiten (bitte Helm mitbringen) und etwa 260 weitere Tiere streicheln und füttern. Ansprechpartner und Helfer findet ihr auf dem Hof überall.

Zum Toben gibt es einen Spielplatz auf dem Gelände, für die Kleineren auch eine Sandkiste mit tollem Spielzeug. Für Kinder 5 – 11 Jahre richtet der Kinderbauernhof auch »tierische« Geburtstagsfeiern aus. Vorsicht bei Allergien: Der Kontakt mit Tierhaaren und Heu ist garantiert.

Das Glück der Erde liegt auf dem Rücken der … Kühe, findet Ben

© pmv, Stefanie Wülfing

Ein Bauernhof zum Anfassen

Gut Wulksfelde, Wulksfelder Damm 15 – 17, 22889 Tangstedt. ℂ 040/6442510, www.gut-wulksfelde.de. **Bahn/Bus:** Bus 378 bis Gut Wulksfelde fährt sehr selten, erkundigt euch daher vorher. **Auto:** B432 Richtung Duvenstedt, dann auf der Höhe von Tangstedt in den Wulksfelder Damm, kostenlose Parkplätze direkt am Gut. **Zeiten:** 8 – 19 Uhr. **Preise:** Eintritt frei.

Auf Gut Wulksfelde könnt ihr auch Esel bestaunen

▶ Bio macht Spaß! Das zeigt euch das Gut Wulksfelde, in dessen **Tierpark** ihr neben den typischen Tieren eines Bauernhofs auch Esel und Meerschweinchen streicheln könnt – wenn sie es möchten. Außerdem: ein **Bienenlehrstand,** an dem ihr den Bienen bei der Arbeit zusehen könnt, ein **Kräutergarten** mit Insektenhotel, Spielhäuser und -geräte zum Klettern und Toben, eine Matschpumpe und viel Platz zum Picknicken.

In der Gutsbäckerei könnt ihr an einigen Samstagen im Jahr für 4 € Kekse oder Brötchen backen.

Hofladen Gut Wulksfelde, Mo – Sa 8 – 19 Uhr. Bietet ein großes Sortiment an Lebensmitteln aus biologisch-ökologischer Herstellung, nicht nur hofeigene Produkte.

Hoppelino – die Heuherberge am Sachsenwald

Tannenweg 5, 22929 Kasseburg. ℂ 04154/601645, www.hoppelino.de. **Bahn/Bus:** Bus 333 bis Grande (Möllner Landstraße), Bus 8882 bis Ödendorf, 500 m Fußweg. **Auto:** A24 Ausfahrt 6 Schwarzenbek/Grande, B404 Richtung Schwarzenbek. **Zeiten:** So, Fei 11 – 18 Uhr. **Preise:** Kinder ab 3 Jahre 3 €, nach Absprache Ponyreiten 2 €, Traktorfahrt 2,50 €.

▶ Am Rand des wunderschönen Sachsenwaldes liegt Hoppelino. In der Heuherberge könnt ihr rustikal

NATUR & UMWELT ERFORSCHEN

übernachten, aber der Hof bietet sich auch für einen Sonntagsausflug an. Ein riesiges Hüpfkissen, eine Spielscheune, Go-Karts und ein Fußballplatz lassen zum Toben keine Wünsche offen. Während eure Eltern sich im Sonntagscafé niederlassen, besucht ihr die Hoftiere.

NATUR ER-KUNDEN

Im September könnt ihr samstags auf dem Gut auch Kartoffeln ausbuddeln. Mitte September gibt es den Wulksfelder Kartoffelmarkt.

Bitte nicht stören: Ben isst gemütlich Erdbeeren

Naturhäuser & Umweltgärten

Sommerzeit ist Erdbeerzeit

Gut Wulksfelde, Wulksfelder Damm 15 – 17, 22889 Tangstedt. ✆ 040/6442510, www.gut-wulksfelde.de. **Bahn/Bus:** Bus 378 bis Gut Wulksfelde, fährt sehr selten. **Auto:** B432 Richtung Duvenstedt, dann auf der Höhe von Tangstedt in den Wulksfelder Damm, kostenlose Parkplätze direkt am Gut. **Zeiten:** Mitte Juni – Ende Juli (wetterabhängig) 9 – 18 Uhr. **Infos:** Eure Ernte wird vor Ort gewogen und berechnet.

▶ Die Tage werden heller, die Märkte werden bunter, der Sommer kommt! Und mit dem Sommer: die Erdbeeren! Alle großen und kleinen Liebhaber der süßen Früchte können auf Gut Wulksfelde Erdbeeren in Bio-Qualität selber pflücken. Frei nach dem Motto: Die Guten ins Körbchen, die Super-Guten direkt in den Mund!

Augen auf für die Natur in der Stadt

Haus der BUNDten Natur, Katrin Mehrer, Loehrsweg 13, 20249 Hamburg-Eppendorf. ✆ 040/4603432, www.bund-hamburg.de. **Bahn/Bus:** U1, U3 und Bus 22, 25, 118 bis Kellinghusenstraße, ca. 3 Min Fußweg durch den Kellinghusenpark. **Zeiten:** Mo – Fr 10.30 – 16, Wochengruppen auch bis 18 Uhr. **Preise:** freiwillige Spenden. **Infos:** Jedes Jahr gibt es den Wettbewerb Naturtagebuch, mehr unter www.naturtagebuch.de.

▶ Wisst ihr eigentlich, welche Tiere in Hamburg leben? Könnt ihr ihre Spuren lesen? Welche Pflanzen wachsen in der Stadt? Und aus welchen kann man Farben machen? In den Kinder- und Jugendgruppen im Haus der BUNDten Natur geht es um genau das:

Natur pur: Bei einer Rallye im Kellinghusen Park geht es überall durch

Augen und Ohren auf für die Natur in der Stadt. Die Gruppen treffen sich einmal die Woche nachmittags zum Beobachten, Experimentieren, Klettern, Spielen und Diskutieren … Sie sind offen für alle Kinder ab 5 Jahre. Bitte meldet euch frühzeitig an.

Noch eine Bitte an euch, wenn ihr hier mitmachen möchtet: Damit die Jugendgruppen bestehen und ihr viel erleben könnt, sind die Verantwortlichen auf Geldspenden angewiesen. Selbst wenig Geld wird hier dankend angenommen.

☼ Keine Zeit für eine Wochengruppe, aber trotzdem Lust mitzumachen? Der BUND organisiert auch Schatzsuchen oder Ausflüge. Fragt einfach mal nach.

Naturschutz-Infohaus bei der Düne
Stiftung Naturschutz Hamburg und Stiftung Loki Schmidt, Boberger Furt 50, 21033 Hamburg-Lohbrügge. ✆ 040/73931266, www.stiftung-naturschutz-hh.de. **Bahn/Bus:** S21 bis Mittlerer Landweg, dann Bus 221 bis Boberger Furtweg. **Auto:** B5 stadtauswärts Richtung Bergedorf, rechts auf Am Langberg, links Schulredder. **Zeiten:** Di – Fr 9 – 13, So 11 – 17 Uhr. **Preise:** Eintritt frei.

▶ Wo gibt es denn in Hamburg eine Düne? In der *Boberger Niederung!* Die befindet sich im Osten der Stadt und beherbergt eine Vielzahl von Tier- und Pflanzenarten. Darüber informiert das Naturschutz-

🐚 Am Boberger See gibt es eine Badestelle mit kleinem Sandstrand.

NATUR & UMWELT ERFORSCHEN

Nach telefonischer Absprache können Familien eine GPS-Tour zu Kriechtieren unternehmen oder sich mit dem Schafmobil oder dem Spurenrucksack auf den Weg machen (jeweils 10 € pro Familie).

Infohaus. Hier beginnt auch einer der vier Rundwege durch das seit 1991 unter Naturschutz stehende Gebiet: der Dünenweg mit dem Symbol des Schmetterlings (3,6 km). Infoblätter zu allen Wegen sind im Infohaus erhältlich.

Im umfangreichen Veranstaltungskalender finden sich viele Angebote für Familien und Ferienaktionen für Kinder. Regelmäßig treffen sich außerdem die *Junior Ranger* (Mi 16.30 Uhr, 10 – 15 Jahre) und *Dünen Detektive* (Fr 15 Uhr, 6 – 10 Jahre) im Naturschutz-Infohaus. Die ganz Kleinen sind einmal im Monat als *Forscher Zwerge* unterwegs (letzter Mi im Monat 15 Uhr, 3 – 6 Jahre mit Eltern).

Bio-Bauernhof Hof Eggers in der Ohe

Kirchwerder Mühlendamm 5, 21037 Hamburg-Kirchwerder. ✆ 040/72377385, www.hof-eggers.de. **Bahn/Bus:** Bus 225, 424 bis Kirchwerder Mühlendamm. **Auto:** B5 stadtauswärts, hinter Bergedorf rechts auf Curslacker Heerweg, geradeaus bis links Kiebitzdeich, rechts Neuengammer Heerweg. **Zeiten:** Backtag 1. So im Monat und Biofleisch-Verkaufstage 2. Sa im Monat.

▶ Brütende Störche finden sich seit vielen Jahren pünktlich auf dem Bio-Bauernhof Eggers ein. Nicht nur wegen ihnen lohnt sich ein Besuch des Hofes in den Vier- und Marschlanden.

Rinder, Schafe, Schweine und Gänse sind hier zu Hause und freuen sich genauso über euren Besuch wie die Familie Beeken. Im Café gibt es leckeren Kuchen und Kakao und Kaffee für eure Eltern. Toben dürft ihr auf dem Naturspielplatz. Regelmäßig finden Backtage statt. Ein Rundwanderweg lädt zu

Kleiner als die Hofbewohner, aber genauso schön: Ein Schachbrettschmetterling am Wegrand

BASTELN MIT NATURMATERIALIEN

▶ Sammelt ihr im Wald Federn, ungewöhnliche Steinchen, Ästchen, ein Stück interessant gemusterte Rinde oder andere besonders hübsche Dinge, so könnt ihr damit eine künstliche Landschaft herstellen. Das sieht sehr schön aus, und eure Fundstücke sind gut aufgehoben.

Was ihr braucht: den Deckel von einem großen Schuhkarton oder ein altes Tablett, buntes Transparentpapier, Sand und Kleber.

So geht's: Den Deckel des Schuhkartons oder das alte Tablett beklebt ihr innen mit dem Papier. Dann füllt ihr Sand darauf. In diesem Sand könnt ihr nun eure Funde hübsch anordnen, Federn oder Ästchen könnt ihr auch senkrecht hineinstecken. Fertig ist das Kunstwerk! ◀

einem Spaziergang ein, der auch an der ↗ Riepenburger Mühle vorbeiführt. Führungen für Kindergruppen und Schulklassen, Kindergeburtstage und Familienfeiern werden ebenfalls angeboten.

Wälderhaus

Schutzgemeinschaft Deutscher Wald, Landesverband Hamburg, Am Inselpark 19, 21109 Hamburg-Wilhelmsburg. ✆ 040/302156-0, -521. www.waelderhaus.de. **Bahn/Bus:** S3, S31 bis Wilhelmsburg, Bus 13 bis Hallenbad. **Auto:** Elbbrücken stadtauswärts, B74 Ausfahrt HH-Wilhelmsburg, Neuenfelder Straße, Schildern zum folgen Parkplatz 3 Std 5 €. **Zeiten:** März – Okt 10 – 18 Uhr, Nov – Feb 10 – 17 Uhr. **Preise:** 5,10 €; Kinder 6 – 17 Jahre 2,70 €; Familie 2 Erw, 2 Kinder 12,60 €.

▶ Dass es hier um das Thema Holz und Wald geht, seht ihr schon am Gebäude selbst: Das Wälderhaus wurde ganz aus Holz erbaut. In der Fassade befinden sich zudem Nester, die von Vögeln und Insekten bezogen werden können. Das begrünte Dach bietet

Hunger & Durst

Hofladencafé, Kirchwerder Mühlendamm 5, Kirchwerder. Handy 0162/2377604. www.hof-eggers.de. Mai – Okt Sa, So, Fei 12 – 18 Uhr. Selbst gebackener Kuchen, aber auch Wurst- und Käsebrote oder Quiche.

Hunger & Durst

Wilhelms im Wälderhaus, Am Inselpark 19, Wilhelmsburg. ✆ 040/302156-600. www.waelderhaus.de. Täglich ab 6 Uhr. Mit Außenterrasse.

weiteren Lebensraum für Tiere. Toll, oder? Drinnen erwartet euch im Science Center Wald eine Ausstellung mit 80 Stationen zum Erkunden und Mikroskopieren. Ihr seht einen uralten versteinerten Baum, eine Wunderkammer und Dioramen mit Waldtieren. Im Wälderlabor erfahrt ihr alles über die Forschung rund um das Thema Wald.

Ein 2 km langer Archäologischer Wanderpfad führt zu den Bodendenkmälern der Fischbeker Heide. An 11 Stationen erklären Tafeln, was ihr seht, z.B. ein Hügelgrab aus der Bronzezeit. Zugang vom Schafstall oder vom Parkplatz Wendeschleife am Falkenbergsweg.

Naturschutz-Infohaus »Schafstall« in der Fischbeker Heide
Stiftung Naturschutz Hamburg und Stiftung Loki Schmidt, Fischbeker Heideweg 43a, 21149 Hamburg-Neugraben-Fischbek. ✆ 040/7026618, 73677230. www.stiftung-naturschutz-hh.de. **Bahn/Bus:** S3 bis Neugraben, dann Bus 250 bis Fischbeker Heideweg. **Auto:** B73, in Neugraben auf Neugrabener Bahnhofstraße. **Zeiten:** April – Okt Di – Fr 10 – 13, Sa 12 – 17, So 11 – 17 Uhr, Nov – März Mi, Fr 10 – 13, So 12 – 16 Uhr. **Preise:** Eintritt frei, Vortrag 3 €, Führung 2 €.

▶ Die Fischbeker Heide liegt im Südwesten von Hamburg. In einem ehemaligen Schafstall informieren die Stiftung Naturschutz und die Loki-Schmidt-Stiftung über das Naturschutzgebiet und seine tierischen und pflanzlichen Bewohner. Nebenan gibt es einen weiteren, noch genutzten Schafstall. Die Heidschnucken sollen die Heide von Bäumen befreien und sie kurz halten. Vielleicht begegnet ihr der Herde und der Schäferin mit ihren Hütehunden. Im Veranstaltungskalender erfahrt ihr die Termine für Familiennachmittage, Führungen, Bastelstunden oder »Mikroskopieren mit Kindern und Senioren«.

Hunger & Durst
Frau Harms Genussraum, Karlshöhe 60d, Farmsen. ✆ 040/27157774. www.frau-harms-genussraum.de. So – Di 11 – 18, Mi – Sa 11 – 22 Uhr. Helles Restaurant mit Bio-Lebensmitteln aus der Region. Sehr viele exklusive Gerichte.

Mit und in der Natur leben
Umweltzentrum Karlshöhe, Karlshöhe 60d, 22175 Hamburg-Farmsen. ✆ 040/63702490, www.gut-karlshoehe.de. **Bahn/Bus:** Metrobus 27 bis Gut

Karlshöhe, Bus 171 bis Thomas-Mann-Straße, Bus 277 bis Karlshöhe, Bus 173 bis Am Stühm Süd.
Auto: 434 bis Farmsener Weg, dann Karlshöhe.
Zeiten: Mo – Fr 11 – 18, Sa, So, Fei 10 – 18 Uhr.
Preise: Entdeckerrundweg frei, Erlebnisausstellung 4,50 €; Kinder bis 4 Jahre frei, 5 – 15 Jahre 2,50 €.
▶ Ökologisches Arbeiten auf einem Bauernhof: Auf dem Gut Karlshöhe seht ihr, wie das geht. Ein **Entdeckerrundweg** führt euch über das weitläufige Hofgelände. Außerdem gibt es Schafe und Ziegen, Streuobstwiesen, wo ihr euch frei bedienen dürft, einen Bienenlehrstand, an dem ihr den Bienen bei der Arbeit zuschauen könnt und noch mehr. In der

Was die Hansestadt alles tut, um ihrem Titel als Umwelthauptstadt 2011 gerecht zu werden, zeigt euch Michael Breckwoldt in: *Hamburg. Umwelthauptstadt Europas,* mit Bildern von Christian Schneider, Hamburg 2011 (Pixi Wissen).

EINEN BAUM VERMESSEN

▶ Den Umfang eines Baumes zu messen, ist nicht schwer. Du brauchst eine lange Schnur, deren Ende dein Freund am Baumstamm festhält. In Brusthöhe führst du dann die Schnur um den Baum herum und markierst, wo sie das Ende berührt. Anschließend misst du mit einem Metermaß die ermittelte Länge, den Umfang. Wenn du die Zahl durch 3 teilst, hast du als Ergebnis so ungefähr den Durchmesser.

Weit schwieriger ist es, die Höhe des Baumes festzustellen. Das geht so: Dein Freund stellt sich neben den Baum und du gehst 50 Schritte weg vom Baum. Du nimmst einen Stab und versuchst mit ausgestrecktem Arm mit dem Stabende den Kopf deines Helfers anzupeilen. Jetzt schaust du auf die Füße und markierst die Stelle am Stab, wo die Füße deines Freundes sind. Dann dann wird gemessen. Du bleibst auf der Stelle stehen und stellst fest, wie oft der markierte Abschnitt auf dem Stab in den Baum passt. Versuche dabei, dir den Punkt zu merken, wo das Ende war und du neu ansetzen musstest. Jetzt nimmst du diesen Wert mit der Größe deines Freundes mal und du hast die ungefähre Höhe des Baumes. Zentimetergenau geht das natürlich nicht. ◀

NATUR & UMWELT ERFORSCHEN

Erlebnisausstellung erfahrt ihr, wie der Klimawandel Hamburgs Tiere und Pflanzen verändern wird.

Hirsche und mehr im Duvenstedter Brook
Naturschutz-Informationshaus des NABU, Duvenstedter Triftweg 140, 22397 Hamburg-Wohldorf-Ohlstedt. ✆ 040/6072466, www.hamburg.nabu.de. **Bahn/Bus:** U1 bis Ohlstedt, Bus 276 bis Duvenstedter Triftweg, 30 Min Fußweg durch den Wohldorfer Wald. **Auto:** Barmbeker Markt stadtauswärts, in Bergstedt links auf Volksdorfer Damm, rechts Wohldorfer Damm, Bredenbekstraße, Alsterblick, links auf Schleusenredder, rechts Duvenstedter Triftweg, Parkplatz gegenüber dem Infohaus. **Zeiten:** April – Okt Di – Fr 14 – 17, Sa 12 – 18, So 10 – 18 Uhr, Nov, Feb, März Sa 12 – 16, So 10 – 16 Uhr. **Preise:** Eintritt frei, Naturscout-Ausleihe 4 € und Personalausweis als Pfand.

▶ Hirschbrunft in Hamburg? Das gibt es tatsächlich, nämlich im **Duvenstedter Brook.** In dem Naturschutzgebiet im nördlichsten Zipfel von Hamburg leben Rothirsche und Damwild. Wenn die Hirsche röhren, um die Weibchen zu beeindrucken, lässt sich das Schauspiel von bestimmten Aussichtspunkten aus gut beobachten. Doch nicht nur im Herbst lohnt ein

Sommerfest im Juni mit einem bunten Programm und vielen Aktionen für Kinder!

Brook bedeutet Bruchwald: ein Sumpfgebiet, in dem aber auch Bäume wachsen.

Ob er euch gehört hat? Rothirsche sind sehr scheu, da müsst ihr leise sein

Besuch. Das **Informationshaus** des Naturschutzbundes NABU zeigt in seiner Ausstellung, welche Tiere und Pflanzen, darunter viele vom Aussterben bedrohte Arten, im Duvenstedter Brook leben. Eine Vielfalt von Landschaften wie Wald, Sumpf, Wiesen und Heide bieten verschiedensten Säugetieren, Vögeln oder Insekten Lebensraum. Hier brüten Kraniche und Graureiher, Orchideen blühen, Heuschrecken sirren und bunte Schmetterlinge flattern umher. Ein ausgeschilderter **Rundweg** beginnt am Infohaus. Ihr könnt euch auch mit dem Naturscout auf den Weg machen, einem kleinen Taschencomputer, der euch durch den Brook führt und GPS-gesteuert an interessanten Stellen Bilder, Texte und Videos preisgibt.

Mit der SDW in den Wald

Schutzgemeinschaft Deutscher Wald, Landesverband Hamburg, Lokstedter Holt 46, 22453 Hamburg-Niendorf. ✆ 040/530556-0, www.sdw-hamburg.de. **Bahn/Bus:** U2 bis Niendorfer Markt, Bus 5, 23, 391 bis Vogt-Cordes-Damm. **Auto:** Grindelallee stadtauswärts, B447 (Lokstedter Steindamm), links. **Preise:** Ferienprogramm 50 €/Woche, Waldspaziergang Familie 7,50 €, Eltern-Kind-Gruppe 49 € für 7 Termine.

▶ Waldspaziergänge, Familienerlebnistage im Wald, Nachtwanderungen und Ferienprogramme für Kinder gehören zum Angebot der SDW. Der Naturschutzverband, der sich besonders für den Wald einsetzt, hat sein Gelände im ↗ *Niendorfer Gehege.* Dort starten die Aktionen das ganze Jahr. Ihr könnt aber auch auf die Waldtheaterbühne treten, das Leben im Tümpel beobachten oder die Kaninchen streicheln. Eine Eltern-Kind-Gruppe mit Kindern von 3 bis 6 Jahre sowie eine Jungen-Gruppe für Jungs zwischen 5 und 8 Jahre bieten an sieben Terminen die Gelegenheit, mit anderen zusammen den Wald kennen zu lernen.

Einmal um die Welt

Loki-Schmidt-Garten, Ohnhorststraße 18, 22609 Hamburg-Klein Flottbek. ✆ 040/42816476, www.bghamburg.de. **Bahn/Bus:** S1, 11 und Bus 15, 21 bis Klein Flottbek. **Zeiten:** ab 9 Uhr bis ca. 1,5 Std vor Einbruch der Dunkelheit. **Preise:** Eintritt frei; bei Veranstaltungen der Grünen Schule z.T. Eintritt 3 – 10 €.

▶ Auf 80 qm einmal um die Welt – das geht im Botanischen Garten in Klein Flottbek: Lebende Steine aus Afrika oder Kräuter aus dem Mittelmeer – es gibt viel zu entdecken. Die Grüne Schule bietet Kinder-Führungen zu Themen wie Giftpflanzen oder »Die Ernte vor 100 Jahren« an und organisiert Mal- und Bastelaktionen für Kinder ab 5 Jahre.

 Loki Schmidt – oder eigentlich Hannelore – war die Frau des früheren Bundeskanzlers Helmut Schmidt. Sie hat sich bis zu ihrem Tod 2010 sehr für den Umweltschutz eingesetzt.

Sternwarten & Planetenlehrpfad

Sternwarte Hamburg

August-Bebel-Straße 196, 21029 Hamburg-Bergedorf. ✆ 040/428388512, www.sternwarte-hh.de. **Bahn/Bus:** S2, S21 bis Bergedorf, Bus 135 bis Justus-Brinckmann-Straße, Bus 335 bis An der Sternwarte, Bus 12 bis Holtenklinke. **Auto:** Elbbrücken (B4), A1 Richtung Lübeck, A25 Richtung Geesthacht, Ausfahrt 6 HH-Curslack, links, dann links auf Rothenhauschaussee, 1. rechts Justus-Brinckmann-Straße, rechts August-Bebel-Straße. **Zeiten:** Sa, So 10 – 18 Uhr, Führungen Sa, So 14 und 16, So auch 12 Uhr, Nov – April 1. Mi im Monat Sternbeobachtung 19 – 22 Uhr. **Preise:** Eintritt frei, Führung Gelände 8,50 €; Kinder ab 6 Jahre 6,50 €; Familie 1 Erw und Kinder 12 €, 2 Erw und Kinder 22 €.

▶ Mitten in einem wunderschönen Park strecken sich mehrere Kuppeln gen Himmel – das ist die **Sternwarte** Hamburg. 1912 wurde sie eröffnet und ist mit ihren Bauten heute denkmalgeschützt. Bei

Hunger & Durst

Café Raum & Zeit, August-Bebel-Straße 196 (im Gebäude 1-M-Spiegel), Bergedorf. ✆ 040/47193130. www.sternwarte-hh.de. Sa, So 10 – 18 Uhr. Frühstücksbuffet bis 14 Uhr, danach Kaffee und Kuchen.

einer Führung erfahrt ihr einiges zur Entstehung der Sternwarte und seht die Teleskope, mit denen man zu den Sternen guckt.

Neben der Sternwarte gibt es noch den **Planetenpfad**, den ihr auch auf eigene Faust erkunden könnt. Im Hauptgebäude seht ihr ein Modell des Hamburger Zeitballs: Seeleute stellten ihre Uhren nach ihm.

Eine Reise zu den Sternen

Planetarium Hamburg, Hindenburgstraße 1b, 22303 Hamburg. ⓒ 040/42886520, www.planetarium-hamburg.de. **Bahn/Bus:** U3 bis Borgweg und ca. 10 Min Fußweg, Bus 179 bis Planetarium, Bus 20, 118 bis Ohlsdorfer Straße, dann ca. 5 Min Fußweg durch den Stadtpark. **Zeiten:** Kasse: Mo, Di 9 – 17, Mi, Do 9 – 21, Fr 9 – 22, Sa 12 – 22, So 10 – 20 Uhr, Aussichtsplattform: Di – Fr ab 9.30, Sa ab 12.30, So ab 10.30 Uhr immer bis zu Beginn der letzten Vorstellung, Sonderregelungen in Ferienzeiten und bei schlechtem Wetter. **Preise:** 9,50 €; Kinder bis 16 Jahre 6 €. **Infos:** Bei Vorstellungen in 3D kostet eine geeignete Brille 1 €.

Blick auf das Planetarium: Wenn das Open-Schild leuchtet, dürft ihr es besichtigen

▶ Damit sich die frühen Weltentdecker auf den Weiten des Ozeans zurechtfanden, brauchten sie ein Leitsystem. So wurde die Erde in 360 Längen- und 180 Breitengrade aufgeteilt. Der Breitengrad sagt aus, wie weit **10° 4" 47", 48° 50' 5"** ein Ort vom Äquator entfernt ist. Die Längengrade verlaufen von Pol zu Pol. Einer von ihnen bildet den künstlich angenommenen Nullmeridian; er geht durch Greenwich, eine Sternwarte bei London. Durch die Meridiane werden die Zeitzonen, in die die Erde aufgeteilt ist, begrenzt. Eine volle Umdrehung der Erde um 360 Grad (°) dauert 24 Stunden (') = 1440 Minuten ("). Also beträgt der Zeitabstand zwischen zwei Meridianen genau 4 Minuten. Orte gleicher Länge haben die gleiche Uhrzeit. ◀

▶ 1930 zog das Planetarium in den früheren Wasserturm im Hamburger Stadtpark ein und ist damit eines der ältesten auf der Welt. Heute könnt ihr aus einem bunten Programm aus Vorträgen, Theaterstücken und Konzerten wählen – alles abgespielt mit der neuesten Technik. Das ist echtes Sternen-Theater. Einmal in der Woche könnt ihr den Astronomen des Planetariums sogar Fragen rund um das Weltall stellen (Do 15 – 16 Uhr).

Auf zur Sonne: Planetenlehrpfad Wedel

Deichstraße, 22880 Wedel. www.wedel.de. **Start:** am Deich an der Schulauer Straße. Rückweg: Bus 589 ab Hetlingen, Schulstraße zum S-Bahnhof Wedel. **Länge:** 6 km. **Bahn/Bus:** S1 bis Wedel, Bus 189 bis Bei der Doppeleiche, 400 m Fußweg über ABC-Straße, Schlosskamp, Schulauer Straße, Deichstraße. **Auto:** B431 bis Wedel. **Infos:** Wedel Marketing e.V., Rathausplatz 3 – 5, 22880 Wedel, ✆ 04103/707707, www.wedel-marketing.de. Faltblatt online unter www.wedel.de.

▶ Die Weite des Universums, die Größe der Planeten unseres Sonnensystems und ihr Abstand zueinander lassen sich auf einem Planetenweg anschaulich begreifen. Von Wedel aus führt ein solcher nach *Hetlingen*.

Los geht es an der Sonne und dann immer nah der Elbe entlang durch die *Wedeler Marsch*. Merkur, Venus und Sonne sind schnell erreicht, dann werden die Abstände langsam größer, genauso wie im Weltall. Der Maßstab beträgt 1 : 1 Milliarde. Beim Uranus lässt sich eine Pause in *Fährmannssand* einlegen, ehe ihr euch zu Neptun und Pluto aufmacht. Zu jedem Planeten gibt es eine Tafel mit weiteren Infos. Und am Ziel wartet noch eine Attraktion auf euch: der **Wasserspielplatz** in Hetlingen.

Hunger & Durst

Fährmannssand, Fährmannssand 1, Wedel. ✆ 04103/2394. www.faehrmannssand.de. Mi – So ab 11 Uhr. Kuchen und deftige Snacks. Streicheltiere auf dem Hof.

🦉 *Die Reihenfolge der Planeten von der Sonne aus könnt ihr euch mit folgendem Spruch merken: Mein Vater Erklärt Mir Jeden Sonntag Unsere Neun Planeten. Die Anfangsbuchstaben stehen für: Merkur, Venus, Erde, Mars, Jupiter, Saturn, Uranus, Neptun, Pluto.*

HANDWERK & GESCHICHTE

© Hamburger Kunsthalle, Foto: Ellen Coenders

IM & AUF DEM WASSER

FREIZEIT AKTIV & SPORTLICH

NATUR & UMWELT ERFORSCHEN

HANDWERK & GESCHICHTE

BÜHNE, LEINWAND & AKTIONEN

INFO & VERKEHR

REGISTER

Dass Hamburgs Museen überhaupt nicht langweilig sind, findet ihr ganz schnell heraus. Sucht euch einfach eins aus dieser Griffmarke aus und besucht es!

Außer Museen gibt es in dieser Griffmarke noch mehr zu erleben. So fahrt ihr mit einer historischen Bahn, besichtigt Windmühlen oder lasst euch zeigen, wie Bonbons hergestellt werden. Ihr lernt wie Flugzeuge abheben und was eigentlich eine Wasserkunst ist. Nicht nur für junge Touristen sind die Sehenswürdigkeiten der Stadt spannend, eure erwachsenen Begleiter werden genauso staunen. Kennt ihr schon das Rathaus von innen, seid dem Michel auf den Turm gestiegen oder habt die Elbe unterquert? Dann nichts wie los auf Entdeckertour!

BAHNEN, SCHLÖSSER & MUSEEN

Bahnen

Historische S-Bahn

S-Bahn Hamburg GmbH, Hammerbrookstraße 44, 20097 Hamburg-Hammerbrook. ✆ 040/46007871, www.hish.de. **Zeiten:** nach Fahrplan, Adventssamstage. **Preise:** je nach Fahrt, vom HVV-Ticket bis zu 28 € inklusive Essen.

▶ Die Hamburger S-Bahn fährt auf 147 km durch die Stadt und hält an 68 Bahnhöfen. Seit 1907 befördert sie Fahrgäste kreuz und quer durch die Hansestadt. Irgendwann mussten neue Züge her. Bis zum Jahr 2002 war die Fahrzeugerneuerung dann abgeschlossen. Trotzdem könnt ihr noch mit einer der nostalgischen Bahnen fahren.

Die Historische S-Bahn macht es möglich: Monatlich ein bis zwei Fahrten, z.B. zur **Langen Nacht der Museen,** zum **Tag des Offenen Denkmals,** aber auch als **Spargel-** oder **Grünkohlfahrt,** werden von dem Verein angeboten. Kinder bevorzugen die Fahrt mit dem

ALLES EINSTEIGEN

HANDWERK & GESCHICHTE

Niko möchte anklopfen, Jonathan lieber nicht: Im Dungeon wird Geschichte spannend erzählt

Weihnachtsmann, die an allen Adventssamstagen zum HVV-Tarif angeboten wird.

Die Welt im Taschenformat im Miniatur Wunderland

Kehrwieder 2, Block D, 20457 Hamburg-Speicherstadt.
✆ 040/3006800, www.miniatur-wunderland.de.
Bahn/Bus: U3 bis Baumwall, U1 bis Meßberg, U4 bis Überseequartier, U6 bis Auf dem Sande, Bus 111 bis Sandtorkai. **Zeiten:** Mo, Mi und Do 9.30 – 18, Di 9.30 – 21, Fr 9.30 – 19, Sa 8 – 21, So, Fei 8.30 – 20 Uhr. **Preise:** 12 €, Senioren ab 65 Jahre 10 €; Kinder unter 1 m in Begleitung der Eltern frei, Kinder bis 16 Jahre 6 €; Schüler, Studenten, Behinderte 9 €, Gruppe ab 15 Pers 11 €, Kinder 5 €.

@ Am Wochenende und in den Ferien wird es sehr voll werden. Im Internet könnt ihr die aktuellen Wartezeiten einsehen und online Karten reservieren.

▶ Wie ein Riese fühlt man sich in dieser Miniatur-Wunderwelt: 13.000 m Gleise schlängeln sich auf 1300 m Modellfläche durch Nachbauten von Hamburg, Deutschland, der Schweiz und Skandinavien. Faszinierend sind die vielen Details. Schaut ihr genau hin, entdeckt ihr Familienpicknicks im Grünen, Verbrecherfestnahmen in der Stadt und noch viel mehr. An vielen Stellen könnt ihr per Knopfdruck sogar in das blinkende Gewimmel eingreifen: einen Großbrand auslösen und gleich wieder löschen lassen, den Trompeter auf dem Hamburger Michel spielen lassen oder ein Pop-Konzert in der Arena beginnen lassen.

Auf der Karoline von Geesthacht nach Bergedorf

Arbeitsgemeinschaft Geesthachter Eisenbahn e.V, Bahnstraße 45, 21502 Geesthacht. ✆ 04152/77899 Betriebstagen, www.geesthachter-eisenbahn.de.
Bahn/Bus: S21 bis Bergedorf, Bus 12, 8821, 8871, 8891 bis Geesthacht (An der Post). **Auto:** A25 Rich-

tung Geesthacht, B404 folgen, im Ort rechts. **Zeiten:** ca. 12 Fahrtage im Jahr. **Preise:** 2 – 6 €; Kinder 4 – 14 Jahre die Hälfte; Hund oder Fahrrad 1 €.

▶ 1906 wurde die Eisenbahnstrecke von Geesthacht nach Bergedorf eröffnet. Viele Personen und Güter wurden bis 1953 transportiert, dann wurde die Strecke stillgelegt. Trotzdem könnt ihr sie heute befahren, dank den Geesthachter Eisenbahnfreunden. An sechs Wochenenden im Jahr dampft die Karoline durch die Landschaft und an der Elbe entlang. Im Advent fährt sogar der Weihnachtsmann mit.

Lokschuppen Aumühle

Verein Verkehrsamateure und Museumsbahn e.V., Am Gleise 5, 21521 Aumühle. ✆ 040/554211-0, www.vvm-museumsbahn.de. **Lage:** Zugang nur über Waldweg Aumühle – Friedrichsruh. **Bahn/Bus:** S21 bis Aumühle. **Auto:** A24 Ausfahrt 4 Reinbek, Landstraße Richtung Reinbek, Ausfahrt Aumühle, Sachsenwaldstraße, Alte Schulstraße, links Am Gleise. **Zeiten:** So 11 – 17 Uhr. **Preise:** Eintritt frei, außer an Aktionstagen. **Infos:** Verein Verkehrsamateure und Museumsbahn e.V., Kollaustraße 177, 22453 Hamburg.

▶ Dampf- und Dieselloks, Triebwagen und ein Reisezugwagen gehören zum Bestand des Eisenbahnmuseums. Wie man zwischen 1870 und 1950 Bahn fuhr, könnt ihr euch hier genau ansehen. Einige Fahrzeuge sind auch von innen zu besichtigen. Es steht ein Mitarbeiter bereit, um euch in die Fahrt mit der Handhebeldraisine einzuweisen. Per Muskelkraft dürft ihr dann über die Gleise brausen – wenn ihr es könnt. Fahrten mit dem **Feldbahnwagen** gehören ebenfalls zum Angebot am Sonntag. An vier Aktionstagen im Jahr gibt es ein zusätzliches Programm, dann könnt ihr euch z.B. in der Modell-Straßenbahn als Fahrer betätigen.

*Mit **Feldbahnen** transportierte man bis in die 1950er Jahre Material in Ziegeleien, Kiesgruben oder Industriebetrieben. Sie wurden durch Lastwagen oder Förderbänder ersetzt.*

HINTER SCHLOSS & RIEGEL

*Die **Bürgerschaft** ist das Parlament oder die Volksvertretung von Hamburg. Ihre Abgeordneten werden in der Landtagswahl gewählt. Aus der Bürgerschaft bildet sich dann der **Senat**, das ist die Regierung.*

Niko gefällt's hier: Vor dem Hygieia-Brunnen

Betriebsbesichtigungen

Das Hamburger Rathaus

Rathausmarkt 1, 20095 Hamburg-Altstadt. ✆ 040/42831-2010, -2470. www.hamburg-tourism.de. **Bahn/Bus:** U3 bis Rathaus. **Auto:** Zentrum, Parkhaus Große Reichenstraße. **Zeiten:** Führungen Mo – Fr 10 – 15, Sa bis 17, So bis 16 Uhr halbstündlich, Gebäude zugänglich (nur Halle) Mo – Fr 7 – 19, Sa 10 – 18, So 10 – 17 Uhr. **Preise:** Führung 3 €; Kinder 0,50 €, Schüler 2 €; Familie 6 €.

▶ Unglaubliche 647 Zimmer besitzt das Hamburger Rathaus! Ein paar von ihnen bekommt ihr während einer Führung zu sehen. Der eine Flügel des Rathauses ist der Sitz der Bürgerschaft, der andere der des **Senats** der Stadt Hamburg. Die Führung beginnt im imposanten Treppenhaus der **Bürgerschaft,** von wo es zum Kaisersaal, dem Turmsaal und dem Bürgermeisteramtszimmer mit dem Goldenen Buch geht. Warum das Waisenzimmer seinen Namen trägt, wieso der Sitzungssaal des Senats keine Fenster besitzt und wie viele Glühlampen die Kronleuchter im Großen Festsaal tragen, werdet ihr nach der Führung wissen! Auch ohne Führung dürft ihr die »Diele« betreten, die große Eingangshalle. An den Sandsteinsäulen finden sich Porträts von Bürgern, die sich um die Stadt verdient gemacht haben. Findet ihr z.B. *Johannes Dalmann?*

Direkt am Rathaus könnt ihr auch einen ↗Rundgang durch die Altstadt beginnen.

© pmv, Kirsten Wagner

Sauberes Wasser für alle: Wasserkunst Elbinsel Kaltehofe

Kaltehofe Hauptdeich 6 – 7, 20539 Hamburg. ✆ 040/788849990, www.wasserkunst-hamburg.de. **Bahn/Bus:** S2, 21 bis Rothenburgsort oder Tiefstak, dann ca. 2 km – am leichtesten mit dem Rad – Richtung Elbinsel Kaltehofe. **Rad:** Von der S-Bahn Rothenburgsort den Billhorner Deich Richtung Elbe, über die Brücke auf den Kaltehofe-Hauptdeich, geradeaus bis zur Wasserkunst. Von der S-Bahn Tiefstak die Ausschläger Allee entlang, links in die Zollvereinsstraße, rechts auf den Ausschläger Elbdeich, links über die Brücke auf den Kaltehofe-Elbdeich. **Zeiten:** März – Okt 10 – 18 Uhr, Nov – Feb Di – So 10 – 18 Uhr. **Preise:** 5,50 €; Kinder

Hunger & Durst

Café Wasserkunst, ✆ 040/788849992. www.wasserkunst-kaltehofe.de. Mit Außenterrasse, herzhafte und süße Gerichte, leckerer Brunch, So, Fei 10 – 14 Uhr 15 € pro Person.

DIE CHOLERA IN HAMBURG

▶ »Meine Herren, ich vergesse, dass ich in Europa bin!«, soll der Arzt *Robert Koch* ausgerufen haben, als er 1892 in Hamburg die Armenviertel besichtigt. In den Gassen stehen die Häuser so eng, dass kaum Licht auf die Straßen fällt. Da es kein fließend Wasser zum Waschen oder Kochen gibt, holen sich die Menschen das Wasser aus den Kanälen – und schütten alle ihre Abwässer dort auch hinein. Sie trinken dieses Wasser, denn sauberes Trinkwasser vom Wasserwagen muss man teuer bezahlen. Vor zehn Tagen hatte ein Hafenarbeiter starken Brechdurchfall bekommen. Nach nur fünf Tagen waren über 30 Menschen tot. Die Cholera war in Hamburg ausgebrochen. Eine städtische Wasserversorgung war seit Jahren Thema in der Stadt gewesen, aber man hatte sich nicht einigen können, über die Finanzierung, das Konzept… Nun war sie mit einem Schlag lebensnotwendig geworden. Es wird Tag und Nacht gebaut, um die erste europäische Wasserfilteranlage fertig zu stellen, die eine ganze Stadt versorgen soll. Diese »Wasserkunst«, wie man sie auch nannte, könnt ihr jetzt auf der Elbinsel Kaltehofe besichtigen. ◀

HANDWERK & GESCHICHTE

Da passen Ben und Papa zusammen rein: Alter Waggon auf der Elbinsel Kaltehofe

bis 6 Jahre frei, 6 – 18 Jahre 2,50 €; Studenten, Azubis, Behinderte 3,80 €, Familien Erw, max. 3 Kinder 12,50 €, Gruppe ab 15 Pers 4,80 € pro Person. **Infos:** Sa, So, Fei 13 und 16 Uhr Führungen ab 6 Pers.

▶ Erste städtische Wasserversorgungsanlage aus dem Ende des 19. Jahrhunderts mit einem restaurierten Filterbecken und einem Museum. Die *Wasserkunst Kaltehofe* war ein echtes europäisches Pionierprojekt, um die Hamburger Bevölkerung von der Cholera zu befreien! Im Museum wird die Geschichte des Projekts und seine Funktion erklärt. Als Wasserkunst bezeichnete man damals alle künstlich angelegten Wasserläufe wie Springbrunnen, Mühlräder oder eben solche Pumpenkonstruktionen wie in Kaltehofe.

In der schönen Parkanlage findet ihr interessante Infotafeln zur besonderen Pflanzen- und Tierwelt auf Kaltehofe. Genießer können aber auch einfach ein Picknick machen.

Riepenburger Mühle

Kirchwerder Mühlendamm 75a, 21037 Hamburg-Kirchwerder ✆ 040/7208950 (Axel Strunge), www.riepenburger-muehle.com. **Bahn/Bus:** S21 bis Bergedorf, Bus 225, 424 bis Krummer Hagen. **Auto:** B5 stadtauswärts, hinter Bergedorf rechts auf Curslacker Heerweg, geradeaus, links Kiebitzdeich, rechts Neuengammer Heerweg. **Zeiten:** April – Okt Di, Do 12 – 16 Uhr, 1. und 3. So im Monat 13 – 17 Uhr.
Preise: Eintritt frei, um Spenden wird gebeten.

▶ Schon 1318 soll hier eine Mühle gestanden haben, die zur »Riepenburg« gehörte. Die jetzige Windmühle stammt von 1828 und ist eine Holländerwindmühle: Ihre Kappe lässt sich in den Wind drehen. Bei einer Besichtigung könnt ihr auch das Mahlwerk im Inneren in Augenschein nehmen. Es ist voll

Hunger & Durst
Mühlenladen & Café, Kirchwerder Mühlendamm 75a, Kirchwerder. ✆ 040/72375683. www.riepenburger-muehle.com. Mi – Fr 14 – 19, Sa, So 12 – 19 Uhr.

funktionstüchtig und wird bei genügend Wind auch in Gang gesetzt. Aus Getreidekorn entsteht dann Schrot.

Windmühle Johanna

Wilhelmsburger Windmühlenverein e.V., Schönenfelder Straße 99a, 21109 Hamburg-Wilhelmsburg. ✆ 040/7543845 (1. Vorsitzender Carsten Schmidt), www.windmuehle-johanna.de. **Bahn/Bus:** S3, S31 bis Wilhelmsburg, dann Bus 154 bis Wilhelmsburger Mühle. **Auto:** Elbbrücken (B4), A252 Richtung HH-Wilhelmsburg, Ausfahrt HH-Wilhelmsburg-Nord, Georgswerder Bogen, rechts Niedergeorgswerder Deich, rechts Kirchdorfer Straße. **Zeiten:** März – Dez jeden 1. So im Monat 14 – 18 Uhr. **Preise:** Eintritt frei.

▶ Die Kraft des Windes machen sich die Menschen schon seit vielen Jahrhunderten zunutze. Mit der Hilfe von Windmühlen mahlte man vor allem Getreide. Wie das funktionierte, wird an den Öffnungstagen der Mühle Johanna erklärt und ist bei den größeren Veranstaltungen wie dem Mühlenfest auch live zu erleben. Mit dem neuen Backhaus kann seit 2013 der Weg des Korns nicht nur bis zum Mahlen, sondern gleich bis zur Verarbeitung verfolgt werden. Das leckere Mühlenbrot kann natürlich auch käuflich erworben werden.

Modellschau am Flughafen Hamburg

Flughafenstraße 1 – 3, 22335 Hamburg-Langenhorn. ✆ 040/5075-2644, www.ham.airport.de. **Bahn/Bus:** S1 bis Hamburg Airport. **Auto:** A7, Ausfahrt 23 Schnelsen-Nord oder B433 (Alsterkrugchaussee), Zeppelinstraße. **Zeiten:** 10 und 13.30 Uhr, Schulferien HH und SH auch 16 Uhr. **Preise:** 4,50 €; Kinder 5 – 14 Jahre 2,50 €; Familie 12,50 €. Gruppe 9, 50 €, Kinder 5,50 €.

Die Barrierefreiheit ist in den U- und S-Bahnstationen immer noch ein großes Problem. Wer mit Fahrrad, Rollstuhl oder Kinderwagen reist, braucht oft starke Muskeln und nette Mitreisende. Es lohnt sich bei einer Fahrt mit unbekannten Haltestellen vorher einen Blick auf den Fahrplan zu werfen: Ein Rollstuhlsymbol verrät, ob es einen Fahrstuhl gibt.

Das Motto von pmv ist »näher reisen«, damit ihr ohne Flugzeuge auskommt, denn Fliegen verursacht schlechte Luft und eine enorme Lärmbelästigung für Frischluftfreunde.

☀ Von der Aussichtsterrasse an der Modellschau lassen sich die echten Flugzeuge beim Starten und Landen beobachten, ab 9 Uhr.

▶ Ein Besuch auf dem Hamburger Flughafen macht auch Spaß, wenn ihr nicht in den Urlaub fliegen wollt. Die Modellschau zeigt den Flugbetrieb im Maßstab 1:500. Über eure Köpfe hinweg starten und landen die Mini-Maschinen. Sogar Nacht wird es auf dem Flughafen: 8000 Leuchtdioden verwandeln das Modell in ein Lichtermeer. Dazu gibt es Funksprüche und vibrierende Sitze, als wärt ihr selbst mitten im Flugbetrieb. Ihr erfahrt in der Show, was eigentlich passiert, wenn ein Flugzeug abheben möchte und welches Gebäude wozu dient.

Gruppen ab 15 Personen können die Modellschau inklusive einer Rundfahrt auf dem Vorfeld buchen. Familien können sich gebuchten Gruppen anschließen.

Kinderführung durch die Imtech Arena

HSV, Sylvesterallee 7, 22525 Hamburg-Bahrenfeld.
✆ 040/4155-1550, www.hsv-museum.de.
Lage: Eingang Nord-Ost. **Bahn/Bus:** ↗ HSV-Museum. **Auto:** ↗ HSV-Museum. **Zeiten:** letzter So im Monat 10.30 Uhr, nur mit Voranmeldung.
Preise: 8 €, mit Museum 10 €; Kinder 6 €.

☀ Eltern können parallel an der Stadionführung für Erwachsene teilnehmen.

Auch ein richtiger Fan sein: Bei der Kinderführung in der Arena des HSV

▶ Wo sitzt eigentlich der Stadionsprecher bei einem Spiel des HSV? Wie sieht es in der Spielerkabine aus? Bei einer Stadionführung dürft ihr all das hautnah erleben und noch viel mehr: Ihr haltet eine eigene Pressekonferenz ab, schießt auf die Torwand und lauft durch den Tunnel zum Spielfeld, so wie sonst *Rafael van der Vaart* oder *Marcell Jansen*.

Wer mag, startet noch zu einer Rallye durch das HSV-Museum. Der Eintritt ist für Kinder schon im Führungspreis enthalten.

Bonscheladen Ottensen

Friedensallee 12, 22765 Hamburg-Ottensen. ✆ 040/41547567, www.bonscheladen.de. **Bahn/Bus:** S1 – 3, S11, S21, S31 bis Altona, Bus 150 bis Friedensallee. **Auto:** Max-Brauer-Allee, Julius-Leber-Straße, Barnerstraße. **Zeiten:** Geschäft Di – Fr 11 – 18.30, Sa 11 – 16 Uhr, Schauproduktion Di – Fr 16.15, Sa 14.30 Uhr. **Preise:** Eintritt frei.

▶ Wie wird aus einer flüssigen Masse ein Bonbon und wozu braucht man beim Bonbonmachen einen Haken? Und vor allem: Wie kommt das Bild eines Ankers oder ein Smiley in den »Bonsche«, wie man die leckere Süßigkeit in Hamburg nennt? Das wird im Bonscheladen in Ottensen ganz genau gezeigt. Mehr als 60 Sorten hat die **Manufaktur** seit ihrer Eröffnung 2005 im Angebot. Die Herstellung per Hand und beste Zutaten sorgen für den ganz besonderen Geschmack.

*In einer **Manufaktur** wird etwas noch per Hand hergestellt – und nicht mit Hilfe von Maschinen wie in einer Fabrik.*

Bonbonvielfalt im Bonscheladen

Gruß an die Schiffe: Willkomm Höft

Schulauer Fährhaus, Parnaßstraße 29, 22880 Wedel. ✆ 04103/9200-0, www.schulauer-faehrhaus.de. **Bahn/Bus:** S1 bis Wedel; Schiff ab St. Pauli Landungsbrücke (Brücke 2) April – Sep Sa, So 11.20 Uhr bis Willkomm Höft, Rückfahrt 15.05 Uhr (www.hadag.de). **Auto:** B431 bis Wedel, Industriestraße, Feldstraße, Galgenberg, Elbstraße. **Zeiten:** Schiffsbegrüßung zwischen 8 und 20 Uhr (bzw. Sonnenuntergang), Restaurant täglich 11 – 23 Uhr. **Infos:** Welches Schiff wann kommt, sagt der Hafenradar unter www.hafenradar.de, Hafen Wedel.

▶ Schiffe auf der Elbe zu beobachten, macht überall Spaß. Im Schulauer Fährhaus erwartet euch dazu

Johannes Dalmann war ab 1857 Wasserbaudirektor und sorgte für den Ausbau des Tidehafens.

*Nur Schiffe über 1000 Bruttoraumzahl (BRZ) werden **begrüßt** – sonst kämen die Begrüßungskapitäne aus dem Reden ja gar nicht mehr heraus. Kleinere Schiffe erhalten immerhin den Gruß mit der Flagge.*

aber ein besonderer Höhepunkt: Die Schiffe, die hier entweder Richtung Hamburg fahren oder von dort kommen, werden nämlich **begrüßt** bzw. verabschiedet. Dazu wird die Nationalhymne des Herkunftslandes gespielt und ein Begrüßungstext in der Landessprache verkündet. Der Begrüßungskapitän gibt interessante Informationen zum Schiff, etwa wohin es fährt und wie groß seine Ladung ist. Außerdem wird am Willkomm Höft die Hamburger Flagge »gedippt«, d.h. sie senkt sich zum Gruß.

Seit 1952 gibt es die Anlage am Schulauer Fährhaus schon. Im Restaurant im Fährhaus könnt ihr leckeren Kuchen essen, während ihr auf das nächste Schiff wartet.

Hofladen mit Hofladencafé, Bornkampsweg 39, Ahrensburg. ✆ 04102/32587. www.gutwulfsdorf.de. Mo – Fr 9 – 18.30, Sa 8 – 16 Uhr. Obst und Gemüse vom Hof, Fleischprodukte aus der eigenen Metzgerei und Brot- und Backwaren aus der eigenen Bäckerei.

Osterbacken, Kräuterführungen, Kartoffelbuddeln und Kerzen gießen – im Gut Wulfsdorf finden das ganze Jahr über interessante Veranstaltungen statt.

Gut Wulfsdorf

Bornkampsweg 39, 22926 Ahrensburg. ✆ 04102/51109, www.gutwulfsdorf.de. **Lage:** zwischen Hamburg und Ahrensburg. **Bahn/Bus:** U1 bis Buchenkamp, dann ca. 15 – 20 Min Fußweg aus Hamburg heraus durch den Volksdorfer Wald bis zum Bauernhof, Bus 576 und 769 bis Wulfsdorf, Allmende. **Zeiten:** Mo – Fr 9 – 18.30, Sa 8 – 16 Uhr. **Infos:** Infos und Anmeldungen für Hofführungen bei Barbara Thormählen, 0151/68133903 oder hoffuehrungen@web.de.

▶ Das Gut Wulfsdorf an der Stadtgrenze Hamburgs wirtschaftet seit über 20 Jahren als Demeter-Bauernhof biologisch-dynamisch. Das heißt, es wird beim Anbau von Obst und Gemüse und in der Tierhaltung auf Pestizide und Chemie verzichtet: Dünger liefern die Tiere, fressen tun sie wiederum frisches Gras und Getreide und Gemüse von Hof.

Als offener Bauernhof könnt ihr als Familie immer zu den Öffnungszeiten des Hofladens vorbeikommen und euch auch auf dem Hof umschauen. Denkt aber bitte daran, dass hier auch Menschen leben und arbeiten. Bemüht euch also, das Leben auf dem Bauernhof nicht zu stören. Bei vielen Fragen und/oder größeren Gruppen empfiehlt sich deshalb eine Hofführung zu buchen, 1,5 Std für 3,50 € pro Person.

Schlösser & Türme

Mit dem gläsernen Aufzug nach oben

Mahnmal St. Nikolai, Willy-Brandt-Straße 60, 20457 Hamburg-Altstadt. ✆ 040/371125, www.mahnmal-st-nikolai.de. **Bahn/Bus:** U3, Bus 3 bis Rödingsmarkt, S1, S3, Bus 6 bis Stadthausbrücke. **Auto:** B4. **Zeiten:** April – Sep 10 – 20 Uhr, Okt – März 10 – 17 Uhr. **Preise:** Aufzug und Ausstellung 5 €; Kinder 6 – 16 Jahre 3 €.

▶ Die **Nikolaikirche** war schon im Mittelalter eine der fünf großen Hauptkirchen Hamburgs. Beim Großen Brand 1842 wurde sie zerstört, aber wieder aufgebaut. Doch 1943 wurde sie erneut zerstört, bei einem Bombenangriff im Zweiten Weltkrieg. Diesmal baute man St. Nikolai nicht wieder auf, sondern ließ den schwarzen Kirchturm und die Ruine als Mahnmal stehen. So soll sie daran erinnern, wie schrecklich Kriege sind. 1998 befreite man die alte Krypta vom Schutt und schuf hier ein Dokumentationszentrum. Die Ausstellung wurde 2013 mit neuer Konzeption wiedereröffnet. Das ist aber noch nicht alles: Ein gläserner Aufzug bringt euch auf den Turm, der mit seiner Höhe von 147 m der dritthöchste Kirchturm in Deutschland ist (nach dem Ulmer Münster mit 161 m und dem Kölner Dom mit 157 m). In 40 Sekunden geht es zur Plattform in 76 m Höhe.

Der Michel

St. Michaelis Kirche, Englische Planke 1a, 20459 Hamburg-Neustadt. ✆ 040/37678-0, www.st-michaelis.de.

Nur eine Ruine: Das Mahnmal St. Nikolai hat schon viel mitgemacht

Im einstigen Kirchenschiff und drumherrum mahnen mehrere Kunstwerke zum Frieden. 1874 war der Kirchturm von St. Nikolai bei seiner Fertigstellung der höchste der Welt!

Hoch über Hamburg: Jonathan und Niko jubeln genauso wie Herr Mau

Bahn/Bus: U3 bis Rödingsmarkt oder Baumwall, S1, S3 bis Stadthausbrücke, Bus 6, 37 bis Michaeliskirche. **Auto:** B4/Ludwig-Erhard-Straße, Parkhaus Michel-Garage, Zufahrt über Rödingsmarkt/Schaarsteinweg oder Neuer Neustädter Weg. **Zeiten:** Mai – Okt 9 – 20 Uhr, Nov – April 10 – 18 Uhr. **Preise:** Kirche frei, Turm 5 €, Krypta und HIStory 4 €, alles 7 €; Kinder 6 – 15 Jahre Turm 3,50 €, Krypta und HIStory 2,50 €, alles 4 €.

Abends auf die beleuchtete Stadt zu schauen, hat seinen besonderen Reiz. Der »Nachtmichel« öffnet je nach Jahreszeit unterschiedlich, Termine unter www.nachtmichel.de. Eintritt 10,50 €, Kinder 3 – 15 Jahre 8,50 €.

▶ Weithin sichtbar ist der Turm der St. Michaelis Kirche ein Blickfang der Hansestadt – und ihr Wahrzeichen. Für die Seeleute war er das erste, was sie von Hamburg sahen. Die Turmuhr des Michel ist übrigens die größte in Deutschland. Ihr Durchmesser beträgt 8 m. So kann man auch von weit weg noch die Uhrzeit erkennen. Aber auch andersherum, von oben nämlich, habt ihr einen weiten Blick. 132 m ragt der Turm mit seiner markanten Kupferhaube auf, die Plattform befindet sich in 106 m Höhe. 453 Stufen sind zu bezwingen. Wer seine Füße schonen will, nimmt den Fahrstuhl. Bevor ihr die Höhenluft schnuppert, werft doch einen Blick ins Kircheninnere, wo ihr norddeutschen Barock mit viel Gold bestaunen könnt. Etwas gruslig ist es in der Gruft, in der reiche Hamburger ihre letzte Ruhestätte fanden. Zudem ist hier eine Ausstellung über die Geschichte der Kirche zu sehen. 1000 Jahre Geschichte Hamburgs lassen sich dann noch in der Multivisionsshow »HIStory« verfolgen.

Schloss Bergedorf

Museum für Bergedorf und die Vierlande, Bergedorfer Schlossstraße 4, 21029 Hamburg-Bergedorf. ✆ 040/ 428912894, www.bergedorfmuseum.de. **Bahn/Bus:** S21 bis Bergedorf. **Auto:** B5 Richtung Bergedorf, links Chrysanderstraße, 1. links. **Zeiten:** April – Okt Di – Do 11 – 17, Sa, So 11 – 18 Uhr, Nov – März Di – Do 12 – 16, Sa, So 11 – 17 Uhr, Führung So 13 Uhr, Sonntagskinder einmal im Monat mit Voranmeldung. **Preise:** 3 €; Kinder unter 18 Jahre frei; Führung 2 €.

▶ Ein einziges Schloss gibt es auf dem Stadtgebiet von Hamburg und das steht in Bergedorf. Der Backsteinbau mit Turm und Stufengiebeln liegt im idyllischen Schlosspark an der Bille und ist umgeben von einem Wassergraben. Im Inneren des Vierflügelbaus befindet sich das Museum für Bergedorf und die Vierlande, das durch die Geschichte des Stadtteils führt. Rüstungen, Waffen und Folterinstrumente gibt es im Mittelalterkeller zu sehen. Bürgerliche Kultur zeigt das klassizistische Soltauzimmer, zu bäuerlicher Kultur geht es im Vierlandenzimmer. Regelmäßig lädt das Museum zu den Sonntagskindern ein.

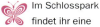 Im Schlosspark findet ihr eine Rollschuhbahn und einen Spielplatz mit Kletternetzen, Wippe, Rutsche und Schaukel. In einem Megaball könnt ihr sogar übers Wasser rollen (Mai – Sep täglich bis 18.30 Uhr, 4 € für Kinder).

Schloss Ahrensburg

Lübecker Straße 1, 22926 Ahrensburg. ✆ 04102/ 42510, www.schloss-ahrensburg.de. **Bahn/Bus:** R10 bis Ahrensburg-Gartenholz, Bus 769 bis Schloss. **Auto:** B75. **Zeiten:** März – Okt Di – Do, Sa, So 11 – 17 Uhr, Nov – Feb Mi, Sa, So 11 – 17 Uhr. **Preise:** 5 €; Kinder bis 12 Jahre 2,50 €; Familie 10 €.

▶ Dass eine Schlossbesichtigung überhaupt nicht langweilig sein muss, beweist das Schloss in Ahrensburg. In dem weißen Wasserschlösschen dürft ihr euch nämlich als Sachensucher auf den Weg durch die hochherrschaftlichen Räume machen. An der Kasse erhaltet ihr Karten. Die darauf abgebildeten

Happy Birthday!

Eine gräfliche Tafel wird gedeckt, wenn ihr euren Geburtstag im Schloss feiert. Ihr könnt auch als Detektive auf Spurensuche gehen oder eine Zeitreise in die Welt der Ritter unternehmen, 30 € ohne Eintritt und 90 – 130 € inklusive Eintritt.

HANDWERK & GESCHICHTE

Gegenstände gilt es nun zu finden! Oder ihr geht mit einem Audioguide auf Tour. Dabei führt euch ein Kind in 24 Kapiteln durchs Schloss. So manche Überraschung erwartet euch, etwa wenn das Rokoko-Sofa von seinen Erfahrungen berichtet oder die Löwen des silbernen Tafelaufsatzes brüllen. Regelmäßig werden Märchenstunden im Turmzimmer angeboten und in den Sommer- und Herbstferien gibt es ein Ferienpassprogramm. Das Schloss wurde übrigens im 18. Jahrhundert zu seiner heutigen Gestalt ausgebaut. Es gehörte der Familie Schimmelmann, die im 18. Jahrhundert in den Adelsstand erhoben worden war. *Heinrich Carl von Schimmelmann (1724 – 1782)* machte ein Vermögen mit dem Handel von Sklaven und Getreide. 1938 musste die Familie das Schloss verkaufen.

ENTDECKER-TOUREN

Durch Hamburgs Unterwelten

Der Alte Elbtunnel

St. Pauli Landungsbrücken 1, 20359 Hamburg-St. Pauli. **Bahn/Bus:** S1, S3, U3 bis Landungsbrücken. **Auto:** ↗ Zentrum, Richtung Landungsbrücken. **Zeiten:** für Fußgänger und Radfahrer durchgehend geöffnet, für Autos Mo – Fr 5.30 – 13 Uhr Einbahnstraßenverkehr von St. Pauli nach Steinwerder; 13 – 20 Uhr Einbahnstraßenverkehr von Steinwerder nach St. Pauli. **Preise:** Fußgänger und Radfahrer kostenlos, Autos und Motorräder 2 €. **Infos:** Hamburg Tourist Information im Hauptbahnhof, Kirchenallee, 20099 Hamburg, ✆ 040/30051300, info@hamburg-tourism.de, www.hamburg-tourism.de.

▶ Im **Alten Elbtunnel** fahren die Autos Fahrstuhl! Als der Tunnel 1911 eröffnet wurde, war er eine technische Sensation. Endlich konnten die vielen Hafenarbeiter unabhängig von den Fähren auf die Werftinsel

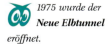

1975 wurde der **Neue Elbtunnel** *eröffnet.*

Steinwerder gelangen. Denn die Fähren waren viel zu klein und fuhren zudem bei Schnee und Eis nicht mehr. Und viel schneller ging es nun sowieso. 426,5 m ist der Tunnel lang. Ihr gelangt über Treppen oder einen Fahrstuhl nach unten. An Wochentagen könnt ihr auch mit dem Auto hindurchfahren. Nur zu Fuß werdet ihr aber die schönen Reliefs ausgiebig bewundern können, die den Tunnel schmücken. Fische und Muscheln verweisen symbolisch auf die Elbe 24 m über euch. Auf der anderen Seite habt ihr einen schönen Blick auf den Hamburger Hafen und die Landungsbrücken. Das Eingangsgebäude auf der Südseite hat keine so schöne Kuppel mehr wie das an den Landungsbrücken: Es wurde im Zweiten Weltkrieg zerstört und mit einem Flachdach wieder aufgebaut.

So ein langer Tunnel: Und über euch nur Wasser

Bunker in Hamburg

▶ In Hamburg befinden sich noch knapp 700 Bunker von einst mehr als 1000 Anlagen. Sie alle wurden im Zweiten Weltkrieg errichtet. Viele liegen unterirdisch, aber manche ragen noch immer unübersehbar in die Höhe, etwa der Rundbunker am Vorsetzen oder der Bunker am Heiligengeistfeld. Von den ursprünglich elf Rundbunkern gibt es in Hamburg noch neun. Sie wurden zwischen 1939 und 1941 erbaut. Innen gibt es eine ansteigende Rampe rund um einen Zylinder mit Waschräumen. Außen sind sie meist verklinkert. Heute sind darin häufig Restaurants untergebracht.

Bei Führungen könnt ihr einige der Hamburger Bunker besichtigen.

Durch die Hamburger Unterwelten

Burchardstraße 22, 20095 Hamburg. ✆ 040/20933864 (Mo 19 – 21 Uhr), www.hamburgerunterwelten.de. **Bahn/Bus:** Tiefbunker: Hbf; Hochbunker: Bus 181 bis Eidelstedter Weg. **Auto:** Tiefbunker: ↗ Zentrum, Hochbunker: Alsterglacis, Grindelallee, links Am Schlump rechts Bogenstraße, immer geradeaus, rechts Eidelstedter Weg. **Preise:** 7 €; Kinder ab 8 Jahre 5 €, Kindertouren kostenlos.

▶ Führungen durch den Tiefbunker am Steintorwall beim Hauptbahnhof sowie den Hochbunker am Eidelstedter Weg bietet der Verein Hamburger Unterwelten an. Kinder dürfen ab 8 Jahre teilnehmen, empfohlen werden die Rundgänge von der Verständlichkeit her jedoch erst ab 12 Jahre. Der **Tiefbunker** wurde 1941 – 1942 als Luftschutzbunker erbaut und 1969 als Zivilschutzanlage wieder in Betrieb genommen, um im Falle eines Atomkrieges Schutz zu bieten. Der **Hochbunker** (Eidelstedter Weg 10) ist sehr gut erhalten. Die für Familien vorgesehenen Kammern sind genauso im Originalzustand wie die Belüftungsanlage.

Denkt dran, warme Kleidung mitzunehmen, auch im Sommer. Denn selbst dann sind es in den Bunkern nur 12 Grad.

Stadtbesichtigung oberirdisch

Mit der U3 durch Hamburg

▶ Eine günstige Variante der Stadtrundfahrt bietet die U-Bahn der Linie 3. Obwohl es sich um eine Untergrundbahn handelt, fährt sie überwiegend über der Erde. Los geht es ganz zentral am *Rathaus* (Richtung Barmbek). Von hier geht es flugs ans Tageslicht und zum *Rödingsmarkt*. Bald öffnet sich ein herrlicher Blick über den Hafen. An den *Landungsbrücken* könnt ihr aussteigen und in die quirlige Atmosphäre eintauchen. Wer weiterfährt, schwenkt nach Norden, wo es unterirdisch durch St. Pauli geht. Ab der Station Schlump geht es wieder oben weiter und durch Eppendorf. Ein Stück weit führt die Trasse am Isebekkanal vorbei. Ihr benötigt nur ein ganz normales Ticket des HVV.

@ Auf der Seite www.hvv.de könnt ihr euch unter »Wissenswertes« kostenlose Audiotouren für den MP3-Player herunter laden. Neben der Fahrt mit der U3 steht auch ein Ausflug nach Blankenese zur Auswahl.

Stadtrundfahrt mit dem Doppeldecker

Die Roten Doppeldecker GmbH – Hauptniederlassung, Grüner Deich 8, 20097 Hamburg. ✆ 040/303936-77, www.die-roten-doppeldecker.de. **Start:** Ab Hauptbahnhof/Kirchenallee oder Landungsbrücken Brücke 1 – 2. **Auto:** ↗ Zentrum oder Landungsbrücken. **Zeiten:** April – Okt 9.30 – 17 Uhr halbstündlich, Sa, So alle 20 Min, Nov – März Mo – Fr 10 – 16 Uhr stündlich, Sa, So 9.30 – 16 Uhr halbstündlich ab Hauptbahnhof. **Preise:** 17,50 €; Kinder bis 14 Jahre frei; Familie 2 Erw, Kinder bis 14 Jahre 33 €.

▶ Das Wichtigste von Hamburg in einem Tag lässt sich am besten bei einer Rundfahrt mit einem der roten Doppeldecker sehen. Das Hop-on-hop-off-Prinzip ermöglicht das Ein- und Aussteigen an jeder Station. Der Klassiker, die Linie A, hält an insgesamt 27 Stationen, darunter *Speicherstadt, HafenCity, Kunsthalle, Gänsemarkt, Jungfernstieg, Rathaus, St. Michaelis, Reeperbahn* und *Fischmarkt.* Bei trockenem Wetter sind die Busse oben geöffnet.

Ihr seht nur noch rot? Achtet auf die Sehenswürdigkeiten bei der Tour durch die Stadt

Die Führer erzählen während der Fahrt Wissenswertes und Amüsantes über Hamburg. Das Ticket kann mit einer Hafenrundfahrt kombiniert werden (30 €). Weitere Kombikarten schließen einen Besuch im ↗ *Hamburg Dungeon* (Störtebekerticket, 34 €) oder eine Fahrt auf der *Alster* ein (Entdeckerticket, 39 €, Kinder 17 €).

Seeräubergang in St. Pauli

Landgang St. Pauli, Hopfenstraße 22, 20359 Hamburg. ℘ 040/31794934, www.stpauli-landgang.de. **Lage:** Treffpunkt: Millerntorplatz 1. **Bahn/Bus:** U3 bis St. Pauli. **Auto:** B4. **Zeiten:** nach Absprache. **Preise:** 14 € pro Kind.

▶ Für Kindergruppen schon ab zwei Personen buchbar ist der Seeräubergang durch St. Pauli. Das eignet sich auch wunderbar für den Kindergeburtstag! Ihr erfahrt bei dem Rundgang allerlei über St. Pauli und natürlich über Seeräuber. In mehreren Spielen sind Geschicklichkeit und Köpfchen gefragt! Nach einer Schatzsuche im Kirchgarten der St.-Pauli-Kirche kann als Abschluss noch ein Piratenschmaus in der **Lieblings-Eisbar** gebucht werden.

Auf Entdeckertour

Speicherstadtmuseum, Am Sandtorkai 36, 20457 Hamburg-HafenCity. ℘ 040/321191, www.speicherstadtmuseum.de. **Bahn/Bus:** U3 bis Baumwall, Bus 6 bis Auf dem Sande. **Auto:** ↗ Zentrum, dann ↗ Speicherstadt. **Zeiten:** April – Okt Mo – Fr 10 – 17, Sa, So 10 – 18 Uhr, Nov – März Di – So 10 – 17 Uhr, Entdeckertour: Schulferien jeden So 10.30 Uhr, weitere Termine über Webseite. **Preise:** Museum 3,60 €; Kinder ab 6 Jahre 2 €; Entdeckertour 8 €, Kinder 6 – 12 Jahre 6,50 €.

▶ Wer hat Lust, auf eine Entdeckertour zu gehen? Regelmäßig bietet das Speicherstadtmuseum diese

---

Hunger & Durst
Lieblings, Detlef-Bremer-Straße 50, HH. ℘ 040/80007011. www.lieblings-eis.de. So – Do 10 – 23, Fr, Sa 10 – 24 Uhr. Leckeres Eis sowie Mittagstisch und Kuchen.

Rundgänge für Kinder zwischen 6 und 12 Jahren in Begleitung ihrer Eltern an. Wer waren eigentlich die Quartiersleute und wie haben sie hier in der Speicherstadt gearbeitet? Wo hat der Pirat *Klaus Störtebeker* seinen Schatz wohl versteckt? Und wie schmecken eigentlich Kakaobohnen? All das und vieles mehr wird bei der Führung durch die Speicherstadt und das Museum geklärt.

Wer nur das Museum besuchen möchte, kann sich an der Kasse das kostenlose Quiz für Schüler geben lassen. Jüngere Kinder dürfen mit Fotokarten die richtige Entsprechung im Museum suchen.

Filmkulisse hautnah: In der Speicherstadt könnt ihr auf den Spuren der »Pfefferkörner« wandeln

Mit Statt-Reisen in den Hafen

Kuhberg 2, 20459 Hamburg. ✆ 040/87080100, www.stattreisen-hamburg.de. **Lage:** Treffpunkt Hafen für Kinder: Fußgängerbrücke vor der U-Bahnstation Landungsbrücken. **Bahn/Bus:** S1, S3, U3 bis Landungsbrücken. **Auto:** ↗ Zentrum, Richtung Landungsbrücken. **Zeiten:** Termine März – Okt. **Preise:** 5 €; Kinder 6 – 10 Jahre 6 €.

▶ Eine Vielzahl von Stadtrundgängen, aber auch Barkassenfahrten und Fahrradtouren hat Stattreisen im Programm. Speziell an Kinder zwischen 6 und 10 Jahren richtet sich »Der Hafen für Kinder«. Ihr erfahrt, wie ein Schiff ins Trockendock gelangt und was eigentlich in den Containern ist, die man hier überall sieht. Zu der Führung gehört auch ein Gang durch

den Alten Elbtunnel und eine Fahrt mit der Hafenfähre. Die Tour ist genauso wie »Stadt für Kinder« auch für Gruppen buchbar (105 € für bis zu 20 Kinder).

Auf Hansejagd
Heiser Events, Graf Kalckreuth Straße 3, 21218 Seevetal. ✆ 04105/6678477, www.heiser-events.de. **Preise:** 19 €; Familie 2 Erw, 2 Kinder 49 €.

▶ Bei der Hansejagd lernt ihr Hamburgs Sehenswürdigkeiten auf ungewöhnliche Art kennen. Ihr müsst nämlich allerlei knifflige Fragen beantworten und könnt bei kleinen Spielen zusätzliche Bonuspunkte sammeln. Außerdem findet ihr am Ende (hoffentlich) den Schatz! Termine gibt es wöchentlich, die Routen wechseln jährlich. Es geht in die Innenstadt plus *HafenCity* oder durch *Altona* an der *Elbe* entlang. Die Hansejagd ist auch als Kindergeburtstag buchbar.

Heiser Events hat in Hamburg und Umgebung weitere tolle Angebote, z.B. Fackelwanderungen (9 €, Familie mit max. 2 Kindern 25 €).

Hafentour mit Jasper
Mühlendamm 86, 22087 Hamburg. ✆ 040/227106-10, www.jasper.de. **Lage:** Treffpunkt: Baumwall. **Bahn/Bus:** U3 Baumwall, Ausgang Überseebrücke. **Auto:** B4, Rödingsmarkt, Baumwall. **Zeiten:** Hafentour Sa 9.30 und 13.30 Uhr, So 13.30 Uhr, April – Okt auch Mi, Fr 16 Uhr, So 9.30 Uhr, weitere Termine auf der Webseite. **Preise:** 31 €; Kinder 4 – 15 Jahre 15 €.

▶ Den Hamburger Hafen darf man normalerweise nicht betreten. Mit dem Busunternehmen Jasper dürft ihr zumindest auf das Gelände hinauffahren. So kommt ihr den riesigen Containerterminals ganz nah und steht »Auge in Auge mit den Giganten«. Nachdem ihr schon bei der Fahrt durch die Speicherstadt und über die Köhlbrandbrücke einiges über die Arbeit im Hafen erfahren habt, seht ihr, wie die Van-Carrier und Krananlagen auf dem Burchardkai und in Altenwerder arbeiten.

Störtebeker-Tour

Vincent Schmidt, Opitzstraße 29, 22301 Hamburg. ✆ 040/276276, www.hamburg-lotse.de. **Lage:** Treffpunkt: Hohe Brücke 2, Ecke Deichstraße. **Bahn/Bus:** U3 bis Baumwall. **Auto:** B4 (Willy-Brandt-Straße), Rödingsmarkt. **Zeiten:** Mitte März – Okt Sa, So gegen Abend. **Preise:** 22 €; Kinder und Schüler 16 €.

▶ Auf den Spuren des berühmten Seeräubers *Klaus Störtebeker* wandelt ihr durch das abendliche Hamburg. Kein Geringerer als der Pirat selbst führt euch! Erleuchtet von Fackeln bahnt ihr euch den Weg zu geschichtsträchtigen Orten. Ihr erfahrt, wo sieben Schwestern täglich zweimal im Morast stehen, was der Freibeuter für seine Freilassung bot und wo denn nun sein Schatz geblieben ist.

Die Führung richtet sich an Erwachsene, aber auch Kinder ab 8 Jahre sind herzlich willkommen und werden aktiv in die Tour einbezogen. Für Schulklassen ist sie exklusiv buchbar.

Achtung! Buchung nur online möglich, Fackelausgabe erst für Kinder ab 12 Jahre.

Wer schreitet so furchtlos? Das ist Klaus Störtebeker bei der Führung

© Hamburg-fotografiert, Malte Klauck

ROLLENDE KÖPFE – PIRATEN IN HAMBURG

▶ Um den Piraten *Klaus Störtebeker* ranken sich viele Legenden: Sein Name kam angeblich von seiner Trinkfestigkeit und bedeutet: »Stürz den Becher!«. Außerdem soll er einen riesigen Goldschatz in seinem Schiff versteckt haben, der bis heute nicht gefunden wurde, und um seine Mannschaft zu retten, soll Störtebeker bei seiner späteren Festnahme und Hinrichtung eine Vereinbarung mit dem Henker geschlossen haben: Die Männer, an denen er ohne Kopf noch vorbeilaufen könne, würden freigesprochen. Beinahe hätte er seine gesamte Mannschaft passiert, da soll ihm schließlich der Henker ein Bein gestellt haben. Störtebeker stürzte – und seine Männer wurden doch hingerichtet. Heute weiß man, dass diese Geschichten reine Fantasie sind. Dennoch faszinieren sie. ◀

HANDWERK & GESCHICHTE

Landgang in Altona

Landgang Altona, Nicole Nebel, Ottenser Hauptstraße 61b, 22765 Hamburg. ✆ 040/39903945, www.altona-landgang.de. **Zeiten:** nach Absprache. **Preise:** 15 €.

▶ Ein spannendes Event wird der Rundgang »Fette Fischbeute« durch *Altona*. Er ist z.B. als Kindergeburtstag buchbar. Ihr spielt und beantwortet Quizfragen. Nebenbei erfahrt ihr so einiges zu Handwerk, Seefahrt und Fischfang in Altona. Zum Abschluss gibt es eine Schatzsuche am Elbhang.

MUSEEN

Wissen und erleben

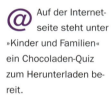 Auf der Internetseite steht unter »Kinder und Familien« ein Chocoladen-Quiz zum Herunterladen bereit.

Für Süßmäuler: Chocoversum

Meßberg 1, 20095 Hamburg-Altstadt. ✆ 040/4191230-0, www.chocoversum.de. **Bahn/Bus:** U1 bis Meßberg. **Auto:** ↗ Zentrum. **Zeiten:** 10 – 18 Uhr. **Preise:** 14 €; Kinder ab 6 Jahre 10 €; Familie 2 Erw, 2 Kinder 38 €. **Info:** Choco-Laden 10 – 18 Uhr, selbstgemachte Schockolade.

▶ Wer mag Schokolade? Dann hereinspaziert ins Schokoladenparadies! Während der 90-minütigen Führung dürft ihr nämlich so einiges von der süßen Schleckerei naschen und sogar eine eigene Tafel mit Zutaten nach eurem Geschmack herstellen. Ihr verfolgt den Weg der Kakaobohnen vom Baum bis zum Rösten, Walzen und dem berühmte Conchieren. Dabei wird die noch flüssige Schokoladenmasse stundenlang gerührt, bis sie ganz fein ist. Nicht nur der Geschmackssinn ist übrigens gefragt: Ihr dürft auch an einer frisch eingeflogenen Kakaofrucht schnuppern, Kakaobohnen knacken und beim Mahlen und Mörsern helfen.

Hmm, Schoki: Im Chocoversum sind Naschkatzen erwünscht

© Chocoversum

HighFlyer

Deichtorstraße 1 – 2, 20095 Hamburg-HafenCity.
✆ 040/30086969, www.highflyer-hamburg.de.
Bahn/Bus: U1 bis Steinstraße. **Auto:** ↗ Zentrum. **Zeiten:** 10 – 22 Uhr, wetterbedingte Änderungen möglich. **Preise:** 15 €; Kinder 3 – 12 Jahre 8 €, Kinder 12 – 18 Jahre 10 €.

▶ Hier verliert ihr Bodenhaftung! Der HighFlyer ist ein Fesselballon »an der Leine«: 150 m schwebt er mit seiner Gondel in die Höhe, gesichert durch ein Stahlseil. Der Ballon ist mit Helium befüllt und mit 23 m Durchmesser einer der größten Fesselballone der Welt. 30 Personen dürfen mitfahren und den herrlichen Ausblick über Hamburg genießen. Unten breiten sich die Bauten der HafenCity und der Speicherstadt aus, dort blitzen Alster und Elbe. Bis weit ins Umland lässt sich von hier oben blicken!

Der HighFlyer startet nicht bei starkem Wind. Daher besser vorher erkundigen oder im Internet nachschauen.

Mineralogisches Museum

Universität Hamburg, Prof. Dr. Jochen Schlueter, Grindelallee 48, 20146 Hamburg. ✆ 040/428382058, www.museum.uni-hamburg.de. **Lage:** im Universitätsviertel. **Bahn/Bus:** Bus 4, 5 bis Universität/Staatsbibliothek oder Grindelhof, dann ca. 5 Min die Grindelalle entlang. **Zeiten:** Mi 15 – 18, So 10 – 17 Uhr, Fei geschlossen. **Preise:** Eintritt frei.

▶ Habt ihr schon mal ein Stück vom Mond gesehen? Oder ein Stück vom Mars? Nein? Dann nichts wie hin zum Mineralogischen Museum der Uni Hamburg. Auf zwei Stockwerken könnt ihr euch die merkwürdigsten Exponate aus Stein anschauen, versteinerte Baumstämme, Edelsteine und Mineralien aus der ganzen Welt. Sogar künstliche Edelsteine werden ausgestellt sowie eine Maschine zu ihrer Herstellung. Bei Fragen wendet euch an die Rezeption am Eingang.

HANDWERK & GESCHICHTE

Das Panoptikum

Wachsfigurenkabinett, Spielbudenplatz 3, 20359 Hamburg-St. Pauli. ✆ 040/310317, www.panoptikum.de. **Bahn/Bus:** U3 bis St. Pauli, Bus 6, 36, 37, 112 bis St. Pauli. **Zeiten:** Mo – Fr 11 – 21, Sa 11 – 24, So 10 – 21 Uhr. **Preise:** 5,50 €; Kinder 3,50 €, Kinder bis 6 Jahre frei; Schüler, Studenten und Senioren 5 €, Gruppe ab 15 Pers 4,50 €, Kinder 3 € und 1 Pers frei, Hamburg-Card 4,50 €, Kinder 3 €. **Infos:** Für 0,50 € könnt ihr euch einen Audioguide ausleihen.

▶ Auge in Auge mit dem Papst! Im Panoptikum werden seit 130 Jahren Wachs-Doppelgänger berühmter und kurioser Persönlichkeiten ausgestellt, *Charlie Chaplin* und *Elvis,* genauso wie der »Nashornmann« oder die »größte Frau der Welt«. Bevor ihnen später Kinos Konkurrenz machten, waren diese Museen in der Bevölkerung sehr beliebt. Ein fester Magen ist aber an manchen Stellen durchaus angebracht: Schon immer war Gruseliges und Absurdes eine Sensation.

Hamburg Dungeon

Kehrwieder 2, 20457 Hamburg-HafenCity. ✆ 040/36005500, www.thedungeons.com. **Bahn/Bus:** U3 bis Baumwall, Bus 6 bis Auf dem Sande. **Auto:** ↗ Zentrum, dann ↗ Speicherstadt. **Zeiten:** 10 – 18 Uhr, Juli, Aug bis 19 Uhr. **Preise:** 23 €; Kinder 10 – 15 Jahre 19 €; Online-Ermäßigungen.

▶ Einmal durch die Geschichte Hamburgs, Gänsehaut inklusive? Das ist möglich im Hamburg Dungeon. Allerdings solltet ihr mindestens 10 Jahre alt sein. Elf Stationen, zwei Fahrattraktionen und gruslig zurechtgemachte Schauspieler lehren euch dort das Grauen. Ihr begegnet Plünderern beim Großen Brand, einem Pestdoktor, dem Klabautermann und natürlich dem berühmten Seeräuber *Klaus Störtebe-*

ker. Vor der Sturmflut kann euch nur eine Bootsfahrt retten und im Labyrinth müsst ihr den richtigen Weg finden – viel Spaß!

Dialog im Dunkeln

Alter Wandrahm 4, 20457 Hamburg-HafenCity. ✆ 040/309634-0, www.dialog-im-dunkeln.de. **Bahn/Bus:** U1 bis Meßberg, Fußweg über Wandrahmsteg. **Auto:** ↗ Zentrum, dann ↗ Speicherstadt. **Zeiten:** Di – Fr 9 – 17, Sa 10 – 20, So 10 – 18 Uhr, Voranmeldung wird empfohlen, 60-Min-Tour nur Di – Fr 9 – 12.45 Uhr. **Preise:** 90-Min-Tour 19 €, 60-Min-Tour 15 €; Kinder bis 14 Jahre 90-Min-Tour 11,50 €, 60-Min-Tour 8,50; Familie 2 Erw, 2 Kinder bis 16 Jahre 90-Min-Tour 52 €, 60-Min-Tour 42 €.

▶ Eine Ausstellung, in der es nichts zu sehen gibt? Das ist das Besondere am Dialog im Dunkeln. Blinde oder sehbehinderte Menschen führen Sehende durch mehrere komplett dunkle Räume. Plötzlich sind die, die sich sonst mit ihren Augen orientieren, hilflos und auf die Blinden angewiesen. Gleichzeitig schärfen aber auch die Sehenden ihre anderen Sinne. Was nehmt ihr wahr? Das ist ziemlich spannend! In Gruppen von maximal 8 Personen werdet ihr durch die Räume geführt. Es gibt hier einen Park, eine Großstadt und eine Bar, an der ihr etwas zu trinken bestellen könnt. Aber wie bezahlt man im Dunkeln? Findet es heraus!

Von Zöllnern und Schmugglern: Das Zollmuseum

Alter Wandrahm 16, 20457 Hamburg-HafenCity. ✆ 040/300876-11, www.museum.zoll.de. **Bahn/Bus:** U1 bis Meßberg, Bus 6 bis Brandstwiete. **Auto:** ↗ Zentrum, dann ↗ Speicherstadt. **Zeiten:** Di – So 10 – 17 Uhr. **Preise:** 2 €; Kinder bis 17 Jahre frei.

Happy Birthday: Kindergeburtstag im Dunkeln feiern, 120 € für max. 8 Pers. Zusätzlich Spiele 90 Min, 60 €.

Die kurze Tour (60 Min) umfasst vier Stationen, die lange Tour (90 Min) sechs Stationen.

Happy Birthday!
Unter dem Motto »Zoll ist toll« bietet das Zollmuseum Führungen für Kinder an, auch zum Kindergeburtstag. Das Angebot ist, bis auf den Eintritt für Erwachsene, kostenlos und eignet sich für Kinder bis 10 Jahre, Di – Fr nach Voranmeldung.

▶ Tabletten im Kinderbuch, Zigaretten im Autoreifen, Tiere im Koffer – Schmuggler kommen auf die verrücktesten Ideen, um unverzollte Waren oder verbotene Gegenstände ins Land zu bringen. Der Zöllner muss einfallsreich sein, um diese Verstecke zu finden! Was der Zoll noch macht, ist im ehemaligen Zollamt Kornhausbrücke zu erfahren.

Das Obergeschoss des Museums widmet sich der Geschichte des Zolls. Unter den Dienstmützen dürft ihr Geschichten lauschen. Modelle zeigen, welche Arten von Zöllen es im Mittelalter gab. Und ihr erfahrt, warum Kinder nach dem zweiten Weltkrieg zu Kaffeeschmugglern wurden. Im Erdgeschoss geht es um die heutigen Aufgaben des Zolls. An den interaktiven Stationen dürft ihr nach Schmuggelware suchen, zollfrei einkaufen und unter Beweis stellen, wie gut ihr euch mit Spürhunden auskennt. Vor dem Museum ist außerdem der Zollkreuzer »Oldenburg« zu besichtigen.

Renn- und Sportwagen im Automuseum Prototyp

Shanghaiallee 7, 20457 Hamburg-HafenCity. ✆ 040/39996970, www.prototyp-hamburg.de. **Bahn/Bus:** U4 bis Überseequartier oder U3 bis Baumwall, dann Bus 111 bis Shanghaiallee. **Auto:** Speicherstadt/HafenCity. **Zeiten:** Di – So 10 – 18 Uhr. **Preise:** 9 €, Sonderausstellung jeweils zzgl. 3 €; Kinder 4 – 14 Jahre 4,50 €; Familie 2 Erw, 3 Kinder 20 €.

Hunger & Durst
Erlkönig – im Automobilmuseum, Shanghaiallee 7, HafenCity. ✆ 040/39996970. www.prototyp-hamburg.de. Di – So 10 – 18 Uhr, Zugang auch ohne Museumsbesuch.

Findet heraus, warum der Fetzenflieger seinen Namen erhielt!

▶ Wer flotte Flitzer mag, sollte an diesem Museum nicht vorbei rasen! Im Automobilmuseum Prototyp werden seltene Porsche wie der *Cisitalia D46* und Rennwagen wie der *Fetzenflieger* gezeigt. Zur Sammlung gehören auch der Rekordwagen des Rennfahrers Petermax Müller, mit dem er in den 1950er Jahren acht Weltrekorde aufstellte, und die Formel 1-Wagen, mit denen *Michael Schumacher* und *Sebastian Vettel* ihre ersten Rennen fuhren. Falls die **Gläserne Werkstatt** besetzt ist, könnt ihr zuschauen, wie ein alter Schlitten wieder flott gemacht wird. Im **Sonic Chair** seht ihr spannende Renngeschichten, in der Audiobox lauscht ihr unterschiedlichen Motorengeräuschen und im **Porsche 356-Fahrsimulator** dürft ihr selbst ans Steuer! Wer noch nicht ans Pedal kommt, lenkt, während Papa (oder Mama?) Gas gibt. In der **Windkanal-Box** (im Untergeschoss) dürft ihr unterschiedliche Automodelle austauschen und könnt durch Starten der Rauchlanze die Auswirkung der Formen auf die Windschnittigkeit erkennen.

© Automuseum Prototyp

Welches Auto ist das Schnellste? Findet es heraus im Automobilmuseum Prototyp

WasserForum

Hamburger Wasserwerke, Billhorner Deich 2, 20539 Hamburg-Rothenburgsort. ✆ 040/7888-88124, www.hamburgwasser.de. **Bahn/Bus:** S21 bis Rothenburgsort, Bus 3, 120, 124, 130 bis Billhorner Deich. **Auto:** Amsinckstraße Richtung Elbbrücken, Ausfahrt Billhorner Röhrendamm bis rechts Billhorner Deich. **Zeiten:** Di, Do, So 10 – 16 Uhr, 1. So im Monat Führung 11 Uhr. **Preise:** Eintritt frei.

▶ Wo kommt eigentlich unser Wasser her? Welchen Weg hat es genommen, wenn es bei uns aus dem Hahn fließt? Das erklärt das WasserForum, ein Museum der Hamburger Stadtwerke. Ihr erfahrt aber auch, wie die Wasserversorgung in früheren Jahrhunderten aussah, wie man Brunnen bohrt, warum

 Nicht weit vom WasserForum befindet sich der *Elbpark Entenwerder*. Es gibt dort einen Beachvolleyballplatz, Fußballtore sowie einen Spielplatz.

die Cholera ausbrach und wie man das Grundwasser schützen kann.

Electrum – das Museum der Elektrizität

Harburger Schloßstraße 1, 21079 Hamburg-Harburg. ✆ 040/63963641, www.electrum-hamburg.de. **Bahn/Bus:** S3, S31 bis Harburg-Rathaus. **Auto:** Elbbrücken, B75 (Wilhelmsburger Reichsstraße), Ausfahrt Harburg-Neuland, rechts Neuländer Straße, links Veritaskai. **Zeiten:** So 10 – 17 Uhr. **Preise:** 3 €; Kinder unter 14 Jahre frei.

▶ Staubsauger, Herd, Fön, Toaster und Fernseher sind Elektrogeräte, die ihr alle kennt und wisst, wie sie aussehen. Aber wisst ihr auch, wie sie vor 50 oder gar 100 Jahren aussahen? Das findet ihr heraus, wenn ihr das Electrum in Harburg besucht. In dem Museum der Elektrizität sind auf 530 m² bis zu 1000 Ausstellungsstücke zu finden. Erzählt wird, wie Strom entsteht und verteilt wird und wie das Licht nach Hamburg kam. Einige historische Geräte werden vorgeführt, z.B. ein Polyphon oder ein Phonograph. Ihr dürft hier selbst experimentieren oder die ersten Videospiele kennen lernen und ausprobieren.

Stadionführungen durch die Imtech Arena, der Spielstätte des HSV, täglich 12, 14 und 16 Uhr, Sa und So auch 10.30 Uhr, jedoch nicht an Heimspieltagen oder bei Großveranstaltungen. Eintritt 8 €, Kinder 6 €, Familien 22 €, auch Kombitickets mit Museum.

Für Fußballfans: Das HSV-Museum

Sylvesterallee 7, 22525 Hamburg-Bahrenfeld. ✆ 040/4155-1550, www.hsv-museum.de. **Lage:** Eingang Nord-Ost. **Bahn/Bus:** S3 bis Diebsteich, dann Bus 180 bis Arenen. **Auto:** B5 (Kieler Straße), Holstenkamp, Schnackenburgallee. **Zeiten:** 10 – 18 Uhr, während Heimspielen geschlossen. **Preise:** 6 €; Kinder 4 €; Familie 2 Erw und eigene Kinder bis 14 Jahre 16 €.

▶ Für kleine und große HSV-Fans ist das Museum des Hamburger Sportvereins ein absolutes Muss. Der Rundgang führt durch die Geschichte des Vereins. Dabei sind Erinnerungsstücke an HSV-Legenden genauso zu bewundern wie die großen Pokale in der Schatzkammer. An der Kasse erhaltet ihr einen Rallyebogen (1 €). Nach der richtigen Beantwortung der Fragen gibt es am Ende eine Überraschung! Der Besuch kann mit einer Stadionführung kombiniert werden. An jedem letzten Sonntag im Monat werden spezielle Kinderführungen in der ↗ Imtech-Arena angeboten.

Meisterschale und DFB-Pokal: Die seht ihr im HSV-Museum

Das Mitmach-Museum

Klick Kindermuseum, Achtern Born 127, 22549 Hamburg-Osdorf. ✆ 040/41099777, www.kinder-museum-hamburg.de. **Bahn/Bus:** Bus Achtern Born 3, 21, Schnellbus 37, ca. 200 m Fußweg direkt durch das Born Center. **Auto:** Rugenbarg, abbiegen in die Straße Bornheide, dann in den Achtern Born, kostenlose Parkplätze hinter dem Museum. **Zeiten:** Mo – Fr 9 – 18, So 11 – 18 Uhr, Sa nur angemeldete Gruppen. **Preise:** 4 € pro Person, 3,50 € pro Person in Gruppe ab 10 Pers (bitte vorher anmelden), Familienkarte 12 €; Ferienpass.

▶ Woran erkennt man Falschgeld? Wie sah früher das Geld in China aus? Was ist der »6. Sinn«? Diese und andere Fragen beantworten euch die Ausstellungen des Klick Kindermuseums: Geld und Gut, Treffpunkt Körper, Großmutters Alltagsleben und – draußen im Sommer – Baustelle: Betreten erbeten. Herumlaufen, anfassen und experimentieren ausdrücklich erwünscht! Und während ihr den menschlichen Körper und seine inneren Organe auseinan-

Happy Birthday!
Ein Kindergeburtstag hier ist ein besonderes Erlebnis, bei dem ihr Steinzeitschmuck herstellen oder in »Großmutters Küche« Kekse backen könnt, pro Kind 8,50 €, wenn ihr euer Essen selbst mitbringt, max. 20 Kinder, Mindestbetrag 85 €.

HANDWERK & GESCHICHTE

der nehmt, können kleine Geschwister bis 2 Jahre im Kleinkindbereich spielen oder sich ausruhen. Die Ausstellungen werden ständig ergänzt. Lasst euch überraschen.

Experimentieren im Kinderolymp

Im Altonaer Museum, Museumsstraße 23 (im Altonaer Museum/2. Stock), 22765 Hamburg-Altona. ✆ 040/4281351543, www.altonaer-museum.de. **Bahn/Bus:** S2, S31, Bus 15, 37, 112, 283, E1, 2, 20, 25, 86, 150, 183, 250, 288, 383 bis Bhf Altona, Bus 15, 36, 112, 383 bis Altonaer Rathaus. **Zeiten:** Di – So 10 – 17 Uhr. **Preise:** 6 €; Kinder bis 17 Jahre frei, Sonntagskinder 2 €.

Kinderbuchhaus, Museumsstraße 23, Altona. ✆ 040/582341. www.kinderbuchhaus.de Di – Do 10 – 17 Uhr.

▶ Auf dem Kinderolymp sind Kinder kleine Götter: Hier ist (fast) alles erlaubt! Laufen, toben, anfassen, laut reden und lachen … Die jährlich wechselnden **Ausstellungen** sollen Wissen mit Spaß verbinden, das schafft der Kinderolymp wirklich gut. Ihr könnt experimentieren und herausfinden, ob ein Kegel oder eine Kugel größer ist. Ihr staunt und fragt euch, wieso ein Boden mit Karomuster schräg aussieht, auch wenn er gerade ist?

Und zwischendurch ruht ihr euch in den Polstern eines Holzschiffes aus. Oder möchtet ihr lieber in den Büchern des **Kinderbuchhauses** stöbern? Lesen oder eine Hörgeschichte anhören? Wenn ihr Glück habt, findet gerade sogar eine Lesung statt und ihr könnt euch einfach dazu setzen.

Geschichte & Kultur

Museum für Völkerkunde

Rothenbaumchaussee 64, 20148 Hamburg-Rotherbaum. ✆ 040/428879-0, www.voelkerkundemuseum.com. **Bahn/Bus:** U1 bis Hallerstraße oder S11, S21, S31 bis Dammtor. **Auto:** Rothenbaumchaussee, Parkplätze vor dem Museum. **Zeiten:** Di – So 10 – 18, Do bis 21 Uhr. **Preise:** 7 €, Fr ab 16 Uhr frei; Kinder unter 18 Jahre frei.

▶ Zu einer Reise um die Welt geht es im Museum für Völkerkunde. Ihr seht Masken aus Afrika, ein Maori-Haus, Gold und Silber aus den Anden, Kunst aus dem alten Ägypten oder das Prinzenhaus aus Bali. Holt euch an der Kasse den kostenlosen Bogen, mit dem ihr in der Indianer-Ausstellung das Fährtenleser-Diplom ablegen könnt. Im Cadillac dürft ihr dort genauso Platz nehmen wie in der Schwitzhütte oder im Tipi. Neben der Abteilung »Indianer in Nordamerika« gibt es für euch in »Afrika« besonders viel auszuprobieren. Ihr könnt z.B. Xylophon spielen, kickern oder einem afrikanischen Wiegenlied lauschen. In der Inka-Galerie und bei den Masken der Südsee liegen Suchspiele für euch aus.

© Museum für Völkerkunde

Auf den Spuren von Winnetou: Hier legt ihr euer Fährtenleser-Diplom ab

Jeden 1. Sonntag im Monat heißt es: Kinderzeit! Um 14.30 Uhr gibt es eine Führung, parallel wird bis 17 Uhr gebastelt, 4 €, Kinder 8 – 12 Jahre. Auch im Angebot: Nächte im Museum.

Es war einmal … im Museum für Hamburgische Geschichte

Holstenwall 24, 20355 Hamburg-Neustadt. ✆ 040/42813210, www.hamburgmuseum.de. **Bahn/Bus:** U3 bis St. Pauli, Bus 6, 36, 37 bis U-Bahnstation St. Pauli, dann ca. 10 Min Fußweg, Bus 112 bis Museum für Hamburgische Geschichte. **Zeiten:** Di – Sa 10 – 17, So, Fei 10 – 18 Uhr, 24., 31. Dez, 1. Jan und 1. Mai geschlossen. **Preise:** 8 €; Kinder bis 18 Jahre frei; Gruppe

Es gibt eine kostenlose Führung für euch, lediglich eure Eltern müssen Eintritt zahlen, Sa, So 13 Uhr, Kinder ab 5 Jahre, Anmeldung nicht erforderlich.

Hunger & Durst

Café Fees, Holstenwall 24, Neustadt. ℗ 040/3174766. www.fees-hamburg.de Di – Sa 10 – 17, So 9.30 – 18 Uhr. Restaurant im überdachten Innenhof des historischen Gebäudes. Auswahl an kleinen Speisen.

ab 10 Pers, Studenten bis 30 Jahre, Azubis, Arbeitslose, Sozialhilfeempfänger, FSJ 5 €. **Infos:** Audioguides können kostenlos an der Kasse ausgeliehen werden.

▶ Hamburg – von der Hammaburg bis zu den Beatles in den 70ern: Hier könnt ihr erfahren, was und wen die Hansestadt bisher erlebt hat. Videos und Nachbauten machen die Ausstellungen lebendig und auf Extratafeln begleitet euch die Museumsratte *Fitz* mit Rätseln und Infos zu den Ausstellungsräumen.

Schule wie vor 100 Jahren im Hamburger Schulmuseum

Seilerstraße 42, 20359 Hamburg-St. Pauli. ℗ 040/345855, www.hamburgerschulmuseum.de. **Bahn/Bus:** S1 – 3 bis Reeperbahn, dann Bus 111 bis Davidstraße oder U3 bis St. Pauli. **Auto:** B4 (Ludwig-Erhard-Straße), Simon-von-Utrecht-Straße, links Detlev-Bremer-Straße, rechts Seilerstraße. **Zeiten:** Mo – Fr 8 – 16.30 Uhr, 1. So im Monat 12 – 17 Uhr mit historischer Schulstunde oder Führung um 15 Uhr. **Preise:** 3 €; Kinder unter 14 Jahre frei; Familie 5 €.

▶ Wie war es vor 100 Jahren in der Schule? Was ist ein Griffel und wozu brauchten die Schüler früher ein Schwämmchen? Das erfahrt ihr im Hamburger Schulmuseum, das in einer ehemaligen Realschule untergebracht ist. Ihr seht Schiefertafeln, Wandkarten, Poesiealben und Tierpräparate. Ein Raum ist als Klassenzimmer aus der Kaiserzeit hergerichtet und im historischen Naturkunderaum sind Apparate aus dem Physik- und Biologieunterricht aufgebaut. Wenn ihr am ersten Sonntag im Monat um 15 Uhr kommt, könnt ihr an einer historischen Schulstunde wie zur Kaiserzeit teilnehmen oder ihr werdet durch die Ausstellung »Schule unterm Hakenkreuz und Neubeginn nach 1945« geführt. Schulklassen können zwischen mehreren Führungen wählen.

Das Bunkermuseum in Hamm

Stadtteilarchiv Hamm e.V., Wichernsweg 16, 20537 Hamburg-Hamm. ✆ 040/18151493, www.hh-hamm.de/bunkermuseum. **Lage:** Auf dem Grundstück der Wichernkiche. **Bahn/Bus:** U2, Bus 116 bis Rauhes Haus. **Auto:** Kurt-Schumacher-Allee, Borgfelder Straße, Hammer Landstraße stadtauswärts, an der U-Bahnstation Rauhes Haus rechts. **Zeiten:** Do 10 – 12 und 15 – 18 Uhr, Termine Bunker im Dunkeln auf der Internetseite. **Preise:** 3 €; Kinder bis 12 Jahre 1,50 €; Bunker im Dunkeln 7 €, Kinder 3,50 €.

▶ Wie mögen sich die Menschen gefühlt haben, wenn während des Zweiten Weltkriegs Bombenalarm war und sie in einem der Bunker Zuflucht suchten? Ein bisschen lässt sich das bei einem Besuch im Bunkermuseum in Hamm nachempfinden. Der Bunker besteht aus vier unterirdischen Röhren. Solche Röhrenbunker waren in Hamburg weit verbreitet. Originalgetreu hat das Stadtteilarchiv Hamm das Innere wieder hergerichtet. Texte, Fotos, Ausstellungsstücke und Dokumente erzählen, wie Menschen damals die Angriffe erlebt haben. Wer mutig ist, nimmt an der Taschenlampenführung teil, die das Bunkermuseum regelmäßig anbietet. Beim Bunker im Dunkeln bleibt das Licht aus, Anmeldung per eMail notwendig.

Im Juli 1943 legte ein Feuersturm die Stadtteile Hamm, Hammerbrook, Borgfelde und Rothenburgsort in Schutt und Asche. Die Bunker retteten Tausenden von Hamburgern das Leben.

Das Auswanderermuseum auf der Veddel: BallinStadt

Veddeler Bogen 2, 20539 Hamburg-Wilhelmsburg. ✆ 040/31979160, www.ballinstadt.de. **Bahn/Bus:** S3 oder S31 bis Veddel (BallinStadt), Bus 13, 154, 254, 354 bis S-Bahn Veddel, ca. 5 Minuten Fußweg, Schildern folgen. **Auto:** Von Süden über BAB252 (Wilhelmsburger Reichstraße), Abfahrt Georgswerder, Schildern folgen, von Norden über BAB255 auf BAB252. Kostenlose Parkplätze sind vorhanden. **Zeiten:** Nov – März

 Die BallinStadt ist nach ihrem Gründer benannt: **Albert Ballin** *war das jüngste Kind einer Einwandererfamilie aus Dänemark. Er machte die Schifffahrtslinie HAPAG zur größten der Welt.*

HANDWERK & GESCHICHTE

Blaue Stunde: BallinStadt im Winter

10 – 16.30 Uhr, April – Okt 10 – 18 Uhr, letzter Einlass 1 Std vor Schließung. **Preise:** 12 €; Kinder 5 – 12 Jahre 7 €; Gruppe ab 10 Pers 10 €, Familie 2 Erw, 2 Kinder 25 €, für aktuelle Rabatte an der Kasse fragen. **Infos:** Mit Barkasse zum Museum fahren, Hafenrundfahrt inklusive, mehr unter www.maritime-circle-line.de.

▶ Ein neues Leben in einem fremden Land? Seine Freunde zurücklassen? Sogar die eigene Sprache… Warum sollte man das tun? Im Auswanderermuseum BallinStadt erzählen euch Puppen ihre Geschichten, stellvertretend für Millionen von Auswanderern. Die Ausstellung ist durch Videoaufnahmen und Nachbauten sehr vielfältig. Besonders spannend: Mit einer Spielkarte könnt ihr eure eigene Auswanderung nach-

AUFBRUCH IN EIN NEUES LEBEN

▶ Das Tor zur Welt! So nennen die Hamburger gerne ihre Stadt. Schon vor mehr als 100 Jahren war Hamburg als »Auswandererstadt« bekannt. Zwischen 1815 und 1939 kamen über 5 Mio Menschen in die Hansestadt, um von hier ein Schiff nach Amerika zu nehmen. Für sie war Hamburg das Tor zu einer besseren Zukunft, in der sie Arbeit und Freiheit zu finden hofften. Für die Hamburger waren diese Menschen wiederum ein großes Geschäft. Nicht nur die Schiffsgesellschaften verdienten, schließlich brauchten die Menschen bis zu ihrer Überfahrt ja auch eine Unterkunft und Essen. Die städtischen Auswandererbaracken im Hafen platzten aber bald aus allen Nähten. 1898 wurden sie abgerissen. *Albert Ballin,* der Direktor der Schifffahrtslinie HAPAG, baute auf der Elbinsel Veddel neue Hallen: Der 14-tägige Aufenthalt dort war im Preis der Fahrkarte enthalten. Jeder bekam ein eigenes Bett, es gab Bäder zum Waschen, einen großen Speisesaal, sogar einen Musikpavillon und eine Kirche und eine Synagoge – eine Sensation. 1901 wurde »das größte Gasthaus der Welt«, wie die HAPAG es nannte, eingeweiht. ◀

spielen und werdet euch fragen, was es eigentlich bedeutet, als Kind auszuwandern?

KZ-Gedenkstätte Neuengamme

Jean-Dolidier-Weg 75, 21039 Hamburg-Neuengamme. ✆ 040/428131500, www.kz-gedenkstaette-neuengamme.de. **Bahn/Bus:** S2, S21 bis Bergedorf, dann Bus 227, 327. **Auto:** A25, Ausfahrt Curslack, Schildern folgen. **Zeiten:** Gelände frei zugänglich, Ausstellungen Mo – Fr 9.30 – 16, Sa, So, Fei 12 – 17 Uhr, April – Sep bis 19 Uhr, Führungen So 12 und 14.30 Uhr. **Preise:** Eintritt frei. **Info:** Nur für ältere Kinder.

▶ Im KZ Neuengamme wurden zwischen 1938 und 1945 100.000 Häftlinge unter schlimmsten Bedingungen zusammengepfercht, zur Arbeit gezwungen und ermordet, mindestens 42.900 Menschen starben. Tausende weitere fanden den Tod, als das Lager kurz vor Kriegsende geräumt wurde und die Häftlinge auf den »Todesmarsch« geschickt wurden. Heute befindet sich auf dem Gelände eine Gedenkstätte. Die Hauptausstellung in ehemaligen Häftlingsblocks erzählt die Geschichte des KZ, weitere Ausstellungen befassen sich mit Aspekten wie der Lager-SS und der Zwangsarbeit in der Rüstungs- oder Ziegelproduktion. Die Herstellung von Ziegeln war der Hauptgrund, warum das KZ dort errichtet wurde: auf dem ehemaligen Grund einer Tongrube und Ziegelei. Die angefertigten Ziegel sollten auf der Dove Elbe, zu der KZ-Häftlinge einen Stichkanal gruben, nach Hamburg gebracht werden, um am Elbhang große Bauten zu bauen und Hamburg zu einer »Führerstadt« zu machen.

 Was während der Zeit des Nationalsozialismus in den Konzentrationslagern geschah, ist auch für Erwachsene schwer zu begreifen. Ältere Kinder, die sich für dieses Thema interessieren, sollten auf einen Besuch im ehemaligen KZ Neuengamme behutsam vorbereitet werden.

Archäologisches Museum Hamburg/ Helms-Museum

Museumsplatz 2, 21073 Hamburg. ✆ 040/ 428713693, www.amh.de. **Bahn/Bus:** S3 und S31 bis Harburg Rathaus, in Fahrtrichtung aussteigen und den Schildern Helms-Museum folgen, 5 Min zu Fuß. **Zeiten:** Di – So 10 – 17 Uhr. **Preise:** 6 €, bei einigen Sonderveranstaltungen gelten andere Preise; Kinder bis 17 Jahre frei; Studenten bis 30 Jahre, Azubis, Arbeitslose, Sozialhilfeempfänger, Zivil- und Wehrdienstleistende, FSJ, Inhaber der Hamburg Card 4 €. **Infos:** Das Archäologische Museum Hamburg besteht aus zwei Häusern, Eintrittskarten sind für beide gültig.

▶ Woher kommen wir und wohin gehen wir? Das sind die großen Fragen, die die Menschen seit Jahrtausenden beschäftigen und denen sich das Archäologische Museum in seiner Ausstellung widmet. Statt Vitrinen erwartet euch eine Erlebnisausstellung, in der ihr Gletscher aus Eiswürfel-Förmchen durchschreitet oder an einem Turm aus Fernsehern wie an einem Lagerfeuer erwärmen könnt. Und wohin fährt eigentlich der Wagen in der Decke des Museums? Überall im Museum entdeckt ihr die Informationen selbst. Und für die Praktiker: In regelmäßigen Workshops könnt ihr Steinzeitbrot backen oder antiken Schmuck anfertigen. Zudem bietet das Museum Stadtrundgänge mit dem Fahrrad oder zu Fuß durch Harburg an.

Freilichtmuseum am Kiekeberg

Am Kiekeberg 1, 21224 Rosengarten-Ehestorf. ✆ 040/ 790176-0, www.kiekeberg-museum.de. **Bahn/Bus:** S3 bis Harburg oder Neuwiedenthal, Bus 340, 4244 bis Museum. **Auto:** A7 Ausfahrt 34 HH-Marmstorf, Ausschilderung folgen. **Rad:** Radfernweg Hamburg – Bremen. **Zeiten:** März – Okt Di – So 10 – 18 Uhr, Nov – Feb Di – So 10 – 16 Uhr, Agrarium bis 18 Uhr. **Preise:** 9 €; Kinder bis 18 Jahre frei; Kombikarten mit Wildpark Schwarze Berge 15 €, Kinder 7 €.

▶ Wie lebten die Menschen vor 50, 100 oder 300 Jahren auf dem Land? Hautnah lässt sich das im

Habt ihr beim Spielen bei euren Großeltern einmal etwas gefunden, von dem ihr nicht wusstet, was es ist und wozu man es brauchte? Das Archäologische Museum bietet für eure Fragen eine Kindersprechstunde an, ✆ 040/ 428712678 oder yvonne.krause@amh.de.

Im Angebot ist auch eine Rallye für Kinder zwischen 7 und 14 Jahre.

Freilichtmuseum am Kiekeberg erfahren. Um einen Heidehof wurden 40 historische Gebäude aus der *Lüneburger Heide* und der *Winsener Marsch* wieder aufgebaut, z.B. ein Fischerhaus, eine Schmiede und ein Leinenspeicher. Kühe, Schafe, Schweine und Gänse sind die tierischen Bewohner, die in alten Haustierrassen daher kommen. Ihr könnt zuschauen beim Weben, Rösten, Backen oder Honigschleudern. Eine rote Hand weist euch auf 12 Mitmachstationen im Gelände hin. Ihr könnt euch auf dem Wasserspielplatz austoben, im Agrarium alles über Ernährung herausfinden und in mehreren Ausstellungen z.B. das Landleben der 1950er Jahre kennen lernen. Zahlreiche Aktionstage gehören genauso zum Jahresprogramm wie Termine der »Gelebten Geschichte«, an denen ihr ins Jahr 1804 zurückversetzt werdet. Wen der Hunger beschleicht, der kehrt ins Gasthaus **Stoof Mudders Kroog** oder in Café Koffietied.

Do 15 – 16.30 Uhr ist Kindernachmittag für alle ab 4 Jahre. 5 €, 4er-Kart 17 €.

Hunger & Durst
Stoof Mudders Kroog, Am Kiekeberg 1, Rosengarten-Ehestorf. ✆ 040/79144498. www.stoof-mudders-kroog.de. Di – So 11 – 23 Uhr.

Polizeimuseum
Carl-Cohn-Straße 39, 22297 Hamburg-Winterhude. ✆ 040/4286-68080, www.polizeimuseum.hamburg.de. **Bahn/Bus:** U1 bis Alsterdorf, Bus 109 bis Alsterdorfer Straße. **Auto:** Jahnring, Braamkamp, Krochmannstraße, am Ende links. **Zeiten:** Di – Do und So 11 – 17 Uhr. **Preise:** 8 €; Kinder bis 18 Jahre frei; Schüler, Studenten 6 €, Führung 2 €.

▶ Das Mini-U-Boot von Kaufhauserpresser Dagobert, die gefälschten Hitler-Tagebücher und echte Tatwaffen gehören zu den Ausstellungsstücken, die im 2014 eröffneten Polizeimuseum zu sehen sind. Acht spektakuläre Kriminalfälle werden spannend erzählt. Ihr erfahrt, wie die Polizei Spuren sichert und wie sich ihre Aufgaben in Deutschland im Laufe der letzten 200 Jahre verändert haben. Beim Ermittlerspiel dürft ihr dann selbstständig Kriminalfälle lösen,

Was hier wohl drin ist? Im Polizeimuseum seid ihr selbst Ermittler

HANDWERK & GESCHICHTE

beziehungsweise versuchen! Ihr untersucht Fasern und nehmt Fingerabdrücke unter die Lupe. Wer findet den Täter?

Museum der Arbeit

Wiesendamm 3, 22305 Hamburg-Barmbek. ✆ 040/ 4281330, www.museum-der-arbeit.de. **Lage:** direkt am S/U-Bahnhof Barmbek. **Bahn/Bus:** S1, S11, U3, Bus 7, 23, 166, 171 – 173, 177, 213, 261, 277 bis Barmbek. **Zeiten:** Mo 13 – 21, Di – Sa 10 – 17, So und Fei 10 – 18 Uhr. **Preise:** 6 €; Kinder bis 17 Jahre frei; Studenten bis 30 Jahre, Azubis, Arbeitslose, Sozialhilfeempfänger, FSJ, Gruppe ab 10 Pers 4 € pro Person. **Infos:** Audioguides können kostenlos an der Kasse ausgeliehen werden.

▶ Arbeit und Technik – das sind die Schwerpunkte, um die sich die Ausstellungen des Museums der Arbeit drehen. Ihr könnt euch im Museum über die Geschichte der Druckerei und den Einsatz der Druckmaschinen genauso informieren wie über den Handel und die Kommunikation mit Übersee und Berufe und Arbeitsbedingungen im Hamburg des 20. Jahrhunderts. Das Besondere: Regelmäßig werden historische Maschinen vorgeführt. Aktuelle Termine findet ihr online im Internet. Und da selber machen mehr Spaß macht, als nur zuzucken, bietet das Museum technikbegeisterten Kindern Workshops in der Drucker- oder Metallwerkstatt an, Mo – Fr nachmittags oder am Sonntag.

Happy Birthday!
Geburtstag feiern, Spaß haben und arbeiten? Klar geht das. Egal ob ihr Texte drucken oder Anhänger stanzen möchtet, es gibt spannende Workshops, ca. 2 – 3 Std, Kinder 6 – 12 Jahre, zwischen 90 und 120 €. Essen muss mitgebracht werden.

Leben wie vor 100 Jahren im Museumsdorf Volksdorf

Im Alten Dorfe 46 – 48, 22359 Hamburg. ✆ 040/ 6039098, www.museumsdorf-volksdorf.de. **Lage:** neben dem Parkbad Volksdorf. **Bahn/Bus:** U1 bis Volksdorf, dann 10 Min Fußweg vorbei, geradeaus durch die Parkanlagen bis zur Straße Im Alten Dorfe, Bus 375 bis Claus-Ferck-Straße oder Wiesenhöfen, dann in die Straße Im Alten Dorfe. **Zeiten:** Geschäftsstelle Di 9 – 12, Do 10 – 12 Uhr, Gelände Di – So 9 – 17 Uhr, Häuser (im Rahmen einer Führung) April – Okt Fr – So 15 Uhr, Nov – März 15 Uhr, Gruppen nach Vereinbarung. **Preise:** Führungen 3 €; Kinder 1 €, Eintritt zum Museumsgelände frei. **Infos:** Krämerladen des Museumsdorfes Di, Do und Sa 14 – 17 Uhr geöffnet.

▶ Im Museumsdorf Volksdorf seht ihr, wie ein Bauernhof vor 100 Jahren funktionierte, wie ein Bauerngarten aussah und welche Pflanzen dort wuchsen. Oder welche Tiere dort lebten, mit welchen Werkzeugen man arbeitete und was man in einem Dorf- und Krämerladen kaufen konnte: Alles zum Anfassen, Streicheln und – im Rahmen einer Führung oder Veranstaltung – zum Erleben.

Viele Hintergrundinfos und Rätsel zu Hamburg, interessant erzählt und schön illustriert findet ihr in *Hamburg. Entdecken und erleben,* C. Stodte, P. Fischer, Bremen 2011 (Edition Temmen).

Kunst & Können

Das Hamburger Kinderzimmer – ein Kunst-Spiel-Erlebnis-Raum

Kunsthalle, Galerie der Gegenwart, Glockengießerwall, 20095 Hamburg-Altstadt. ✆ 040/428131200, www.hamburger-kunsthalle.de. **Bahn/Bus:** U1 – 3, S1 – 3, S11, S21, S31 bis Hauptbahnhof, Bus 112 bis Ferdinandstor. **Auto:** Zentrum, Tiefgarage unter Galerie der Gegenwart. **Zeiten:** Kinderzimmer Di – Fr 14.30 – 17, Sa, So 13 – 17 Uhr, Kunsthalle Di – So 10 – 18, Do bis 21 Uhr. **Preise:** 12 €; Kinder bis 18 Jahre frei; Familie 18 €, Wanderkarte für das Kinderzimmer kostenlos beim Kauf einer Familienkarte.

▶ Der dänische Künstler *Olafur Eliasson* hat in der Hamburger Kunsthalle einen eigenen Raum für euch geschaffen: das Hamburger Kinderzimmer. Wahre

Die Kunsthalle hat noch viele weitere Angebote für Kinder: Samstags ist Kinderzeit (Beginn 14 und 15.30 Uhr) mit interessanten Aktionen, sonntags um 15 Uhr gibt es eine Familienführung. An allen anderen Tagen dürft ihr per Schatzkarte den Weg durch die Kunsthalle suchen. Außerdem gibt es Ferienkurse und die Kindermalschule.

HANDWERK & GESCHICHTE

Wunderwerke dürft ihr aus den bunten Stäben und weißen Kugeln bauen. Eure Konstruktionen dürft ihr dann ausstellen. Dafür dient das weiße Regalsystem, in dem ihr schon so manchen fantasievollen Bau bewundern könnt. Dazu gibt es jährlich wechselnde Ausstellungen im Kinderzimmer, z.B. »Von Ufos, Milchstraßen und andere Sternstunden«. Es gibt Spielstationen zum Thema und eine Wanderkarte, die von der Ausstellung im Kinderzimmer schließlich durch die gesamte Kunsthalle führt.

Hubertus Wald Kinderreich

Museum für Kunst und Gewerbe, Steintorplatz, 20099 Hamburg-Altstadt. ✆ 040/428134-303, www.mkg-hamburg.de. **Bahn/Bus:** U1, U3 bis Hauptbahnhof Süd. **Auto:** ↗ Zentrum. **Zeiten:** Kinderreich Sa, So 10 – 18 Uhr, Schulferien Hamburg Di – So 10 – 18 Uhr; Museum Di – So 11 – 18 Uhr. **Preise:** nur Kinderreich 5 €, Museum 10 €; Kinder bis 17 Jahre frei; Museum für Familie 17 €.

Sonntags um 15 Uhr ist Kinderzeit, dann wird musiziert, gebastelt und gewerkelt.

*Das Kinderreich entstand 2008 mit Hilfe der Stiftung von **Hubertus Wald** (1913 – 2005), einem Hamburger Kaufmann und Kunstförderer*

▶ Wie in einem Garten dürft ihr im **Hubertus Wald Kinderreich** eure Ideen sprießen lassen. Der Design-Spielplatz lädt zum Erfinden, Fotografieren, Formen und Verkleiden ein. Ihr könnt Trickfilme drehen oder Schattenspiele ausprobieren. Eine Kamera »von oben« ermöglicht das Fotografieren ungewöhnlicher Szenen. Ein überdimensionaler Blumentopf, eine sprechende Gießkanne oder ein kopfüber hängender Tisch lassen die Welt neu und anders sehen.

Das Kinderreich ist Teil des **Museums für Kunst und Gewerbe.** Das könnt ihr natürlich auch besuchen. Zu sehen gibt es Kunst von der Antike bis zur Gegenwart. Am meisten Spaß macht die Erkundung mit der **Fritz-Floh-Tour,** eine kostenlose Audio-Spielführung für Kinder ab 8 Jahre. Dabei hört ihr Geräuschrätsel, Affenmusik, Suchaufgaben und Geschichten.

Das Klingende Museum

Dammtorwall 46, 20355 Hamburg-Neustadt. ✆ 040/357523-43, www.klingendes-museum-hamburg.de. **Lage:** in der Laeiszhalle, Treffpunkt: Künstlereingang an der rechten Längsseite. **Bahn/Bus:** U1 bis Stephansplatz, U2 bis Gänsemarkt/Oper, Bus 3, 5, 34 – 36, 109, 112 bis Johannes-Brahms-Platz. **Auto:** ↗ Zentrum. **Zeiten:** Termine werden auf der Webseite veröffentlicht, Classico und Piccolo samstags, um Voranmeldung wird gebeten. **Preise:** Classico oder Speciale 12 €, Piccolo 6 €; Kinder 6 €; Familien Classico 2 Erw, 3 Kinder 30 €.

▶ Wie klingt eigentlich eine Harfe? Wie bekommt man einen Ton aus der Querflöte oder aus dem Akkordeon? Das könnt ihr im Klingenden Museum herausfinden! Im Souterrain der **Laeiszhalle** öffnet es am Klingenden Samstag seine Pforten. Bei Classico werden Kindern ab 7 Jahre und ihren Eltern zunächst verschiedenste Instrumente vorgestellt, dann dürfen sie ausprobiert, erfühlt und erlauscht werden. Zur Auswahl stehen Streich- und Zupf-, Holzblas- und Blechblasinstrumente sowie Schlagzeug. Für alle zwischen 4 und 6 Jahre gibt es das Programm Piccolo. Ihr hört ein Märchen und malt es anschließend musikalisch aus. Im Familienspeciale wird zu Ostern und in der Adventszeit gemeinsam musiziert.

Museen rund um den Hafen

Rickmer Rickmers

St. Pauli Landungsbrücken, Brücke 1a, 20359 Hamburg-St. Pauli. ✆ 040/3195959, www.rickmer-rickmers.de. **Bahn/Bus:** S1, S3, U3 bis Landungsbrücken. **Auto:** ↗ Zentrum, Richtung Landungsbrücken. **Zeiten:** 10 – 18 Uhr, April – Aug Fr, Sa bis 20 Uhr. **Preise:** 4 €; Kinder 4 – 12 Jahre 3 €; Familie 2 Erw, Kinder bis 14 Jahre 9 €.

Hunger & Durst
Nach Amerika, Ballin Stadt, Wilhelmsburg. ✆ 040/31979160. www.ballinstadt.de. 11 – 17 Uhr. Ambiente und Speisekarte orientieren sich an den historischen Speisesälen. Spannend, aber nicht günstig.

Hunger & Durst
Restaurant auf der Rickmer Rickmers, St. Pauli. ✆ 040/3196373. www.rickmer-rickmers-gastronomie.de. 11 – 18 Uhr. Für Kinder gibt es Super Mario (Nudeln) oder Käpt'n Blaubär (Fischstäbchen).

Galionsfigur: Der kleine Rickmer Rickmers am Bug

Eine Galionsfigur ist eine geschnitzte Figur auf Segelschiffen. Vorne am Bug soll sie den Kurs des Schiffes überwachen und vor Unglücken schützen

▶ Das große, grüne Segelschiff an den St. Pauli Landungsbrücken besitzt eine besondere **Galionsfigur:** Keine Nixe und kein Ritter schmücken das Bug, sondern ein kleiner Junge. Es ist der dreijährige Enkel des Reedereibesitzers, der hier nicht nur bildlich verewigt wurde, sondern nach dem gleich das ganze Schiff benannt wurde: *Rickmer Rickmers* (1893 – 1974). 1896 lief das Schiff vom Stapel und transportierte in den nächsten Jahren Reis, Bambus, Kohle oder Salpeter nach Asien und Südamerika. Seit 1987 dient der Frachtsegler als Museumsschiff. So dürft ihr in die Kombüse und den Maschinenraum, die Kabinen der Mannschaft oder die des Kapitäns schauen. Im ehemaligen Frachtraum werden wechselnde Ausstellungen gezeigt. Im Restaurant könnt ihr dann Hunger und Durst stillen.

U-Boot 434
St. Pauli Fischmarkt 10, 20359 Hamburg-St. Pauli. ✆ 040/32004934, www.u-434.de. **Bahn/Bus:** S1 – 3, S21 bis Reeperbahn. **Auto:** B4, Rödingsmarkt, Vorsetzen, St. Pauli Hafenstraße, Parkplatz Große Elbstraße. **Zeiten:** Mo – Sa 9 – 20, So 11 – 20 Uhr, Führungen 10.30 – 17 Uhr alle 30 Min. **Preise:** 9 €; Kinder 6 – 12 Jahre 6 €; Familie 2 Erw, 2 Kinder 22 €.

▶ Friedlich liegt das U-Boot 434 heute in der Hamburger *Elbe* vor dem Fischmarkt. Bis April 2002 gehörte es jedoch zur russischen Nordmeerflotte und unterstand höchster Geheimhaltung. Wie die Matrosen der russischen Marine in der Enge lebten, wird beim Gang durch das Boot bedrückend deutlich. Tafeln erklären die Technik des Schiffes und wie die 87 Mann starke Besatzung arbeitete und lebte. Zu den sieben Abteilungen des U-Bootes gehören Maschinenräume, Torpedoraum und Unterkünfte. Nur mit einer Führung zu besichtigen ist die Kommandozentrale. Dann erfahrt ihr auch spannende Hintergründe zur Spionage, für die das U-Boot eingesetzt wurde.

Elbphilharmonie-Pavillon

Großer Grasbrook, 20457 Hamburg. www.elbphilharmonie.de. **Bahn/Bus:** Bus 111 bis Magellan-Terassen, U1 bis Meßberg, U3 bis Baumwall, U4 bis Überseequartier. **Zeiten:** April – Okt Di – So 10 – 17 Uhr, Nov – März Do – So 10 – 17 Uhr. **Preise:** frei zugänglich.

▶ Auf den Magellan-Terassen findet ihr den Elbphilharmonie-Pavillon. Das zweistöckige Gebäude informiert euch im Erdgeschoss über den Standort und den Bauverlauf der Elbphilharmonie sowie über die Hamburger Musikgeschichte und das zukünftige Programm in dem Konzerthaus. Im 2. Stock findet ihr ein Modell der Elbphilharmonie, im Maßstab 1:10 ist es eine originalgetreue Kopie. Um den Menschen zu zeigen, was für eine hervorragende Akustik die Konzertsäle haben sollen, wurden an den Außenwänden des Pavillon 20 Hörmuscheln angebracht.

Beeindruckend: Die Elbphilharmonie

Die Flut – das Erlebnismuseum

Hongkongstraße 2 – 4, 20457 Hamburg-Hafen-City. ✆ 040/35770777, www.die-flut-hamburg.de. **Lage:** Elbarkaden am Magdeburger Hafen. **Bahn/Bus:** U4 bis Überseequartier, Bus 111 bis Osakaallee. **Auto:** Speicherstadt, Tiefgarage Überseeallee. **Zeiten:** 10 – 18 Uhr. **Preise:** 12 €; Kinder ab 1 m bis 16 Jahre 8 €.

▶ 1962 wurde die deutsche Nordseeküste von einer der schlimmsten Sturmfluten heimgesucht, die es hier jemals gab. Hamburg war besonders schwer betroffen. Eine Ende 2013 eröffnete Ausstellung gedenkt nun dauerhaft dieser Katastrophe. In der interaktiven Erlebnisausstellung wurde auch an Kinder gedacht: Ihr begreift an einem Modell, wie eine Welle entsteht, dürft selbst einen Deich bauen oder macht

Kindersonntage, Infoabende mit Zeitzeugen, Sommer- und Lichterfeste gehören zu den Veranstaltungen des Flut-Erlebnismuseums.

es euch in der Kinderecke bequem, um mehr über Sturmfluten zu erfahren. Zusammen mit euren Eltern könnt ihr durch den Erlebnistunnel wandern, einen Deichbruch verhindern oder zuhören, wie der damalige Innensenator und spätere Bundeskanzler *Helmut Schmidt* die Rettungsmaßnahmen koordinierte.

Kurioses in Harrys Hafenbasar

Hafenbasar & Museum, Dr. Gereon Boos, Sandtorhafen, Ponton No. 5, 20457 Hamburg-HafenCity. Handy 0171/4969169. www.hafenbasar.de. **Bahn/Bus:** U3 bis Baumwall, Bus 6 bis Auf dem Sande. **Auto:** ↗ Zentrum, dann ↗ Speicherstadt. **Zeiten:** Di – So 11 – 17 Uhr. **Preise:** 5 €; Kinder 6 – 12 Jahre 3 €. **Infos:** Ab einem Einkauf von 10 € pro Person wird das Eintrittsgeld anteilig verrechnet.

▶ Haigebisse, afrikanische Masken, **Kissi Pennys** und vieles mehr erwarten euch in Harrys Hafenbasar. Der Seemann *Harry Rosenberg* eröffnete den Laden 1954 mit all den Dingen, die ihm Seeleute von ihren Reisen mitbrachten. Inzwischen führt *Dr. Gereon Boos* den Basar, der nach mehreren Umzügen im Herbst 2013 im Traditionsschiffhafen in der HafenCity ein neues Zuhause gefunden hat. In dem historischen Schwimmkran von 1958 wurden die vielen Raritäten und Kuriositäten thematisch neu geordnet. Bei eurem Rundgang kommt ihr zu Zahlungsmitteln aus aller Welt, zu Schmuck und Waffen, in den Gang der Masken und natürlich auch zu den be-

🦉 *Kissi Pennys waren ein Zahlungsmittel in Sierra Leone, einem Land in Westafrika. Indios im Amazonasgebiet (Südamerika) fertigten im 16. – 19. Jahrhundert Schrumpfköpfe an. Sie galten als Trophäe, wenn ein Feind besiegt war.*

Wunderliche Schätze: Krokodilsköpfe und mehr in Harrys Basar

rühmten Schrumpfköpfen. In Deutschland sind sie nur an wenigen Orten zu sehen und nirgends in so großer Anzahl wie hier.

Schiff ahoi im Internationalen Maritimen Museum

Koreastraße 1, 20457 Hamburg-HafenCity. ✆ 040/30092300, www.imm-hamburg.de. **Lage:** Kaispeicher B. **Bahn/Bus:** U4 bis Überseequartier, Bus 6 bis Bei St. Annen, Bus 111 bis Osakaallee oder mit ↗ Maritime Circle Line. **Auto:** Steintorwall, Deichtorplatz, Brooktorkai, Shanghaiallee, Parkhaus Überseequartier (Überseeallee 3) oder Am Sandtorkai 6 und über Leon-Brücke. **Zeiten:** Di – So 10 – 18 Uhr. **Preise:** 12,50 €, ab 16.30 Uhr 6 €; Schüler 9 €; Familie 1 Erw, 4 Kinder 6 – 16 Jahre 14,50 €, 2 Erw, 4 Kinder 24,50 €, Audio-Guide 3,50. **Infos:** Schiffssimulator Di, Mi, So ab 14 Uhr, Dauer 40 Min, im Eintritt enthalten, Anmeldung wird empfohlen.

▶ Rund um Schiffe und Schifffahrt dreht sich alles im historischen **Kaispeicher B.** Seit 2008 befindet sich hier in der HafenCity das Internationale Maritime Museum. Wer alles entdecken will, kann auf den zehn »Decks« viele Stunden zubringen. Für Kinder besonders interessant ist Deck 1. Dort geht es um die großen Entdecker der Erde und um Navigation, also die Steuerung der Schiffe zum richtigen Ziel. Im Kinderbereich könnt ihr selber Schiffe aus Lego konstruieren, nachdem ihr den Nachbau der »Queen Mary 2« aus 780.000 Legosteinen bewundert habt. Ihr könnt in Büchern zum Thema schnuppern oder in der gläsernen Modellbauwerkstatt zuschauen, wie Schiffsmodelle entstehen. Alles übers Segeln erfahrt ihr auf Deck 2, um Handelsschifffahrt und Kreuzfahrten geht es auf Deck 6, Meeresforschung ist Thema auf Deck 7. Auf Deck 8 geht es in die Schatzkammer.

Sonntags um 14 Uhr finden Familienführungen statt, 4 € plus Eintritt.

*Ein **Kaispeicher** ist ein Lagerhaus (oder Speicher), das direkt am Kai liegt. Waren konnten somit direkt vom Schiff aus gelagert werden. Auf dem Kaispeicher A entsteht die Elbphilharmonie, im Kaispeicher B befindet sich das Maritime Museum.*

HANDWERK & GESCHICHTE

Hier gibt es ein Schiff ganz aus Gold! Seit 2013 gibt es im Museum einen **Schiffssimulator,** mit dem ein Containerschiff in einen von drei Häfen manövriert wird. Wenn ihr technisch interessiert und mindestens 8 Jahre alt seid, dürft ihr in Begleitung eines Erwachsenen und unter Anleitung der Fachleute des Museums auch das Ruder bedienen.

Jeden So, 14 – 17 Uhr Programm für Kinder ab 6 Jahre, es geht um Berufe im Hafen, z.B. Lotse, Schiffbauer oder Maschinist.

Hafenmuseum

Australiastraße 50a, 20457 Hamburg-Kleiner Grasbrook. © 040/73091184, www.hafenmuseum-hamburg.de. **Lage:** Kopfbau des Schuppens 50a. **Bahn/Bus:** S3, S31 bis Veddel, Fähre 73 bis Argentiniabrücke, weiter mit Bus 256 bis Hafenmuseum, ↗ Maritime Circle Line. **Auto:** Elbbrücken (B4), Zweibrückenstraße, Freihafenelbbrücke, immer geradeaus auf Veddeler Damm, Schildern »Schuppen 50 – 52« folgen. **Zeiten:** Ostern – Okt Di – So 10 – 18 Uhr. **Preise:** 5 €; Kinder bis 18 Jahre frei.

Am Hafenmuseum befindet sich das letzte geschlossene Kaiensemble aus der Kaiserzeit.

▶ Die Arbeit im modernen Containerhafen unterscheidet sich grundlegend von der Hafenarbeit, wie sie bis in die 1960er Jahre üblich war. Hautnah könnt ihr das im Hafenmuseum selbst erleben. Zahlreiche Exponate sind im Schuppen 50a ausgestellt, vor allem aber gibt es draußen am *Bremerkai* jede Menge zu sehen. Ihr dürft den Schutensauger genauso besichtigen wie den Schwimmkran Saatsee, die im Hansahafen vor Anker liegen. Besonders am Wochenende lohnt sich der Besuch. Dann sind

Hämmern und Nägel ziehen: Beim Sonntagsprogramm seid ihr die Schiffsbauer

© Hafenmuseum Hamburg, Foto: Karin Hasse

nämlich die Hafensenioren da und erklären euch, was der Tallymann zählte oder wozu ein Van-Carrier diente. Wechselnd geht es um die Themen Hafentaucherei, Schifffahrt auf der *Elbe,* Ewerführerei, Dampf und Hafenumschlag.

 Samstags 14 Uhr treffen sich zudem die Dampf-Kids. Wer hier mitmachen möchte, sollte dann regelmäßig teilnehmen. Ihr dürft beim Betrieb der Dampfmaschinen helfen oder baut Schiffsmodelle aus Papier.

Cap San Diego
Überseebrücke, 20459 Hamburg-Neustadt. © 040/ 364209, www.capsandiego.de. **Bahn/Bus:** U3 bis Baumwall. **Auto:** B4, Rödingsmarkt, Baumwall. **Zeiten:** 10 – 18 Uhr, außer bei Fahrten, Termine im Internet. **Preise:** 7 €; Kinder bis 14 Jahre 2,50 €; Familie 2 Erw, Kinder bis 14 Jahre 14 €, Audio-Guide 3 €; Theater oder Lesung 10 €, Kinder 8 €; Fahrten ab 128 €, Kinder ab 118 €, Familienfahrt 4 Pers 300 € inklusive Brunch und Programm.

▶ Die 1961 erbaute Cap San Diego ist ein **Stückgutschiff.** In den 1960er und 1970er Jahren fuhr es wie seine fünf Schwesternschiffe zwischen Hamburg und Südamerika hin und her. Fahrtüchtig ist die Cap San Diego übrigens noch immer – die Anmeldung zu einer der Fahrten zwischen Mai und August, darunter eine Fahrt speziell für Familien, erfolgt über die Internetseite. Meist aber liegt sie an der Überseebrücke und steht dann zur Besichtigung offen. Am schönsten ist die Erkundung mit einem der Audio-Guides, der zu 20 Hörstationen führt und für Kinder ab etwa 8 Jahre geeignet ist. So erfahrt ihr, was der Ruf »Warschau« bedeutet, warum es in Luke 1 früher nicht besonders gut roch und was da so

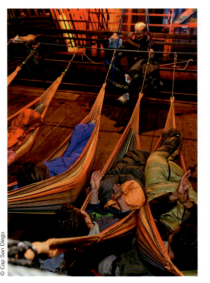

Lesestunde auf der Cap San Diego: Kalt, aber gemütlich

 *Stückgutschiffe transportierten Stückgut: Kisten, Fässer, Ballen oder Säcke. Sie wurden abgelöst durch die Containerschiffe.*

Hunger & Durst
Restaurantschiff Bergedorf, Ponton Neumühlen, Ottensen. ✆ 040/397383. www.kleinhuis-restaurantschiff.de. Mi – Sa 12 – 21, So 10 – 21 Uhr. Restaurant und Café auf einer ehemaligen Hafenfähre. Jedes Gericht gibt es auch als Kinderportion.

Schöne alte Schiffe: Die seht ihr im Hafen von Oevelgönne

© Museumshafen Oevelgönne

alles hin- und hertransportiert wurde. Die Ausstellung »Ein Koffer voller Hoffnung« erzählt von einer Zeit, in der viele Menschen von Europa nach Amerika auswanderten. Die Cap San Diego lädt außerdem zu besonderen Veranstaltungen ein. In den Sommer- und Herbstferien wird das MitMachStück »Capt'n Diego« für Kinder ab 4 Jahre aufgeführt (www.captn-diego.de).

Alte Schiffe im Museumshafen Oevelgönne
Neumühlen 1, 22763 Hamburg-Ottensen. ✆ 040/41912761, www.museumshafen-oevelgoenne.de.
Bahn/Bus: Bus 112 bis Neumühlen/Övelgönne, Fähre 62 bis Neumühlen/Museumshafen. **Auto:** Landungsbrücken, Fischmarkt, Breite Straße, Palmaille, links Kaistraße. **Zeiten:** Besichtigung des Hafens ganztägig möglich, Büro Mo – Di 10 – 12, Mi 16 – 18 Uhr, Feuerschiff ELBE 3 Ostern – Okt Mi 12 – 17 und Sa 14 – 17 Uhr, Besichtigung der übrigen Schiffe nach Absprache.
Preise: Hafen frei, Führung ab 10 Pers 3 € pro Person.

▶ Bei einem Ausflug zum Museumshafen Oevelgönne, z.B. mit der Fähre 62 direkt zum Anleger Neumühlen, seht ihr verschiedene historische Schiffe. Dazu gehören ein Fischkutter, ein Schleppdampfer, eine Polizeidampfbarkasse, ein Eisbrecher, ein Schwimmkran und ein Besanewer. Ein Ewer ist ein Segelboot mit flachem Kiel, der Besanmast ist der hinterste Mast und trägt das Besansegel. Auf den zweimastigen Besanewern wurde früher alles transportiert, was die Menschen zum Leben brauchten. Das Feuerschiff Elbe 3 könnt ihr von außen und auch von innen besichtigen. Es lag als Leuchtfeuer früher in der Wesermündung. Übrigens sind alle Schiffe fahrtüchtig und darum auch unterwegs. Mitfahren dürft ihr, z.B. auf dem Kutter oder dem Feuerschiff.

BÜHNE, LEINWAND & AKTIONEN

© pmv, Annette Sievers

IM & AUF DEM WASSER

FREIZEIT AKTIV & SPORTLICH

NATUR & UMWELT ERFORSCHEN

HANDWERK & GESCHICHTE

BÜHNE, LEINWAND & AKTIONEN

INFO & VERKEHR

REGISTER

Geht ihr gerne ins Theater oder wollt ihr vielleicht sogar selber auf der Bühne stehen? Dann findet ihr in dieser Griffmarke u.a. eine Reihe von Theatern, die Stücke extra für Kinder zeigen oder Schauspielkurse anbieten.

Kinderkinos führen speziell Filme für euch vor und im Zirkus für Kinder werdet ihr zu Clowns und Akrobaten. Leseclubs und Aktionen wie »Switch« hat Hamburg ebenfalls zu bieten. Schließlich empfehlen wir euch noch tolle Feste – bekanntere wie das Kirschblütenfest und unbekanntere wie den »HIT-Tag« oder »Laut und Luise«.

HAMBURG KREATIV

Spielen lassen

Kindertheater in den Hamburger Kammerspielen

Hartungstraße 9 – 11, 20146 Hamburg-Rotherbaum.
✆ 040/4133440, www.hamburger-kammerspiele.de.
Bahn/Bus: U1 bis Hallerstraße. **Auto:** Grindelallee, Grindelhof. **Preise:** Kinderstück 8 – 19 € Einheitspreis, sonstige Stücke 17 – 37 €; Schüler 9 – 27 €.
▶ Eines der renommiertesten Theater in Hamburg sind die Kammerspiele. Sie befinden sich in einem **klassizistischen** Gebäude von 1863. Die meisten Stücke sind für Erwachsene, doch eine Inszenierung für Kinder ist in jeder Spielzeit immer dabei, etwa »Potilla und der Mützendieb« nach *Cornelia Funke,* für alle ab 8 Jahre.

Kindertheater im Schmidt Theater

Spielbudenplatz 27 – 28, 20359 Hamburg-St. Pauli.
✆ 040/31778899, www.tivoli.de. **Bahn/Bus:** S1, S2, S3 bis Reeperbahn, Bus 36, 37, 111 bis Davidstraße.
Auto: B4, Reeperbahn. **Preise:** 22 €; Kinder 15,40 €.

THEATER FÜR KINDER

Klassizismus ist ein Stil, in dem man im 18. und 19. Jahrhundert gerne baute. Er lehnt sich an die Antike an. So findet man z.B. oft Säulen in klassizistischen Bauten.

Hier werden Märchen lebendig: Bunte Aufführung im Schmidt-Theater

BÜHNE, LEINWAND & AKTIONEN

▶ Seit mehreren Jahren steht auf dem Spielplan des Schmidt Theaters jedes Jahr ein Musical für die ganze Familie. Da seht ihr dann *Jim Knopf, Peter Pan* oder den *Räuber Hotzenplotz*. In jedem Stück geht es äußerst fröhlich, bunt und spannend zu! Auf der Internetseite des Theaters findet ihr Malvorlagen, Gewinnspiele und die Songtexte zum aktuellen Stück, so könnt ihr euch vorab auf das Stück einstellen.

Kindertheater im Theater Haus am Park

Gräpelweg 8, 21029 Hamburg-Bergedorf. ✆ 040/42891-2006, www.theater-bergedorf.de. **Bahn/Bus:** S21 bis Bergedorf, Bus 235 bis Rathaus Bergedorf. **Auto:** B5 bis Bergedorf, links Chrysanderstraße, dann Reinbeker Weg. **Preise:** Kinderstücke 8 – 14 €.

▶ Ihr wohnt in Bergedorf? Dann habt ihr es nicht weit zum Theater Haus am Park. Theater aus Hamburg und ganz Deutschland gastieren hier. Dabei kommt auch das Kindertheater nicht zu kurz. Ihr seht Produktionen des Altonaer Theaters, der Hamburger Kammerspiele oder des Ohnsorg-Theaters.

Kindertheater im Ernst Deutsch Theater

Friedrich-Schütter-Platz 1, 22087 Hamburg-Uhlenhorst. ✆ 040/22701420, www.ernst-deutsch-theater.de. **Bahn/Bus:** U3, Bus 25, 172, 173 bis Mundsburg, Bus 37 bis Finkenau. **Auto:** Mundsburger Damm, für Parkhaus weiter auf Oberaltenallee, links auf Hamburger Straße wechseln, Parkplätze am EKZ Hamburger Straße. **Preise:** Hauptbühne 18 – 37 €, Weihnachtsmärchen 9 – 17 €, Kinderstück 16 €; Schüler 50 % Ermäßigung Hälfte ab Preiskategorie B (Hauptbühne), Kinderstück 9 €; Do Familientag: zu jeder gekauften Karte gibt es eine Freikarte für Kinder bis 18 Jahre.

▶ Mehrere Stücke stehen in jeder Saison auf dem Spielplan des **Ernst Deutsch Theaters** an der Munds-

 Der Schauspieler **Ernst Deutsch** *(1890 – 1969) spielte im 1951 gegründeten »Jungen Theater« so eindrucksvoll, dass man das Theater 1974 ihm zu Ehren umtaufte. Sein Name sollte in Erinnerung bleiben.*

burg. Da könnt ihr dann *Dornröschens* tiefen Schlaf verfolgen oder mit dem *Kleinen Vampir* mitfiebern. Neben der Hauptbühne und der Studiobühne steht seit 2008 ebenfalls die plattform-Bühne zur Verfügung, die sich vor allem an die Jugend wendet. Im Advent wird traditionell ein Weihnachtsmärchen aufgeführt.

Fundus Theater

Hasselbrookstraße 25, 22089 Hamburg. ✆ 040/2507270, www.fundus-theater.de. **Bahn/Bus:** Bus 25 bis S-Bahn Landwehr. **Preise:** 7 €, Freundschaftskarte 8 €, Sonderveranstaltungen 9 €; Kinder bis 16 Jahre 6 €. **Infos:** Freie Platzwahl! Achtet bitte gerade bei den Kindervorstellungen für die Kleinen darauf, dass diese auch einen Platz vorne finden.

▶ Seit 1997 gibt es in den Räumen einer alten Kaffee- und Tabakrösterei das Fundus Theater für Kinder. Inszeniert und gezeigt werden Stücke für Kinder 3 – 12 Jahre. Einzigartig ist das sogenannte Forschungstheater, in dem Künstlerinnen und Wissenschaftlerinnen gemeinsam mit Kindern Ideen für Theaterstücke suchen und so einen ganz neuen Blick auf die Wirklichkeit entwickeln. Theaterstücke, die aus diesem Forschungslabor entstanden sind, sind im Spielplan mit einer Glühbirne gekennzeichnet.

Wenn ihr das Theater unterstützen wollt, kauft für 8 € die Freundschaftskarte, denn dieser eine Euro hilft schon weiter.

Kindertheater Wackelzahn

Hoftheater Ottensen, Abbestraße 33, 22765 Hamburg-Ottensen. ✆ 040/29812139, www.hoftheater-ottensen.de. **Bahn/Bus:** Bus 2 bis Große Rainstraße, Bus 37, 150, 238 bis Friedensallee. **Auto:** Max-Brauer-Allee, Julius-Leber-Straße, Barnerstraße, Bahrenfelder Straße, Zeißstraße. **Preise:** 7 €.

▶ Kennt ihr die Geschichte vom Hasen und dem Igel? Wisst ihr, warum die Prinzessin auf der Erbse nicht

schlafen konnte? Kommt ins Kindertheater Wackelzahn, dann lernt ihr all die Fabelwesen und Märchenfiguren kennen! Seit 2011 hat das Theater eine feste Spielstätte im Hoftheater Ottensen, im Sommer wird auch draußen am Altonaer Rathaus gespielt.

Theater für Kinder
Max-Brauer-Allee 76, 22765 Hamburg-Altona. ℂ 040/ 382538, www.theater-fuer-kinder.de. **Bahn/Bus:** S21, S31 bis Holstenstraße, Bus 15, 20, 25, 183 bis Gerichtstraße. **Auto:** B4 (Stresemannstraße). **Preise:** Schauspiel und Oper 14 €, im Dezember 16 €, Musicals für Kinder ab 3 Jahre 10 €.
▶ Kindgerechte Fassungen von Opern sind das Markenzeichen des Theaters für Kinder, das seit 1968 seine Bühne mit Leben füllt. Ihr könnt Shakespeares *Sommernachtstraum* oder Puccinis *Prinzessin Turandot* sehen (beide ab 5 Jahre). Für die kleinen Zuschauer ab 3 Jahre wurden die Musicals *Kleiner Dodo, Lupinchen und Robert* und *Der Froschkönig* entwickelt. Zu fast jedem Stück gibt es einen Malwettbewerb, bei dem ihr Freikarten gewinnen könnt.

Kindertheater im Altonaer Theater
Museumstraße 17, 22765 Hamburg-Altona. ℂ 040/39905870, www.altonaer-theater.de. **Bahn/Bus:** S1, S3, S11, S31, Bus 1, 2, 15, 20, 25 bis Altona. **Auto:** Max-Brauer-Allee, Ehrenbergstraße. **Preise:** 16 – 32 €; Schüler bis 27 Jahre 10 – 18 €; Mi Junge-Freunde-Tag: 5 € für Schüler und Studenten bis 27 Jahre an der Abendkasse.
▶ Das Altonaer Theater ist bekannt für seine Stücke nach literarischen Vorlagen, darunter immer wieder aktuelle Bestseller. Für Kinder kommen z.B. *Oh wie schön ist Panama* nach dem bekannten Bilderbuch von Janosch oder *Das Dschungelbuch* auf die Bühne.

Happy Birthday!
Ladet doch einmal eure Freunde ins Theater ein! Für die Geburtstagsfeier erhaltet ihr eine Ermäßigung von 1,50 € pro Karte. Im Bistro könnt ihr einen Tisch reservieren unter ℂ 040/ 4802727.

Sa 10 – 13 Uhr kostenlose öffentliche Probe, Anmeldung unter ℂ 040/ 39905870. Sa 19 Uhr kostenlose Bühnenführung. Termine online.

Theaterschiff Batavia

Brooksdamm 1, 22880 Wedel. ✆ 04103/85836, www.batavia-wedel.de. **Bahn/Bus:** S1 bis Wedel, Fußweg 750 m über Mühlenstraße, Schulstraße, Jungfernstieg. **Auto:** B431, Auestraße, 2. rechts. **Preise:** 10 €; Kinder 8 €.

▶ *Pippi Langstrumpf, Max und Moritz, Lolli Molli* und *Tiger und Bär* springen im Batavia fröhlich über die Bühne. Eine ungewöhnliche Bühne, denn sie befindet sich in einem Schiff! Das Theaterschiff liegt seit 1976 im **Auehafen** von **Wedel** und erfreut Groß und Klein bei seinen Aufführungen. Die finden im Sommer zusätzlich auf einer Open-air-Bühne vor dem Schiff statt. Nach den Vorstellungen dürft ihr auch mal auf die Bühne, mit den Schauspielern sprechen oder euch mit ihnen fotografieren lassen.

Selbst Theater spielen

Theater Zeppelin und HoheLuftschiff

Kaiser-Friedrich-Ufer 27, 20253 Hamburg-Hoheluft. ✆ 040/4223062, www.theaterzeppelin.de. **Bahn/Bus:** U3 bis Hoheluftbrücke. **Auto:** Alsterglacis, Grindelallee, links Beim Schlump, rechts Bogenstraße, rechts Hohe Weide. **Preise:** 9 €; Kinder 7 €; Familie 2 Erw, 1 Kind 20 €, Theaterkurse 44 € pro Monat.

▶ Theater für, aber auch von Kindern gibt es im Theater Zeppelin. Zu dem gehört nämlich das HoheLuftschiff, eine ehemalige Getreideschute, die im Isebekkanal vor Anker liegt. Das ist die Heimat der Theaterschule Zeppelin. Hier proben die Kinder und Jugendlichen in 16 Ensembles und bringen immer neue Stücke auf die Bühne, z.B. *Hühnersuppe ohne Huhn* oder *Die springende Maus*. Auf dem Spielplan stehen auch Aufführungen für Jugendliche.

> ▶ Spielt doch einmal selbst Theater: entweder nach einem Märchen oder einer selbst ausgedachten Geschichte. Alle müssen die
>
> **THEATER SPIELEN** Story gut kennen, jeder bekommt eine Rolle oder Aufgabe, denn beim Theater gibt es noch mehr Berufe als nur Schauspieler: Kulissenbauer, Kostümschneider und natürlich jemand, der Regie führt, also immer sagt, wie es weitergehen soll. Der Theaterdirektor muss für »volles Haus« sorgen, also für genügend Publikum. Kulissen baut ihr aus beklebten und bemalten großen Pappkartons, zum Verkleiden genügen oft schon ein paar alte Gardinen oder Hemden. ◀

Theaterschule Junge Mimen

Ebersteinweg 1, 22455 Hamburg-Niendorf.
✆ 040/442972, www.junge-mimen.de. **Lage:** Kurse und Workshops z.B. im Kulturhaus Eppendorf (Julius-Reincke-Stieg 13a), im Theater Orange (Marktstraße 24) oder im Gemeindehaus der Christuskirche. **Preise:** pro Monat 40 – 65 €.

▶ Schauspielunterricht könnt ihr bei den Jungen Mimen nehmen. Für Kinder ab 4 Jahre und Jugendliche werden Kurse angeboten. Die Jüngeren beschäftigen sich mit Rollenspiel und Improvisationstheater oder entwickeln eigene Stücke, die Größeren befassen sich mit klassischer oder moderner Theaterliteratur.

*Die Galli-Theater arbeiten nach der Methode von **Johannes Galli** (geb. 1952). Der Clown und Autor hat mehrere Theaterstücke geschrieben und eine Methode für kreatives Spiel auf der Bühne entwickelt.*

Galli Theater

Behringstraße 26 – 28, 22765 Hamburg-Ottensen.
✆ 040/28002925, www.galli-hamburg.de. **Lage:** Hinterhof, 1. OG, Zufahrt auch über Friedensallee 45. **Bahn/Bus:** Bus 150 bis Am Born. **Auto:** Max-Brauer-Allee, Julius-Leber-Straße, Barnerstraße. **Zeiten:** Sa, So 16 Uhr. **Preise:** Kindertheater 9 €; Kinder 7 €.

▶ *Frau Holle* oder der *Prinzessin auf der Erbse* begegnet ihr am Wochenende im Galli Theater. Wer nicht nur zuschauen, sondern selber spielen möchte, besucht einen der Kurse, z.B. die Märchenspielstunde für 4- bis 7-Jährige, den Jugendkurs für alle zwischen 8 und 11 Jahre oder Playtime for Kids, wo ihr auf Englisch loslegen dürft (ab 6 Jahre). Euren Kindergeburtstag könnt ihr ebenfalls im Galli Theater feiern.

Puppentheater

Die Sterntaler

im Kulturzentrum Elbdeich, Moorburger Elbdeich 249, 21078 Hamburg-Moorburg. ✆ 040/7401226, www.die-sterntaler.de. **Bahn/Bus:** Bus 157 bis Schule Moorburg. **Auto:** A7 Ausfahrt 31 HH-Moorburg, Georg-Heyken-Straße, rechts Waltershofer Straße, rechts Moorburger Elbdeich. **Preise:** je nach Veranstaltungsort.

▶ Märchen aus aller Welt spielen *Die Sterntaler* auf Festen, in Kindergärten und Schulen und natürlich an ihrer Spielstätte im Kulturzentrum Elbdeich. Im halbjährlich wechselnden Spielplan kommen die selbst gebauten Puppen und Marionetten auf die Bühne, z.B. in *Dornröschen* oder *Der Mäuserich und seine Tochter.* Häufig wird das Puppenspiel live von Geige und Flöte begleitet. Nach dem Auftritt dürft ihr gerne zu *Francis Kenzler* und *Sabine Braun,* die Die Sterntaler sind, kommen und selbst einmal eine der Puppen in die Hand nehmen.

Hamburger Puppentheater im Haus Flachsland

Bramfelder Straße 9, 22305 Hamburg-Barmbek. ✆ 040/23934544, www.hamburgerpuppentheater.de. **Lage:** Am Osterbekkanal. **Bahn/Bus:** Bus 37, 213 bis Flachsland, Bus 213 bis Langenrehm. **Zeiten:** Mo Ruhetag. **Preise:** 3 – 6 €, Abendveranstal-

@ Noch nicht genug? Dann erfährst du auf www.figurentheater-hamburg.de mehr über die mobilen Puppentheater in Hamburg. Vielleicht spielt gerade eines in deiner Nähe?

tungen 12,50 €; Arbeitslose und Mitglieder der Arbeitsgemeinschaft für das Puppenspiel Abendvorstellung 11 €. **Infos:** Bei den Vorstellungen für die Kleineren sind die vorderen Plätze stets für Kinder reserviert.

▶ Tischpuppen, Handpuppen, Marionetten – die Vielfalt am Hamburger Puppentheater ist groß. Gezeigt werden Stücke für Kinder ab 3 Jahre, aber auch für Jugendliche und Erwachsene. Den aktuellen Spielplan findet ihr im Internet. Außerdem: Seminare und Workshops zum Bauen eigener Puppen für Kinder ab 5 Jahre, Kosten 4 – 10 € pro Person.

MUSIK

Kampf der Löwen: Hier seht ihr fantastische Kostüme

Hier gibt's was auf die Ohren

Zum König der Löwen

Stage Theater im Hafen Hamburg, Rohrweg 13, 20457 Hamburg. ✆ 040/31186-100, www.stage-entertainment.de. **Bahn/Bus:** Schiffshuttle von den ↗ Landungsbrücken (Brücke 1). **Auto:** Freihafen Richtung Schuppen 70. **Zeiten:** Di, Mi 18.30, Do, Fr 20, Sa 15, 20, So 14, 19 Uhr. **Preise:** Preiskategorie 1 ab 110,84 €, 2 ab 97,04 €, 3 ab 75,19 €, 4 ab 49,89 €; Kinder bis 14 Jahre 20 % Ermäßigung, nicht Fr und Samstagabend; Schüler 10 % Ermäßigung nur Di, Mi und So Nachmittag. **Infos:** Stage Entertainment, Kehrwieder 6, 20457 Hamburg, Tickethotline (Mo – So 8 – 20 Uhr) ✆ 01805/4444.

© Stage Entertainment

▶ Schon seit 2001 begeistert das Musical König der Löwen die Zuschauer in Hamburg.

Im nur für diese Inszenierung umgebauten Theater am Hafen erlebt ihr die Geschichte des Löwenjungen Simba. Die mitreißende Musik und die tollen Kostüme, insbesondere für die Tierdarstellungen, z.B. von Zebras, Antilopen und natürlich der Löwen, werden auch euch faszinieren!

Backstageführungen 18,25 €, Kinder 10 % Ermäßigung, Buchung unter ✆ 01805/4444 oder online.

Wandsbeker Kindermusiktheater

Ev.-Luth. Kirchengemeinde St. Stephan, Pillauer Straße 86, 22047 Hamburg-Wandsbek. ✆ 040/6957600 (Christine Grottke, Leiterin des Musiktheaters), www.kindermusiktheater-st-stephan.de. **Bahn/Bus:** U1, U3 bis Wandsbek-Gartenstadt, Bus 118 bis Bullenkoppel. **Auto:** Oberaltenallee stadtauswärts, Haldesdorfer Straße, Barmwisch, hinter den Gleisen rechts. **Zeiten:** Proben Mo 15 (ab 6 Jahre), 16 (ab 9 Jahre), 17 Uhr (ab 14 Jahre). **Preise:** Aufführung 5 €; Kinder 2,50 €.

▶ Märchen, historische Schauspiele und religiöse Stücke kommen im Wandsbeker Kindermusiktheater auf die Bühne. Schon seit 1983 spielen und singen Kinder hier mit großem Spielspaß. Ihr könnt selber mitmachen oder natürlich die Aufführungen besuchen. Jedes Stück wird mehrfach gezeigt.

Die Leiterin des Musiktheaters, *Christine Grottke,* erhielt im Jahr 2000 für ihr Engagement den Wandsbeker Kulturpreis. Sie bearbeitet die Vorlagen für die Stücke und kümmert sich um Musik, Kostüme und Kulissen.

Opernloft

Fuhlenwiete 7, 20355 Hamburg-Neustadt. ✆ 040/25491040, www.opernloft.de. **Bahn/Bus:** U2, Bus 4, 5, 34, 36, 109 bis Gänsemarkt. **Auto:** Parkhaus Hanse-Viertel, Einfahrt Hohe Bleichen 22. **Preise:** Oper für Kinder 14 €, Oper in kurz 23 – 34 €; Kinder: Oper für Kinder 12,50 €, Oper in kurz 9 – 25 €.

@ Günstige Restkarten der Hamburger Theater gibt es für Kinder und Jugendliche täglich ab 12 Uhr auf www.theatix.de.

Auch das ist Oper: Mit dem Fahrrad auf der Bühne

▶ Wer mit Oper bisher nichts am Hut hatte, wird im Opernloft eines Besseren belehrt! Frisch und fröhlich und mit einem Angebot extra für ganz junge Zuschauer wendet sich das Theater besonders an Operneinsteiger. Bekannte Opern werden als Kinderfassung auf die Bühne gebracht, z.B. *Der kleine Ring* (ab 7 Jahre), *Das Zauberflötchen* (ab 5 Jahre) oder *Die Prinzessin der Feen* (ab 3 Jahre).

Die Aufführungen dauern etwa 50 bis 80 Minuten. Ältere Kinder mögen vielleicht mit in die *Oper in kurz* kommen: Kurzfassungen von *Carmen* oder dem *Fliegenden Holländer*.

KINO

Leinwandträume

Kinderkino im Abaton

Allendeplatz 3, 20146 Hamburg-Rotherbaum. ✆ 040/41320-320, www.abaton.de. **Lage:** Ecke Grindelhof. **Bahn/Bus:** S11, S21, S31 bis Dammtor, Bus 4, 5 bis Grindelhof. **Auto:** Grindelallee, Parkplätze an der Talmud-Tora-Schule (Binderstraße 34). **Zeiten:** 15 Uhr. **Preise:** 5,50 €; Kinder bis 12 Jahre 4,50 €.

▶ Täglich wird im Abaton ein Kinderfilm gezeigt, und das ganz ohne Werbung. Wenn der Vorhang sich öffnet, seht ihr so tolle Filme wie *Das kleine Gespenst*, *Das Pferd auf dem Balkon* oder *Sputnik*. Zusätzlich zur offiziellen Altersbeschränkung gibt das Kino eine eigene Empfehlung.

Kinderkino des Kinderfilmrings

Stadtteilkulturzentrum Eidelstedter Bürgerhaus, Nicola Schulz-Bödeker, Alte Elbgaustraße 12, 22523 Hamburg. ℅ 040/57261361, www.kinderfilmring.net.

▶ An insgesamt 18 Spielorten in vielen Stadtteilen Hamburgs wird das Kinderkino des Kinderfilmrings angeboten. In Zusammenarbeit mit dem Jugendinformationszentrum JIZ bringen die Einrichtungen Filme für euch auf die Leinwand. So könnt ihr zusammen mit Gleichaltrigen bekannte Filme sehen, aber auch unbekannte, die in den großen Kinos gar nicht gezeigt werden.

Im Zirkus mitmachen

Manege frei in der Mignon Circus Schule

Osdorfer Landstraße 380, 22589 Hamburg-Iserbrook. ℅ 040/32082802, www.circus-mignon.de. **Bahn/Bus:** Bus 1, 285 bis Sülldorfer Landstraße. **Auto:** B4, dann B431. **Zeiten:** FerienCircus in den Oster-, Pfingst- und Herbstferien, Zirkuskurse Mo, Mi 16 und 17 Uhr. **Preise:** FerienCircus 90 €, Mo – Fr 10 – 13 Uhr, Betreuung 2 Std vor- oder nachher je 50 €, Zirkuskurse 5 € pro Std.

▶ Träumt ihr davon, Zirkusluft zu schnuppern und als Artist oder Clown aufzutreten? Im Circus Mignon lernt ihr jonglieren, Einrad fahren oder akrobatische Kunststücke. Nach nur einer Woche tretet ihr schon in der Manege auf, wenn ihr einen der Ferienkurse besucht habt.

Im FlohCircus lernen die 3- bis 5-Jährigen die Zirkuswelt kennen. Wenn ihr zwischen 6 und 10 Jahre alt seid, geht ihr in den MitmachCircus und alle Älteren werden zu YoungStars. Wem eine Woche nicht reicht, der geht in die wöchentlich stattfindenden Kurse.

HALLI GALLI IN HAMBURG

Happy Birthday!
Zirkusgeburtstag 22 € pro Kind, ab 6 Jahre, buchbar Fr – So.

Zirkus Rotznasen

c/o Theodor-Haubach-Schule, Haubachstraße 55, 22765 Hamburg-Altona. ✆ 040/43251255 (Di, Mi 10 – 13 Uhr), www.circus-rotznasen.de. **Bahn/Bus:** S11, S21, S31 bis Holstenstraße, 600 m Fußweg. **Auto:** Max-Brauer-Allee, Schnellstraße, rechts Haubachstraße. **Zeiten:** Kurse Rotzlöffel Mo 15.30 – 17 Uhr, Rotznäschen Di 15.30 – 17 Uhr, Cirque Mix Di 17.30 – 19 Uhr, Rotzlümmel Mi 16.30 – 18 Uhr, Rotznasen Mi und Do 17 – 18.30 Uhr, Einstieg nach den Ferien.

▶ Ihr wollt gerne jonglieren, Einrad fahren, auf dem Seil tanzen und euch dabei noch nachhaltig für die Natur und Umwelt einsetzen? Dann solltet ihr zu den Rotznasen gehen! In den Aufführungen der Zirkusschule dreht sich nämlich alles um Themen wie Klima, Wald oder Atomkraft. Dabei kommt aber natürlich auch der Spaß nicht zu kurz. Je nach Alter geht ihr in einen der Kurse für 6- bis 8-Jährige (Rotznäschen, Rotzlümmel oder Rotzlöffel), für 9- bis 13-Jährige (Rotznasen) oder für 13- bis 20-Jährige (Cirque Mixe). Aufgetreten wird im eigenen Zirkuszelt, aber auch bei Festivals oder Veranstaltungen. Einmal im Jahr geht es sogar auf Zirkustour!

Mitmachzirkus Zaretti

Philipp und Manuela Maatz, Blocksbarg 8, 25563 Wrist. 0171/9907591. www.zaretti.de. **Lage:** im Eppendorfer Park nahe UKE und in der Meenkwiese im Haynspark. **Bahn/Bus:** Eppendorfer Park: Bus 20/ 25 bis Eppendorfer Park/UKE, Meenkwiese: U1 bis Lattenkamp. **Zeiten:** in den Hamburger Sommerferien: Cirkuswerkstätten Mo – Fr 11 – 12.30 Uhr. **Preise:** 8 €; Kinder 4 € Werkstatt und Vorstellung; Ferienpass 3 €, Gruppe ab 10 Pers 2,50 € pro Person, 3er Karte für Kinder 10 €, Ferienpass 8 €. **Infos:** Gruppe ab 10 Personen Mo – Fr 10 – 15 Uhr unter ✆ 040/428234801 anmelden.

So ein Zirkustag ist lang und macht Hunger. Bringt euch am besten für die Mittagspause 12.30 – 13.30 Uhr etwas zum Essen mit, bevor es frisch gestärkt in die Manege geht.

▶ Hereinspaziert, hereinspaziert! Zwei Wochen lang öffnet der Cirkus Zaretti jedes Jahr im Rahmen des Hamburger Ferienpass-Programms seine Manege für begeisterten Clown-, Jongleur- oder Akrobatennachwuchs. In den offenen Cirkuswerkstätten könnt ihr vormittags mit den Profis ein Kunststück einüben und dies dann in der Nachmittagsvorstellung vorführen, bunt geschminkt und in schönen Kostümen. Zuviel Lampenfieber? Kein Problem! Besucht einfach so in die Vorstellung. Vielleicht habt ihr ja das nächste Mal Lust, mitzumachen?

Mitmach-Aktionen in Hamburg

Switch – in vier Tagen um die Welt
Kulturbrücke Hamburg e.V., Papendamm 23, 20146 Hamburg. ✆ 040/375173-73, www.switchdeutschland.de. **Zeiten:** Termine in den Sommer- und Weihnachtsferien, jeweils 4 Tage. **Preise:** kostenlos.

▶ In Hamburg wohnen Menschen aus 180 Nationen. Wie aber leben Familien aus Italien, der Türkei, Indonesien oder Russland? Das könnt ihr bei einer Weltreise in 4 Tagen erfahren und erleben. An jedem Tag seid ihr bei einer Familie und somit in ihrem Land zu Gast. Immer in Gruppen von 4 Kindern besucht ihr euch gegenseitig. Ihr erfahrt, wie man in dem Herkunftsland des jeweiligen Kindes »Guten Tag« sagt, was man so isst, wie man in dem Land tanzt und vieles mehr. Ihr entdeckt eine neue Kultur und stellt eure eigene Kultur vor. Mitmachen könnt ihr, wenn ihr zwischen 8 und 15 Jahre alt seid.

@ Switch wird organisiert von der Kulturbrücke Hamburg: www.kulturbrueckehamburg.de.

Kinder-Küche
Miriam Lucke, Langenfelder Damm 14, 20257 Hamburg-Eimsbüttel. ✆ 040/28510857,

BÜHNE, LEINWAND & AKTIONEN

www.diekinderkueche.de. **Bahn/Bus:** U2 bis Osterstraße, Bus 4 bis Sartoriusstraße. **Auto:** B5 (Fruchtallee), Lappenbergsallee. **Zeiten:** Termine meist Di und Sa. **Preise:** Kurs 29 € 3 Std, für Kleinkinder 18 € 2 Std.

▶ Wie viel Spaß es macht, gemeinsam zu kochen und zu backen, erfahrt ihr bei einem Kurs in der Kinder-Küche. Das Programm wechselt jeden Monat und richtet sich natürlich auch nach der Jahreszeit – von der Vampirküche im Januar bis zur Weihnachtsbäckerei im Dezember. Ihr kocht ganz galaktisch, frühlingsfrisch oder baut ein Knusperhäuschen. In jedem Fall gesund und lecker!

Rabauke beim FC St. Pauli

Fußball-Club St. Pauli v. 1910 e. V., Harald-Stender-Platz 1, 20359 Hamburg-St. Pauli. ✆ 040/31787444, www.rabauken.fcstpauli.com. **Bahn/Bus:** U3, Bus 6 bis St. Pauli. **Auto:** B4 (Budapester Straße). **Preise:** Rabauken-Club 36 € im Jahr plus Aufnahmegebühr 15 €, Kindergeburtstag 120 € für 8 Kinder, Fußballcamps 109 – 149 €.

▶ Euer Fußballherz schlägt für den FC St. Pauli? Dann werdet doch ein Rabauke! So nennen sich nämlich die jungen Fans des Fußballclubs. Ihr könnt im Rabauken-Club eure Mannschaft anfeuern, euch als Einlaufkind bewerben, die Fußballschule besuchen oder den Kindergeburtstag im Stadion feiern. Während der Heimspiele gibt es eine Kinderbetreuung. Lieber erst mal nur eine ↗ **Führung** durch das Stadion am Millerntor?

Brakula Bramfelder Kulturladen

Bramfelder Chaussee 265, 22177 Hamburg-Bramfeld. ✆ 040/6421700, www.brakula.de. **Bahn/Bus:** Bus 8, 37, 118, 173, 277 bis Bramfelder Dorfplatz. **Auto:** Berner Straße bis Farmsen, dann

Hunger & Durst

Café Sommerliebe, Bramfelder Chaussee 265, Hamburg. ✆ 040/64853655. www.café-sommerliebe.de. Mo – Do 10 – 18, So 14 – 18 Uhr. Kleines Café mit leckeren Kleinigkeiten von Torten und belegten Brötchen bis hin zu heißer Schokolade mit Sahne oder Saftschorle.

links Berner Allee, weiter Petzolddamm, weiter Berner Chaussee, links in die Bramfelder Chaussee. **Zeiten:** Büro Mo – Fr 16 – 19 Uhr. **Infos:** Karten- und Kursreservierungen ✆ 040/6421700.

▶ Beatboxen, Trickfilme drehen, breakdancen – das Programm des Brakula ist vielfältig und richtet sich an Kinder ab 6 oder 10 Jahre. Auch Kindertheaterstücke oder -filme werden regelmäßig in dem alten Bauernhaus gezeigt.

Das Brakula bietet auch regelmäßige Wochengruppen zu den unterschiedlichsten Themen an, von Englisch über Gitarren- bis hin zum Trommelunterricht.

Ludothek: Gemeinsam spielen

Bramfelder Chaussee 189, 22179 Hamburg-Bramfeld. ✆ 040/300608892, www.ludothek-hamburg.de. **Bahn/Bus:** Bus 8, 26, 37, 118, 173, 277 bis Steilshooper Allee. **Auto:** Oberaltenallee stadtauswärts bis Bramfeld. **Zeiten:** Di 15 – 18, Fr 13 – 17, Sa 11 – 15 Uhr. **Preise:** Ausleihe 1 € für kleine Spiele, 2 € für große Spiele, Aufnahmegebühr 5 €.

▶ Ihr spielt gerne Karten oder andere Gesellschaftsspiele? Ihr wollt Mitspieler finden und neue Spiele kennen lernen? Dann geht doch in die Ludothek. Zu den Öffnungszeiten könnt ihr dort mit alten oder neuen Freunden würfeln, rätseln und natürlich Spaß haben. Es ist auch möglich, die Spiele auszuleihen.

Kinder-Uni

Claussen-Simon-Stiftung, Große Elbstraße 145f, 22767 Hamburg. ✆ 040/3803715-0, www.kinderuni-hamburg.de. **Lage:** Veranstaltungsort: Audimax der Universität, Von-Melle-Park 4, 20146 Hamburg. **Bahn/Bus:** S11, S21, S31 bis Dammtor. **Auto:** Rothenbaumchaussee, Schlüterstraße. **Zeiten:** Okt – Nov Mo 17 Uhr, Abschlussveranstaltung So. **Preise:** kostenlos, Anmeldung nicht erforderlich.

▶ Warum können Eulen im Dunkeln sehen? Wie lange lebt ein Stern? Und wie überführt man Verbrecher? Kinder zwischen 8 und 12 Jahre kommen in der Kinder-Uni spannenden Fragen auf die Spur. Wie richtige Studenten geht ihr in die Vorlesung im großen Hörsaal, dem Audimax. Neugierige Eltern dürfen die Vorlesung per Videoübertragung in einem anderen Hörsaal verfolgen. Ihr bekommt sogar einen eigenen Studentenausweis. Wer mindestens vier Stempel darin sammelt, darf kostenlos zur Abschlussveranstaltung kommen, einer tollen Wissenschafts-Show, sonst zahlt ihr 6,50 €.

Hamburg räumt auf
Stadtreinigung Hamburg, Bullerdeich 19, 20357 Hamburg. ✆ 040/25760, www.hamburg-raeumt-auf.de. **Zeiten:** Ende März, Anmeldungen sind ab Mitte Jan online möglich.

▶ Plastiktüten am Wegrand, leere Dosen und Müll im Wald sind nicht schön und schaden Pflanzen und Tieren. Zeit für den jährlichen Frühjahrsputz! Habt ihr Lust mitzumachen? Dann bildet zusammen mit Familie, Freunden oder eurer Klasse ein Aufräumteam, überlegt euch, wo ihr sammeln wollt und meldet euch dann telefonisch oder online an. Handschuhe, Müllsäcke und Zangen werden gestellt, abgeholt wird am Ende auch alles. Fertig? Nicht ganz, denn ihr gewinnt – ganz nebenbei – noch tolle Preise, von Gratispizzen für eine ganze Klasse bis hin zu Theaterbesuchen.

Schmetterling auf Löwenzahn: Ihn dürft ihr nicht weg räumen, er darf bleiben

RUND UMS BUCH

Lesen und lesen lassen

Kinderbibliothek Hamburg (Kibi)
Hühnerposten 1, 20097 Hamburg. ✆ 040/42606206, www.buecherhallen.de. **Lage:** 5 Min vom Hauptbahnhof Hamburg. **Bahn/Bus:** S1 – 3, 11, 21, 31, U1 – 4 bis

Hbf und U1 bis Steinstraße, Bus 3 – 6, 31, 34 – 37, 109 bis Hbf/Mönckebergstraße, Bus 3, 34, 112, 124, 120 bis U-Bahnstation Steinstraße. **Zeiten:** Mo – Sa 11 – 19 Uhr. **Infos:** Die Kibi in der Zentralbibliothek ist die größte der Kinderbibliotheken in Hamburg. Fast jede Bücherhalle in Hamburg hat jedoch eine gut ausgestattete Kinderabteilung, die organisiert kostenlose Lesungen und Spielenachmittage.

▶ Bücher, Comics, Hörbücher, Filme oder Computerspiele: Hier in der Kinderbibliothek der Bücherhallen Hamburg könnt ihr nach Herzenslust stöbern, lesen und spielen! Wer zum ersten mal kommt, kann über den Forscherweg die Bibliothek kennen lernen. Er führt euch auch zum Traumhaus, in dem regelmäßig Bilderbuchkino oder Klangwerkstätten stattfinden. Im Goldfischbecken nebenan können kleine Geschwister gefahrlos hopsen, krabbeln und mit den Eltern Bücher anschauen. Viel Auswahl? Dann

 Im Sommerferienprogramm der Bücherhallen, 53 Grad, könnt ihr nach eurer Anmeldung 10 Wochen lang ausgewählte Medien ausleihen und bewerten, ob auf Facebook, als Youtube-Film oder Fotocollage, je kreativer desto besser. Mehr unter www.buecherhallen.de.

▶ Ferien und ihr bleibt in Hamburg? Dann viel Spaß mit dem Programm des Ferienpasses Hamburg! Schwimmen, Boot fahren, tanzen, forschen, klettern, schreiben, spielen – für wirklich jeden ist

FERIENPASS HAMBURG etwas dabei. Das beinahe 100 Seiten dicke Programm mit Adressen und Veranstaltungen liegt in den Bücherhallen, den städtischen Kundenzentren, den Filialen der Drogerien Budnikowsky und den Buchhandlungen Heymann, dem Jugendinformationszentrum (JIZ) und in Hamburger Schulen aus und richtet sich vor allem an Kinder ab 5 Jahre. Vorne drin findet ihr den Ferienpass, den ihr zuerst ausfüllen und unterschreiben müsst, bevor ihr euch zu einem Kurs oder einer Veranstaltung anmelden könnt. Zudem bekommt ihr mit ihm bei teilnehmenden Schwimmbädern, Bootsverleihen oder anderen Veranstaltern Rabatte auf den regulären Eintrittspreis. ◀

schaut auf der Internetseite der Kibi vorbei: Einmal im Monat stellen dort Kinder ihre Buchtipps ein.

Kinder-Leseclub Ida Ehre

Schlankreye 24, 20144 Hamburg-Harvestehude. ✆ 040/67956507, www.leseclub-hamburg.de. **Lage:** in der Ida-Ehre-Schule. **Bahn/Bus:** U3, Bus 5 bis Hoheluftbrücke oder Bus 4 bis Schlankreye. **Auto:** Grindelallee stadtauswärts, vor dem Isebekkanal links. **Zeiten:** Mi, Fr 15 – 18 Uhr (nicht in den Schulferien), Veranstaltungen um 16 Uhr, Do 16.30 Uhr Gedichte für Wichte. **Preise:** 5 € pro Jahr.

▶ Mitmachtheater, Basteln, Spielen, Bilderbuchkino, Vorlesestunde – bunt ist das Programm im Kinder-Leseclub **Ida Ehre.** An den Öffnungstagen findet um 16 Uhr immer eine besondere Veranstaltung statt. 900 Bücher stehen außerdem zur Ausleihe und zum Lesen vor Ort zur Auswahl. Macht es euch in einem der Sitzsäcke gemütlich und schmökert drauflos.

 Ida Ehre (1900 – 1989) war eine Schauspielerin. Sie eröffnete 1945 die Hamburger Kammerspiele neu mit dem Ziel eines »Theaters der Menschlichkeit und Toleranz«.

Lesehaus Dulsberg

Alter Teichweg 200, 22049 Hamburg-Dulsberg. ✆ 040/ 428977187, www.dulsberg.de. **Lage:** rechts vom Gesamtschulgebäude direkt an der Straße. **Bahn/Bus:** U1 bis Alter Teichweg. **Auto:** Bramfelder Straße stadtauswärts, rechts Habichtstraße, links. **Zeiten:** Di, Mi 9.30 – 15, Do 9.30 – 17, Gedichte für Wichte Fr 10 – 11, Spiel- und Lesetreff mit Bilderbuchkino 1. Mi im Monat 16 – 18 Uhr. **Preise:** 1 € pro Jahr.

▶ Vor allem Kinder bis 8 Jahre finden im Lesehaus Dulsberg eine riesige Auswahl an Bilderbüchern, Comics, Sachbüchern und Kinderromanen. Ihr könnt vor Ort lesen oder die Bücher ausleihen.

Zum Angebot des Lesehauses gehören Veranstaltungen wie Bilderbuchkino, Lesungen und Gedichte für Wichte.

Märchenforum Hamburg

Schmuckshöhe 6c, 22337 Hamburg. ✆ 040/ 6313934 Vorstandsvorsitzende Angelika Rischer, 8318406 Ellen Engelhard. www.maerchenforumhamburg.de. **Zeiten:** Termine auf der Internetseite. **Preise:** Eintritt ab 5 €.

▶ Liebt ihr die Geschichten von *Dornröschen, Rapunzel* oder der *Schneekönigin?* Die Erzähler des Märchenforums sind das ganze Jahr über in Hamburg unterwegs und lesen sie euch vor: Märchen der *Gebrüder Grimm* und von *Hans Christian Andersen,* Volksmärchen aus aller Welt, alte und neue Märchen. So wird die Tradition mündlicher Erzählung fortgeführt. Gelesen wird in Museen, Kirchen, Bürgerhäusern oder auch im Wald oder Park.

 Zu den **Bergedorfer Märchentagen** am 1. Wochenende im November jeden Jahres gibt es im Bergedorfer Schloss ein umfangreiches Programm mit Puppenspiel und Musik.

Kinder-Leseclub im Saselhaus

Saseler Parkweg 3, 22393 Hamburg-Sasel. ✆ 040/ 601716-0, www.saselhaus.de. **Lage:** Raum 17 im Erdgeschoss. **Bahn/Bus:** U1 bis Meiendorfer Weg, dann Bus 24 bis Saseler Markt, Bus 175 bis Saseler Chaussee. **Auto:** Bramfelder Straße bis Sasel, rechts auf Stadtbahnstraße, 1. links. **Zeiten:** Mo – Do 15 – 17, Gedichte für Wichte Mo, Do 10 – 10.30 Uhr. **Preise:** frei.

▶ Das Saselhaus ist ein Zentrum für Kultur und Bildung, in dem Kurse und Veranstaltungen stattfinden. Seit 2007 ist hier zudem einer von Hamburgs Kinder-Leseclubs beheimatet. Kinder bis 10 Jahre lesen oder leihen sich Bücher aus. Oft wird zum Bilderbuchkino oder zu Lesungen eingeladen.

Bücherparadies Iserbrook

Schenefelder Landstraße 206, 22589 Hamburg-Iserbrook. Handy 0176/38231620. www.buecherparadies-iserbrook.de. **Lage:** auf dem Gelände der Grundschule. **Bahn/Bus:** S1 bis Iserbrook, Bus 1, 285 bis Sülldorfer Landstraße. **Auto:** B431 (Osdorfer Landstraße), Parken Vörlöh oder Zassenhausweg. **Zeiten:** Mo 8 – 9.30, Mi 15 – 18, Fr 15 – 17 Uhr. **Preise:** Eintritt frei.

▶ Abtauchen in fremde Welten könnt ihr im Bücherparadies in Iserbrook. Von Bilderbüchern über Comics und Hörspiele bis zu Kinder- und Jugendliteratur könnt ihr alles lesen und kostenlos ausleihen. Dazu kommen jede Menge Veranstaltungen. Dienstags (10.15 – 11 Uhr) treffen sich die Jüngsten ab einem Jahr zu *Gedichte für Wichte,* um zu singen, zu klatschen und Bilderbücher zu entdecken. *Vorlesen & basteln,* das Bilderbuchkino und die *Reise um die Welt* sind weitere Angebote für lesefreudige Kinder.

Kinderbücherei BüBa

Kinderbücherei Bahrenfeld BüBa e.V., Mendelssohnstraße 86, 22761 Hamburg-Bahrenfeld. ✆ 040/ 89070548, www.kinderbueba.de. **Lage:** Ecke Pfitznerstraße, auf dem Gelände der Grundschule. **Bahn/Bus:** S1, S11 bis Bahrenfeld, Bus 37, 283 bis Bahrenfelder Marktplatz. **Auto:** B4, B431, links Mendelssohnstraße. **Zeiten:** Mo, Do 15 – 18, Di, Mi 10 – 12.30 Uhr. **Preise:** Leseausweis 1 €.

▶ 1200 Kinder bis 12 Jahre kommen regelmäßig in die Kinderbücherei. Wer dazu gehören möchte, benötigt nur einen Leseausweis für 1 Euro und schon stehen 2500 Medien zur Ausleihe bereit. Darunter sind auch Bilderbücher, Hörspiele und englische sowie deutsch-türkische Bücher. Regelmäßig lädt die BüBa zu Lesungen, Bastel-Aktionen, Bilderbuchkino, Puppentheater oder Workshops ein.

Die Erneuerbaren Lesetage

Kultur für alle! e.V., Holländische Reihe 20, 22765 Hamburg. ✆ 040/435806, Handy

Frühlingszeit ist Lesezeit! Seit über 15 Jahren finden im April die **Vattenfall-Lesetage** statt mit Lesungen in ganz Hamburg. Mehr unter www.vattenfall.de.

0179/1099436. www.lesen-ohne-atom-strom.de. **Zeiten:** April. **Preise:** Eintritt frei.

▶ »Kultur gegen Atomstrom« ist das Motto der Erneuerbaren Lesetage. Eine Woche im April lesen, singen und spielen prominente Autoren und Schauspieler kostenlos in ganz Hamburg. Das Programm liegt Anfang des Jahres in den Bücherhallen aus oder kann im Internet abgerufen werden. Wenn ihr eine Veranstaltung besuchen möchtet, kommt auf jeden Fall rechtzeitig: Die Plätze sind begrenzt!

Filme machen lernen!

Jugendfilm e.V., Am Felde 28, 22765 Hamburg-Altona. ✆ 040/393479, www.jugendfilm-ev.de. **Lage:** Workshops im Dorothea Sölle Haus, Königstraße 54 (Altona). **Bahn/Bus:** S1 – 3, S11, S21, S31 bis Altona. **Auto:** Max-Brauer-Allee. **Zeiten:** Ferien und nach Absprache. **Preise:** 50 € für Vereinsmitglieder, 80 € mit Ferienpass, sonst 100 €, Vereinsmitgliedschaft 20 € pro Jahr.

▶ Einen eigenen Film dreht ihr in einem der Workshops von Jugendfilm e.V. Echte Profis entwickeln mit euch eine Idee, zeigen, wie die Videotechnik funktioniert, und geben Tipps für die, die vor der Kamera stehen. Das gesamte Equipment wird gestellt. Im kreativen Team entsteht so schließlich euer Film! Wer mitmachen will, sollte mindestens 10 Jahre alt sein. Die Filme von Jugendfilm e.V. haben übrigens schon einige Preise und Auszeichnungen erhalten.

Festivals

Laut und Luise – das Kindermusikfest

Große Bäckerstraße 8, 20095 Hamburg . ✆ 040/29991137, www.kinderkinder.de. **Bahn/Bus:** S11, S21, S31 bis Bahnhof Dammtor, U1 bis Ste-

Anderseits – Literaturfestival unabhängiger Verlage, Schulterblatt 73, Hamburg. www.anderseits.de. Nov, alle 2 Jahre. Ein junges Literaturfestival mit Lesungen, Konzerten und Verlagsvorstellungen.

FESTE & MÄRKTE

Mitreißend: Spiel und Spaß beim Kindermusikfestival Laut und Luise

phansplatz, Bus 35 bis Hamburg Messe (Eingang Mitte und Ost), Bus 112 bis Stephansplatz. **Zeiten:** 1. So im Juni, 13 – 18 Uhr. **Preise:** Eintritt frei.

▶ Einmal im Jahr wird es im Park ↗*Planten un Blomen* so richtig laut: Auf einem riesigen Metallophon spielen, gewöhnliche und ungewöhnliche Instrumente bauen und ausprobieren, Workshops zum Tanzen, Malen, Trommeln und noch viel mehr – das ist das Kindermusikfest *Laut und Luise.* Keine Lust mehr, selber Musik zu machen? Dann genießt das Programm auf den Bühnen rund um den Musikpavillion.

Lesefest Seiteneinsteiger

c/o Literaturkontor, Hallerstraße 5f, 20146 Hamburg. ✆ 040/67956507, www.seiteneinsteiger-hamburg.de. **Zeiten:** 1 Woche im Herbst. **Preise:** Eintritt teils frei.

▶ Jedes Jahr im Herbst veranstaltet der Verein Seiteneinsteiger ein Lesefest. Lesungen, Workshops, Literaturverfilmungen und literarische Spaziergänge gehören zum umfangreichen Programm. Die Veranstaltungen finden vor allem an Hamburger Schulen, aber auch in Buchhandlungen und Büchereien statt. Die Seiteneinsteiger organisieren auch das Buchstart-Projekt für die kleinsten Leser (www.buchstart-hamburg.de) und kommen mit der Leselotte einmal im Jahr in eine Grundschule.

Volksfeste

Kirschblütenfest

Alsterufer, 20354 Hamburg. ✆ 040/30051701 (Hamburg Tourismus, Mo – Sa 9 – 19 Uhr), www.hamburg.de. **Zeiten:** Fr im Mai.

▶ In Japan begrüßt man traditionell den Frühling mit einem Fest zur Blüte der Kirschbäume. In Hamburg ist man dieser Tradition seit 1968 gefolgt, um die Verbundenheit zu den Einwohnern der Stadt, die aus Japan kommen, zu zeigen. Immerhin leben 1800 Japaner in der Hansestadt. Rund um die Außenalster, an der Kennedybrücke, der Alsterkrugchaussee und am Altonaer Balkon blühen jedes Jahr etwa 5000 Kirschbäume, die japanische Unternehmen mit Sitz in Hamburg hier gepflanzt haben. Wenn dann alles in Weiß und Rosa blitzt, wird im *Alsterpark* das Kirschblütenfest gefeiert. Ihr könnt japanische Spezialitäten probieren, es gibt ein buntes Familienprogramm und ihr könnt das Feuerwerk am Abendhimmel bewundern.

Hafengeburtstag

St. Pauli Landungsbrücken, 20359 Hamburg. ✆ 040/30051701 (Hamburg Tourismus, Mo – Sa 9 – 19 Uhr), www.hamburg.de. **Zeiten:** Fr – So um den 7. Mai.

▶ Rund um den 7. Mai eines jeden Jahres feiert Hamburg den Hafengeburtstag mit einem dreitägigen Volksfest. Schließlich soll am 7. Mai 1189 die Geburtsstunde des Hafens geschlagen haben, als Kaiser *Friedrich Barbarossa* den Hamburgern einen Freibrief ausstellte, der ihnen Zollfreiheit von der Elbe bis zur Nordsee garantierte. Das Fest beginnt mit einer Einlaufparade zahlreicher Schiffe am Freitag (16 Uhr) und endet mit der Auslaufparade am Sonntag (17 Uhr). Da gibt es dann Barkassen, Segelschiffe und riesige Kreuzfahrtschiffe zu sehen. Am Samstag sind das Schlepperballett (18 Uhr) und das Feuerwerk (22.30 Uhr) Höhepunkte, die ihr nicht verpassen solltet. Wer das Spektakel hautnah mit erleben möchte, bucht eine Begleitfahrt. Im Binnenhafen am Sandtorkai gibt es jeden Tag Drachenbootrennen. An der Hafenmeile findet ihr Fahrgeschäfte, Bühnen und Buden mit Kunsthandwerk und Leckereien.

Hamburger Dom

Heiligengeistfeld, 20359 Hamburg-St. Pauli. ✆ 040/ 428651660 (Wache und Fundbüro), www.hamburger-dom.de. **Bahn/Bus:** U3, Bus 3 bis Feldstraße. **Auto:** B4, Neuer Kamp. **Zeiten:** Frühling-, Sommer- und Winterdom jeweils 4 Wochen lang, Mo – Do 15 – 23, Fr, Sa 15 – 24, So 14 – 23 Uhr, Großfeuerwerk jeden Fr und Ostersamstag 22.30 Uhr. **Preise:** Mi Familientag.

▶ Für Vergnügen in allerlei Fahrgeschäften sorgt dreimal im Jahr der Hamburger Dom. Je nachdem, wie viel Nervenkitzel ihr mögt, zieht es euch dann ins Riesenrad oder in die Achterbahn, ins Kettenkarussell, in den Autoscooter oder die Kindereisenbahn. Es gibt auf dem berühmten Volksfest natürlich auch Zuckerwatte und gebrannte Mandeln zu kaufen.

Schon im 11. Jahrhundert gab es in Hamburg einen Markt. Damals suchten die Händler bei schlechtem Wetter gerne im nahen Mariendom Zuflucht. Nach dem Abriss des Doms 1804 hatten die Händler zunächst keinen gemeinsamen Platz für ihren Markt mehr. 1893 wurde ihnen dann das Heiligengeistfeld zugeteilt, wo der »Dom« noch immer stattfindet. Die alte Bezeichnung nahmen die Händler einfach mit. Der Platz trägt seine Namen nach dem Hospital zum Heiligen Geist, das sich hier bis zum 17. Jahrhundert befand.

☀ Mit dem Kinder-Finder gehen kleine Besucher nicht so schnell verloren. Das Armband, auf dem die Eltern ihre Mobilfunknummer notieren, ist an den ersten Geschäften aller Eingänge sowie an ausgewählten Kinderfahrgeschäften kostenlos erhältlich.

Polizei hautnah & Fischmarkt

HIT-Tag der Hamburger Polizei

Bruno-Georges-Platz 1, 22297 Hamburg.
✆ 040/428656201, www.hamburg.de. **Bahn/Bus:** U1 bis Alsterdorf, Bus 23, 26, 109, 179 bis U-Bahnstation Alsterdorf. **Zeiten:** 1. Di in den Sommerferien, 10 – 15 Uhr. **Preise:** Eintritt frei.

▶ Mit Sirene und Blaulicht fahren, einen Polizeihubschrauber aus der Nähe ansehen, mit einer Feuerwehr-Drehleiter fahren, die Tiere der Pferde- oder Hundestaffel kennen lernen: Beim HIT-Tag der Polizei auf dem Gelände der Landesbereitschaftspolizei, Hindenburgstraße 43, seid ihr mittendrin.

Fischmarkt

Große Elbstraße 9, 22767 Hamburg-St. Pauli. ✆ 040/30051300 (Hamburg Tourismus), www.hamburg.de/fischmarkt. **Bahn/Bus:** S1, S3 bis Reeperbahn, Bus 112 bis Fischmarkt. **Auto:** Parkplätze am Edgar-Engelhard-Kai und in der Van Smissen Straße. **Zeiten:** April – Okt So 5 – 9.30 Uhr, Nov – März 7 – 9.30 Uhr. **Preise:** frei.

▶ Wer die berühmten Marktschreier auf dem **Fischmarkt** erleben möchte, muss früh aufstehen. Schon um 5 Uhr beginnt der Verkauf im Sommer. Allerdings schreien Aal-Kai oder Puten-Peter auch um 8 Uhr noch, sodass ihr euch noch einmal im Bett umdrehen könnt. Dann aber los. Nicht nur Scholle und Hering werden hier verkauft, sondern auch Obst, Gemüse, Blumen, Kekse oder Spielwaren. Um ihre Waren an den Mann oder die Frau zu bringen, werben die Verkäufer lautstark um Kundschaft. Da wird gescherzt, auch mal was verschenkt und so manches Schnäppchen angepriesen. In der Fischauktionshalle von 1896 könnt ihr anschließend noch Live-Musik lauschen (5 – 12, Winter ab 6 Uhr).

*Seit 1703 findet der **Fischmarkt** jeden Sonntag statt. Die Uhrzeit ist dem Gottesdienst geschuldet, zu dessen Besuch Verkäufer und Besucher noch die Zeit finden sollten.*

Weihnachtsmärkte

Historischer Markt am Rathaus

Rathausmarkt, 20095 Hamburg-Altstadt. ✆ 040/30051300 (Hamburg Tourismus), www.ham-

ADVENT IN HAMBURG

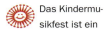 Das Kindermusikfest ist ein Teil des **Musik- und Theaterfestivals KinderKinder** mit Veranstaltungen in ganz Hamburg. Mehr unter www.kinderkinder.de.

burg.de/weihnachtsmarkt. **Auto:** ↗ Zentrum.
Zeiten: So – Do 11 – 21, Fr, Sa 11 – 22 Uhr.

▶ Auf dem Rathausplatz öffnet der Historische Weihnachtsmarkt seine Buden. Kunst statt Kommerz lautet hier das Motto und so gibt es handgemachte Pralinen, hübsche Holzschnitzarbeiten oder ausgefallenen Silberschmuck zu erwerben. Für euch dürfte die Spielzeuggasse spannender sein, die von einer Modelleisenbahn gekrönt wird. Täglich um 16, 18 und 20 Uhr kommt der Weihnachtsmann.

Weihnachten in der City

20095 Hamburg. ✆ 040/30051300 (Hamburg Tourismus), www.hamburg.de/weihnachtsmarkt.
Lage: Mönckebergstraße, Gänsemarkt, Jungfernstieg und Gerhard-Hauptmann-Platz. **Auto:** ↗ Zentrum. **Zeiten:** Advent, teils bis Silvester oder Anfang Jan, Kernzeit 11 – 21 Uhr, Weihnachtsparade jeden Adventssamstag 11.30, 14 und 17 Uhr.

▶ Die ganze Hamburger Innenstadt erstrahlt zur Weihnachtszeit hell. Neben dem **Historischen Weihnachtsmarkt** am Rathaus locken weitere Märkte zu einem adventlichen Bummel: Der **Weihnachtsmarkt am Gänsemarkt** wird aus nordischen Hütten erbaut. Im nostalgischen Karussell könnt ihr fröhliche Runden drehen. Auf dem **Weihnachtsmarkt am Gerhard-Hauptmann-Platz** zeigen viele Kunsthandwerker ihr Können. Die lebensgroße Weihnachtskrippe solltet ihr ebenso wenig verpassen wie das historische Karussell und das Lebkuchenhaus. Darin dürft ihr basteln und könnt Märchen hören. Die Haupteinkaufsstraße von Hamburg, die Mönckebergstraße, ist ebenfalls geschmückt und von Buden gesäumt. Jeden Adventssamstag startet am Straßenende zum Bahnhof hin um 11.30, 14 und 17 Uhr die große Weihnachtsparade. Elfen und Engel, Wichtel und

Rentiere ziehen dann durch die Stadt. Am anderen Ende, an der St.-Petri-Kirche, könnt ihr euch auf den Pferden und Schwänen des Karussells im Kreise tragen lassen. Weiße Zelte lassen den **Weihnachtsmarkt am Jungfernstieg** leuchten.

Märchenschiffe
Jungfernstieg, 20354 Hamburg-Neustadt. ✆ 040/41620312 (Büro Märchenschiffe), www.maerchenschiffe.de. **Auto:** ↗ Zentrum. **Zeiten:** Backen Mo – Fr 8.30, 10, 11.30, 13.30, 15 und 16.30, Sa, So 10.30, 12, 14, 15.30 und 17 Uhr, Caféschiff Mo – So 11 – 18 Uhr, Theaterschiff stündlicher Beginn Mo – Fr 10 – 17, Sa, So 11 – 17 Uhr, Traumschiff Mo – Fr 10 – 18, Sa, So 11 – 18 Uhr. **Preise:** Eintritt frei, außer Backen: 2 €, Karten am Anleger Jungfernstieg.

▶ Alljährlich zu Weihnachten legen Märchenschiffe an der Binnenalster an. Ihre leuchtenden Aufbauten sind schon von Weitem zu erkennen. Auf den beiden Backschiffen *Saselbek* und *Sielbek* werden Weihnachtsplätzchen gebacken. Kinder ab 3 Jahre dürfen dabei sein. Die Karten sind begrenzt, darum rechtzeitig besorgen! Eure Eltern schickt ihr ins Caféschiff, während ihr eure Kekse verziert!
Ein buntes Mitmachprogramm, z.B. mit der Hexe *Akiwa*, erlebt ihr auf dem Theaterschiff, während das Traumschiff zu einer Reise ins Reich der Fantasie einlädt. Ihr werdet bunt geschminkt und dürft Hörbüchern lauschen und schmökern.

Über 10.000 kleine Keksbäcker backen auf den Märchenschiffen jährlich mehr als 100.000 Kekse und 10.000 Quarkteigtannen. Ein Teil der Gebühr von 2 Euro wird an ein Hamburger Kinderprojekt gestiftet.

Weihnachtsmärkte in den Stadtteilen
▶ Die Weihnachtsmärkte in den Stadtteilen sind oft weniger überlaufen und haben manchmal spezielle Angebote für Kinder. Hier eine Auswahl:
Hamburgs jüngster Weihnachtsmarkt findet am **Überseeboulevard** in der HafenCity statt. Auf dem Platz

Was ist eure Lieblingsleckerei auf dem Weihnachtsmarkt? Gebrannte Mandeln, Schmalzkuchen, Maronen, Bratwurst oder vielleicht Kartoffelpuffer?

vor dem *Alten Hafenamt* gibt es neben Buden mit Leckereien für euch eine 200 qm große Eislaufbahn und ein Kinderkarussell. Beim täglichen Adventskalender-Quiz kann man etwas gewinnen (www.ueberseequartier.de)!

FESTKALENDER HAMBURG

Februar: Wochenende vor Karneval: **Maskenzauber an der Alster,** Venedig in Hamburg, unter den Alsterarkaden am Rathaus spazieren Menschen in bunten Kostümen.

März: Mitte März – Mitte April: **Frühjahrsdom** auf dem Heiliggeistfeld: großer Jahrmarkt mitten in der Stadt.

April: **Vattenfall: Erneuerbaren Lesetage,** Lesungen in ganz Hamburg.

Mai: **Japanisches Kirschblütenfest,** an der Alster.
Fuhlsbüttler Straßenfest.
Osterstraßenfest mit großem Flohmarkt.
Hamburger Spieletage im Hamburg Haus Eimsbüttel: Über 2000 Spiele kennen lernen oder ausprobieren, Turniere für Kleine, Große und Familien.
Hafengeburtstag: Hamburg feiert 4 Tage lang im Hafen den Jahrestag seiner Zollfreiheit.
Stadtteilfeste in **St. Georg** und **Eidelstedt.**

Juni: 1. Junihälfte: **Altonale,** 2-wöchiges Stadtteilfest in Altona und Ottensen.
Umsonstfest in Altona: Verschenkeflohmarkt, Musik, Kinderprogramm und Essen für die Familie. Das Besondere: Ein Fest von allen für alle!
Stadtteilfeste Horn, Stellingen und **Alsterdorf.**
Laut und Luise: Kinderfest in Planten un Blomen.
Eppendorfer Landstraßenfest.
Jeden So Juni – Aug: **Sommer in der HafenCity** Theater, Konzerte und Kinderprogramm.

Juli: Mitte Juli – Mitte August: **Sommerdom.**

In **Ottensen** weihnachtet es an der Hauptstraße mit dem Puppentheater und der Zwergenhütte, wo ihr eure eigenen Basteleien verkaufen könnt. Im Einkaufszentrum Mercado gibt es spaßige Back- oder Musikaktionen.

August:	**China time,** Veranstaltungen in Hamburger Museen und Theater rund um die chinesische Kultur und Geschichte.
	Stadtteilfeste: Schanzenfest, Methfesselfest, Uhlenfest und **Arnoldstraßen**
	Internationales Sommerfestival im und um das Theater Kampnagel.
	Im und um das Rathaus: **Hamburger Familientag.** Vielfältiges Programm zum Spielen und Toben mit Theater und Musik für die Kleinen und eine Infobörse rund um das Thema Familie
	Ende Aug **Alstervergnügen:** Straßenfest rund um die Binnenalster mit abendlichem Feuerwerk.
September:	**Mitte, Tag des offenen Denkmals.**
	Mitte Sep – Mitte Nov: **KinderKinder – Internationales Musik- und Theaterfestival.**
	Weltkindertag: Weltkinderfest.
	Kartoffelmarkt auf Gut Wulfsfelde und Gut Wulfsdorf.
	HarbourFront Literaturfestival für Junge und Ältere in ganz Hamburg.
	Sep/Okt: **Seiteneinsteiger**, Lesefest mit Veranstaltungen rund ums Buch und das Schreiben.
Oktober:	**Filmfest Hamburg.**
November:	**Hamburger Märchentage:**Lesungen mit Begleitprogramm in ganz Hamburg.
Dezember:	Mitte Nov – Mitte Dez: **Winterdom.**
	Ende Nov – Weihnachten: **Weihnachtsmärkte.**
	Märchenschiffe auf der Alster.

BÜHNE, LEINWAND & AKTIONEN

In *Niendorf* findet ihr den **Nordischen Weihnachtsmarkt** auf dem Tibarg. Im Bastel-Tipi könnt ihr Geschenke selbst kreieren (Mo – Fr 15 – 18, Sa, So ab 11 Uhr, www.tibarg.de), mit Karussell.

In **Bergedorf** erstreckt sich der Weihnachtsmarkt zwischen der Alten Holstenstraße und dem Schlosspark, wo euch ein mittelalterlicher Markt erwartet. Karussell und Kinderzelt sind auch vorhanden.

In **Harburg** zeigt sich das Rathaus bei Einbruch der Dämmerung mit bunten Projektionen. Ein buntes Mitmachprogramm richtet sich an die kleinen Besucher: Ihr könnt basteln, Märchen hören oder das Kasperletheater sehen. Jeden Tag um 17 Uhr kommt der Weihnachtsmann (www.harburger-weihnachtsmarkt.de).

Wandsbeker Winterzauber: Winterdorf mit Like-Ice-Bahn

Wandsbeker Marktstraße, 22041 Hamburg-Wandsbek. ✆ 040/7322858 (Veranstalter Eventzone), www.wandsbekerwinterzauber.info. **Bahn/Bus:** U1 bis Wandsbek Markt. **Auto:** B75 Richtung Ahrensburg. **Zeiten:** Nov – Anfang Jan 10 – 22 Uhr, Eisbahn bis 21 Uhr, Laufzeiten jeweils zur vollen geraden Stunde 90 Minuten. **Preise:** Eislaufen 3 €; Kinder unter 14 Jahre 2 €, Schlittschuhverleih 4 €.

▶ Im Wandsbeker Winterdorf könnt ihr Eislaufen ohne Eis! Die 400 qm große Eislaufbahn besitzt nämlich einen Boden aus Kunststoff. So wird keine Energie benötigt, um das Eis ständig zu kühlen und darum ist diese Eisbahn besonders umweltfreundlich. Probiert es aus, auf der »Like-Ice«-Fläche lauft ihr mit ganz normalen Schlittschuhen. An den Buden drumherum könnt ihr euch an heißem Kakao und Maronen wärmen, hübsche Geschenke kaufen oder mit dem Kinderkarussell fahren.

Am 6. Dezember kommt der Nikolaus aufs Eis!

INFO & VERKEHR

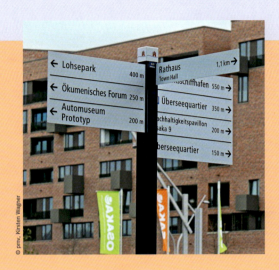

© pmv, Kirsten Wagner

IM & AUF DEM WASSER

FREIZEIT AKTIV & SPORTLICH

NATUR & UMWELT ERFORSCHEN

HANDWERK & GESCHICHTE

BÜHNE, LEINWAND & AKTIONEN

INFO & VERKEHR

REGISTER

Hamburg ist groß und oft ist es nicht leicht, sich zu informieren, was am nächsten Wochenende alles los ist und vor allen Dingen wie man dahin kommt.

In dieser Griffmarke erfahrt ihr alles zum öffentlichen Nahverkehr in Hamburg. Um sich vor Ort zu informieren, sind die ersten Anlaufstellen natürlich das Fremdenverkehrsamt und Hamburgs Tourismusinformation mit vier Standorten. Ihr könnt euch auch Zuhause schon schlau machen, dazu eignen sich die unten aufgezählten Internetportale. Auf den nächsten vier Seiten seht ihr die Verkehrspläne zu den Bussen und den Fähren in Hamburg

WISSEN IST MACHT ...

Internetportale

Diese Portale bieten Informationen zu Freizeit, Sport, Kultur und Sehenswürdigkeiten:

- **www.hamburg.de:** Die offizielle Internetseite der Stadt Hamburg mit allgemeinen Tipps zu Festen, Museen und Veranstaltungen für jede Jahreszeit.
- **www.hamburg-magazin.de:** Infos zu Sehenswürdigkeiten, Stadt- und Hafenrundfahrten, Veranstaltungen und Flohmärkten.
- **www.kindernetz-hamburg.de:** Info-Seite des Jugendinformationszentrums Hamburg mit allen aktuellen Veranstaltungen in der Hansestadt und Links zu interessanten Themen in Politik und Umwelt. Sehr volle Seiten, aber das Stöbern macht Spaß!
- **www.kulturlotse.de:** Hamburg für wenig Geld! Ein Kalender mit allen öffentlichen Veranstaltungen, für die ihr keinen Eintritt bezahlen müsst.
- **www.bangerang.de:** Internetseite eines Stadtmagazins für Familien, mit Veranstaltungen und Museen, aber auch Workshops und Kursen.
- **www.hamburg4kids.de:** Veranstaltungstipps mit Altersangaben für drinnen und draußen.

... UND CONNEXIONS SIND ALLES

Damit kommt ihr überall hin: S- und U-Bahn

usse / Metro Buses

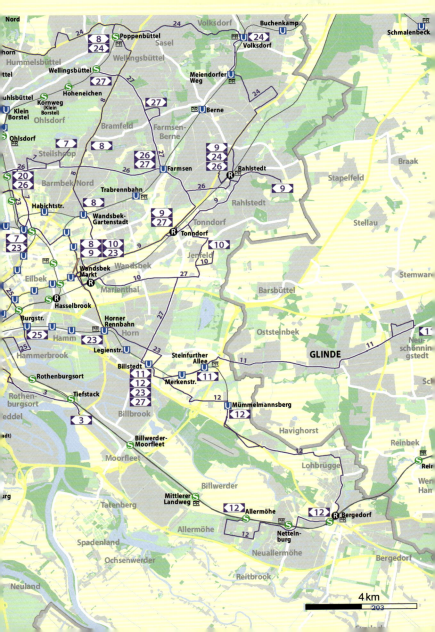

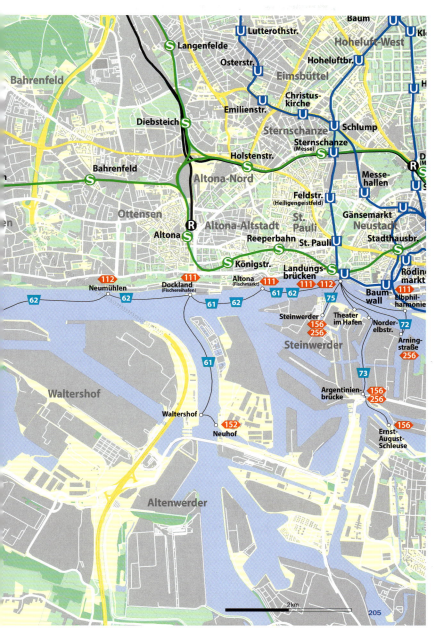

Infoquellen

Gut informiert durch die Woche

▶ Wer mit offenen Augen durch Hamburg geht, findet auch in zahlreichen Gratis-Zeitungen und Zeitschriften Infos zu interessanten Veranstaltungen oder Festen, über die viele Werbung müsst ihr großzügig hinweglesen. Hier eine Auswahl:

Hamburg Pur: Monatszeitschrift mit detailliertem Veranstaltungskalender, liegt in Buchhandlungen und Cafés aus.

Bangerang: Erscheint alle drei Monate mit Veranstaltungshinweisen und aktuellen Freizeit-Tipps für Hamburg und Umgebung.

Alsterkind: Erscheint alle drei Monate mit einer detaillierten Übersicht zu Freizeit- und Sportkursen in Hamburg, liegt in Kitas, bei Ärzten und in der Drogeriefiliale Budnikowski aus.

Hamburger Wochenblatt: Stets am Mittwoch erscheinende Stadtteil-Anzeigenblätter mit aktuellen Veranstaltungen. Wird gratis Hamburger Haushalten zugestellt und liegt in Supermärkten aus.

Die Woche: Samstagsausgabe des Hamburger Abendblatts mit einer Übersicht zu Veranstaltungen am Wochenende. Wird gratis Hamburger Haushalten zugestellt.

Hamburg Tourismus

Hauptbahnhof/Ausgang Kirchenallee, 20095 Hamburg-Innenstadt. ✆ 040/300511701, www.hamburg-tourism.de. **Bahn/Bus:** Verkehrsknotenpunkt Hbf aller S- und U-Bahnen, Bus 6, 37, 607 bis Hbf/Kirchenallee und 3, 112, 120, 124 bis Hbf/Steintorwall. **Zeiten:** Mo – Sa 9 – 19, So, Fei 10 – 18 Uhr.

▶ Hamburg Tourismus hat vier Anlaufstellen in Hamburg: am Hauptbahnhof, am Hafen bei den St. Pauli

@ Aktuelle Infos zu Veranstaltungen und Angeboten der Hansestadt findet ihr auch unter www.hamburg-magazin.de.

Landungsbrücken zwischen Brücke 4 und 5, im Flughafen und das ↗ Welcome Center für neue Bürger Hamburgs. Bei den ersten zwei Standorten erhaltet ihr alle Informationen, die ihr braucht. Dazu erfahrt ihr Praktisches zur **Hamburg Card,** erhaltet Stadtpläne und viel Wissenswertes zu den Sehenswürdigkeiten und Attraktionen.

Jugendinformationszentrum JIZ

Dammtorwall 1, 20354 Hamburg-Innenstadt. ✆ 040/428234801, www.jiz.de. **Bahn/Bus:** U1 bis Stephansplatz, Bus 4, 5, 34, 36, 109 bis Stephansplatz. **Zeiten:** Mo – Do 12.30 – 17, Fr 12.30 – 16.30, in der Sommerferien 12 – 15 Uhr.

▶ Im JIZ findet ihr Infobroschüren rund um das Leben in Hamburg, also zu Schule, wohnen, Freizeit, Kultur und anderem. Außerdem veranstaltet das Infozentrum Lesungen und Kinofilmvorführungen in ganz Hamburg. Das Programm, Orte und Zeiten findet ihr auf www.kindernetz-hamburg.de.

HafenCity InfoCenter

Am Sandtorkai 30, 20457 Hamburg-HafenCity. ✆ 040/36901799, www.hafencity.com. **Bahn/Bus:** U3 bis Baumwall, U4 bis Überseequartier, Bus 3 bis Auf dem Sande. **Zeiten:** Di – So 10 – 18 Uhr, Mo geschlossen, Mai – Sep Do 10 – 20 Uhr.

▶ Das InfoCenter im Kesselhaus stellt euch Informationen und Broschüren rund um den neu entstehenden Stadtteil HafenCity vor, eines der größten Stadtentwicklungsprojekte in Europa! Das Besondere: Der Stadtteil wird komplett neu gebaut und befindet sich direkt am Wasser, neben dem Hafen. Deshalb muss er sich mit Problemen wie Hochwasser und dem stets steigenden Wasserspiegel auseinandersetzen. Eine Ausstellung mit Modell zeigt euch, wie

Hunger & Durst

Fleetschlösschen, Brooktorkai 17, Hamburg. ✆ 040/30393210. www.fleetschloesschen.de. 8 – 22 Uhr. Verwunschenes kleines Café direkt an der HafenCity. Was für ein Kontrast zu den vielen neuen Häusern!

der Stadtteil einmal aussehen soll und was schon alles gebaut wurde. Außerdem organisiert das Center Führungen zu Fuß oder per Rad durch die HafenCity.

Hamburg Welcome Center

Bezirksamt Hamburg Mitte, Alter Wall 11, 20457 Hamburg-Innenstadt. ✆ 040/428545001, www.welcome.hamburg.de. **Bahn/Bus:** S1 – 3, U1, U2 und U4 bis Jungfernstieg, U3 bis Rathaus, Bus 3, 6, 31, 35 und 37 bis Rathausmarkt.

▶ Im Welcome Center bekommt ihr vor allem Infos rund um das Leben in Hamburg – falls ihr für eine längere Zeit in der Stadt bleiben werdet.

Hamburg Information am Hafen

St. Pauli Landungsbrücken, zwischen Brücke 4 und Brücke 5, 20459 Hamburg-St. Pauli. ✆ 040/300511701, www.hamburg-tourism.de. **Bahn/Bus:** S1 – 3, U3 und Bus 111, 112, 608 bis Landungsbrücken, Fähre 62 bis Landungsbrücken. **Zeiten:** So – Mi 9 – 18, Do – Sa 9 – 19 Uhr.

▶ Wusstet ihr, dass bei einer HVV-Tageskarte auch die HVV-Fähren eingeschlossen sind? Einfach die Fähre 62 nehmen und oben auf dem Panoramadeck bis nach Finkenwerder schippern. Wenn möglich, fahrt aber lieber unter der Woche: Sa, So und in den Ferien kann es sehr voll werden.

Unterwegs in Hamburg und Umgebung

▶ Am entspanntesten seid ihr in Hamburg mit dem Fahrrad oder mit Bussen und Bahnen unterwegs. Der Großbereich des Hamburger Verkehrsverbundes (HVV) bedient das Hamburger Stadtgebiet, insgesamt reicht er sogar weit nach Schleswig-Holstein und Niedersachsen hinein. In diesem Gebiet fahren die öffentlichen Verkehrsmittel in der Stadt rund alle vier Minuten, zu den Randzeiten alle 10 – 20 Minuten. Ein toller Service, der sich, wenn man die schwierige und teure (!) Parksituation in Hamburg mitrechnet, auch lohnt!

Solltet ihr nur ein paar Tage in Hamburg bleiben, lohnt sich in manchen Fällen die **Hamburg CARD**. Das ist eine Kombi-Karte, die für ein bis fünf Tagen freie Fahrt mit Bus und Bahn bis zu 50 % Ermäßigung bei rund 130 Kooperationspartnern wie Museen, Stadtrundfahrten, Theatern und Restaurants gewährt. Die Karte gilt für eine Person mit bis zu drei Kindern bis 14 Jahre oder als Gruppenkarte für bis zu fünf Personen.

Hamburg CARD (Großbereich):
1 Tag Einzelkarte 8,90 €, Gruppenkarte 14,90 €
3 Tage Einzelkarte 21,90 €, Gruppenkarte 38,90 €
5 Tage Einzelkarte 37,50 €, Gruppenkarte 63,90 €
Hamburg CARD plus Region (Gesamtbereich)
1 Tag Einzelkarte 19,90 €, Gruppenkarte 28,50 €
3 Tage Einzelkarte 49,90 €, Gruppenkarte 79,90 €

HVV Hamburger Verkehrsverbund

Steindamm 94, 20099 Hamburg-Innenstadt. ✆ 040/3257750, www.hvv.de. **Infos:** HVV-Infotelefon für Fragen zu Fahrplänen, Fahrkarten oder Service ✆ 040/19449.

▶ Am bequemsten erfragt ihr Anfahrtswege und Verbindungen mit den öffentlichen Verkehrsmitteln mit der Suchmaske der HVV-Internetseite. Wer sich lieber noch einmal persönlich beraten lassen möchte, kann dies an einer Servicestelle in einem der vielen U-Bahnhöfen tun. Adressen und Öffnungszeiten der Bahnhöfe findet ihr ebenfalls im Internet. Hier für euch die wichtigsten Fahrkarten:

Tageskarte für eine Person und bis zu drei Kinder 6 – 14 Jahre, für so viele Fahrten am Lösungstag, wie ihr wollt: Großbereich 7,10 € bis Gesamtbe-

Kinderfahrkarte 6 – 14 Jahre kostet einheitlich für den Großbereich 1,10 €, für den Gesamtbereich 2,20 €, Kinder bis 6 Jahre fahren kostenlos mit.

Fahrräder dürfen in U- und S-Bahnen und in vielen Bussen kostenlos mitgenommen werden, außer in den Hauptverkehrszeiten 6 – 9 und 16 – 18 Uhr. Auf den Elbfähren und in den Ferien gelten diese »Sperrzeiten« nicht. Aber: Rollstühle und Kinderwagen haben bei Platzmangel stets Vorrang. Und Achtung: Für die Regionalzüge muss eine Fahrradkarte gelöst werden (3,50 € pro Rad). reich 17,90 €. Das Mathe-Training des HVV: Oft lohnt sich eine Tageskarte schon ab zwei Fahrten (z. B. Hin- und Rückfahrt), vor allem, wenn ihr eine größere Gruppe seid. Einfach mal durchrechnen.

9-Uhr-Tageskarte gilt ab 9 Uhr: Großbereich 5,80 € bis Gesamtbereich 15,30 €, Kinder 6 – 14 Jahre 4 €.

9-Uhr-Gruppenkarte für bis zu fünf Personen im Großbereich 10,40 € bis Gesamtbereich 24,90 €.

CC-Karten sind ermäßigte Zeitkarten für eine Person und drei Kinder bis 14 Jahre, die nicht zu den Hauptverkehrszeiten gelten, also nicht 6 – 9 Uhr und 16 – 18 Uhr. Am Wochenende und an Feiertagen gelten sie den ganzen Tag.

Besonders praktisch: Mit einer Karte im Abo kann man am Wochenende und an Feiertagen im Gesamtgebiet fahren – egal für welche Strecke man die Karte gelöst hat. Außerdem können noch eine Person und drei Kinder bis 14 Jahre kostenlos mitfahren.

REGISTER

© pmv, Kirsten Wagner

IM & AUF DEM WASSER

FREIZEIT AKTIV & SPORTLICH

NATUR & UMWELT ERFORSCHEN

HANDWERK & GESCHICHTE

BÜHNE, LEINWAND & AKTIONEN

INFO & VERKEHR

REGISTER

REGISTER

A

Abenteuerspielplatz 73
ADFC 52
Ahrensburg 28, 90, 129
Allermöhe 29, 85
Allermöher See 29
Alster 35, 36, 39, 41, 42, 54
Alsterrundfahrt 43
Alstertal 73
Alter Elbtunnel 130
Altona 26, 138, 146, 170, 178, 187
Altonaer Theater 170
Altonaer Volkspark 65
Altstadt 120, 155, 156
Appelhoff 73
Aquarium 100
Archäologisches Museum 152
August, Ernst 38
Aumühle 119
Außenalster 33 – 35, 40, 43, 51
Automuseum Prototyp 142

B

Badestelle Finkenriek 53
Bahrenfeld 65, 124, 144
BallinStadt 44, 46, 149
Barkasse 41, 45
Barmbek 73, 76, 154, 174
Barmbek-Nord 86
Hof Eggers 106
Bauspielplatz 71
Bergedorf 20, 36, 45, 86, 112, 129, 168
Billstedt 14, 30
Blankenese 32, 60, 101
Bolivarpark 92
Bönningstedt 91
Bonscheladen Ottensen 125
Bramfeld 24, 181
Brügge 105
Bücherparadies 186

BUND 104
Bunker 131
Bunkermuseum 149

C – D

Cap San Diego 163
Chocoversum 138
Deutsch, Ernst 168
Dialog im Dunkeln 141
Die Flut 159
Donners Park 92
Dove Elbe 37, 67
Drachenlabyrinth 86
Dschungelspielplatz Appelhoff 73
Dulsberg 13, 184
Duvenstedt 15
Duvenstedter Brook 110

E

Ehestorf 66, 80, 152
Ehre, Ida 184
Eidelstedt 16, 56
Eimsbüttel 19, 180
Eisland 93
Elbe 12, 32, 33, 41, 44, 47, 60 – 62, 72, 81
Elbinsel Kaltehofe 121
Elbphilharmonie-Pavillon 59, 159
Elbstrand Wittenbergen 32, 33
Electrum 144
Eppendorf 18, 35, 36, 38, 63, 71, 104
Eppendorfer Park 92
Erlebnismuseum 159
Erneuerbare Lesetage 187, 194

F

Fähren 125
Farmsen 30, 93, 109
FC St. Pauli 180
Ferienpass 183
Festkalender 194
Finkenried 53
Finkenwerder 11
Fischbek 22, 75
Fischbeker Heide 108

Fischmarkt 45 – 47, 191
Fleetenkieker 47
Florapark 84
Flottbek 61, 62, 112
Flughafen Hamburg 123
Freizeitbad Geesthacht 13
Friedrichsruh 82, 98
Friedrich Wilhelm III. 19

G

Geesthacht 13, 46, 81, 118
Goldbekkanal 39
Gose Elbe 37
Grasbrook 162
Grasbrookpark 71
Gut Wulfsdorf 126
Gut Wulksfelde 103, 104

H

Hafen 43, 46, 135, 159, 202
HafenCity 44, 71, 134, 140 – 142, 160, 161, 201
Hafengeburtstag 189, 194
Hafenmuseum 162
Hagenbecks Tierpark 98
Hagenbecks Tropen-Aquarium 100
Hamburg CARD 203
Hamburg Dungeon 140
Hamburger Dom 190
Hamburger Unterwelten 132
Hamburger Wasserwerke 143
Hamm 11, 149
Hammaburg 57
Hammerbrook 117
Hansejagd 136
Hans-Leip-Ufer 61
Harburg 21, 75, 144
Harrys Hafenbasar 160
Harvestehude 184
Hasloh 84
Haynspark 54, 63
Heimfeld 65
Heuherberge 103
HighFlyer 139
Hirschpark 101
Hochseilgarten 80, 81, 84
Hoheluft 171

Hohenfelde   24
Holthusenbad   18
HSV   124
HSV-Museum   144
Hubertus Wald Kinderreich   156
HVV   203
Hygieia-Brunnen   57

I – J
Indoo Eisarena   93
Indoorspielplatz   86, 89
Inline-Skating   55
Innocentiapark   92
Internationales Maritime Museum   161
Isebekkanal   35, 36
Iserbrook   177, 186
Jenisch-Haus   62
Jenisch, Martin Johann   62
Jenischpark   62
Jungfernstieg   193

K
Kaifu-Bad   19
Kaiser-Friedrich-Ufer   19
Kaltehofe   121
Karlshöhe   108
Kasseburg   103
Kiekeberg   66, 152
Kilimanschanzo   84
Kinderbauernhof Kirchdorf   102
Kinderbibliothek   183, 186
Kinderkino   176, 177
Kindertheater   167, 169
Kinder-Uni   181
Kirchwerder   106, 122
Kirschblütenfest   189, 194
Kiwittsmoor   16
Kleiner Grasbrook   162
Klein Flottbek   112
Kletterwald   82
Klick Kindermuseum   145
Klingende Museum   157
Klövensteen   101
Koch, Robert   121
König der Löwen   174
Kunsteisbahn   94
Kunst-Spiel-Erlebnis-Raum   15
KZ-Gedenkstätt Neuengamme   151

L
Langenhorn   15, 88, 123
Lange Nacht der Museen   117
Laut und Luise   188, 194
Leip, Hans   61
Leseclub   184, 185
Loki-Schmidt-Garten   112
Lokschuppen   119
Lokstedt   83

M
Mahnmal St. Nikolai   127
Märchenforum   185
Maritimes Museum   46
Meyer, Heinrich Christian   66
Meyers Park   65
Michel   128
Mineralogisches Museum   139
MiniaturWunderLand   60, 118
Minigolf   30, 36, 64, 65, 69, 70, 89
Moorburg   173
Moorfleet   66
Multi-Card   22

Hunger & Durst
Achterbahnrestaurant   75
Alex   42
Bistro Atlantika   23
Bobby Reich   34
Café Alsterwiesen   73
Café am Planschbecken   68
Café Fees   148
Café Hansasteg   33
Café Isekai   36
Café Leinpfad   54
Café Linné   69
Café Raum & Zeit   112
Café Sommerliebe   180
Café Wasserkunst   121
Café Witthüs   101
Das Bauernhaus   65
Duvenstedter Eiscafé   15
Erlkönig   142
Fährmannssand   114
Fleetschlösschen   201
Frau Harms Genussraum   108
Gasthaus zum Kiekeberg   81
Haus am See   63
Hofladencafé   107
Kaisers   59
Kleine Waldschänke   101
Lieblings   134
Makalali-Lodge   100
Mama Trattoria   58
Moorwerder Hof   53
Mühlenladen & Café   122
Nach Amerika   157
Parkcafé Hamburg   56
Pony-Waldschänke   67
Ralphs Kiosk im Jenischpark   62
Restaurant auf der Rickmer Rickmers   157
Restaurant Goldfisch   35
Restaurantschiff Bergedorf   164
Sagebiels Fährhaus   60
Schumachers Biergarten   31
Strandkiosk Ahoi   62
Stoof Mudders Kroog   153
Strandperle   32
Wildpark-Restaurant   98
Wilhelms im Wälderhaus   107
Willi-Villa-Kiosk   75
Zur Gondel   40

Museum
- der Arbeit 154
- Archäologisches Museum 152
- Bunkermuseum 149
- Chocoversum 138
- Die Flut 159
- Electrum 144
- Erlebnismuseum 159
- Hafenmuseum 162
- für Hamburgische Geschichte 147
- HSV-Museum 144
- Klick Kindermuseum 145
- Klingende Museum 157
- Maritimes Museum 46
- Mineralogisches Museum 139
- Internationalen Maritimen Museum 161
- Panoptikum 140
- Polizeimuseum 153
- Automuseum Prototyp 142
- Schulmuseum 148
- Speicherstadtmuseum 134
- für Völkerkunde 147
- Museumsdorf Volksdorf 155
- Museumshafen Oevelgönne 164
- Zollmuseum 142

N
NABU 110
Naturschutzgebiet Raakmoor 88
Neuengamme 151
Neugraben-Fischbek 22, 108
Neustadt 45, 55, 147, 157, 163, 176
Neuwiedenthal 12
Niendorf 25, 77, 111, 172
Nienstedten 101
Nikolaifleet 57
Nikolaikirche 127
Norderstedt 18, 27, 63, 68, 91

O – P
Ochsenwerder 29
Oevelgönne 61
Öjendorfer See 30
Oortkatensee 29
Opernloft 176
Osdorf 17, 145
Osdorfer Born 17
Osterbekkanal 39, 40
Othmarschen 33, 62
Ottensen 125, 164, 169, 172
Paddeln 35
Panoptikum 140
Park 54, 62, 63, 66, 68, 70, 71, 80, 92, 97, 98, 101, 112
Piratenspielplatz 71
Planetarium 113
Planetenlehrpfad 113, 114
Planten un Blomen 55, 64, 188
Polizeimuseum 153
Ponyhof 65, 66, 67
Poseidonbad 16
Puppentheater 174

R
Rabatzz 86
Rahlstedt 15, 77
Rathaus 57, 120
Reinbek 23
Rickmer Rickmers 158
Riepenburger Mühle 122
Rissen 67, 78, 101
Rodeln 92
Rosengarten 66, 80, 97, 152
Rothenburgsort 143
Rotherbaum 55, 147, 167, 176

S – T
Saselhaus 185
S-Bahn 117
Schafstall 108
Schanzenpark 92
Schaufelraddampfer 41, 46
Adolf III. zu Schauenburg 57
Schlittschuhlaufen 92
Schloss Ahrensburg 129
Schloss Bergedorf 129
Schmetterlingsgarten 98
Schmidt Theater 168
Schulauer Fährhaus 125
Schulmuseum 148
Schwarze Berge 97
Schwarzlichtviertel 89
Segelschule Pieper 34
Skateland 54
Skaten 54, 55, 56, 78
Sommerbad 29
Speicherstadt 41, 42, 58, 118
Speicherstadtmuseum 134
Spielplatz 64, 65, 67, 71, 72, 74
Stadtpark Hamburg 68, 70
Stadtpark Norderstedt 63
Stadtrundfahrt 133
Steendiekkanal 12
Stellingen 94, 98, 100
Sternschanze 84
Sterntaler 173
Sternwarte 112
St. Georg 54
Störtebeker-Tour 137
St. Pauli 20, 40, 42, 130, 134, 140, 148, 158, 168, 180, 190, 191
Landungsbrücken 40
St. Petrikirche 58
St. Nicolai 127
Strandbad 18
Sülldorf 17

Surfing 29

Tag des Offenen Denkmals 118
Theater 150, 167 – 169, 174, 175
Tangstedt 104
Teufelsbrück 61
Tierpark
Tonndorf 29

Tutenberg, Ferdinand 65

U – V
U-Boot 434 158
Uhlenhorst 33, 72, 168

Unterwelten 132
Vahrendorf 97
Voght, Caspar 62
Volksdorf 25, 74

W – Z
Wälderhaus 107
Waldpark Marienhöhe 17
Wandsbek 175, 196
Wandsbeker
 Kindermusiktheater 175
Wedel 27, 90, 114, 125

Weihnachtsmarkt 192, 193, 196
Wellingsbüttel 73
Wildpark Schwarze
 Berge 97
Wilhelmsburg 22, 38, 46, 52, 75, 79, 80, 102, 107, 123, 149, 157
Windmühle 123
Winterhude 31, 34, 39, 40, 47, 68, 69, 153
Wittenbergen 32, 33

Wohldorf-Ohlstedt 110
Wulfsdorf 126

Wulksfelde 103, 104
Zirkus 178
Zollmuseum 142
Zoo Wasserwerk 143

NÄHER REISEN

Seit seiner Gründung 1976 tritt der Peter Meyer Verlag für sozialverträgliches und umweltschonendes Reisen ein. Deswegen finden Sie in seinen Büchern stets konkrete Daten für die Anreise mit ÖPNV, bei Unterkunft und Einkehr bevorzugt Familienbetriebe mit regionalem oder biologischem Angebot sowie inhaltsreiche Informationen zu Natur und Umwelt. Die Autoren schreiben und recherchieren unabhängig von fremden Geldgebern, so können Sie stets sicher sein, neutrale Bewertungen zu haben – neutral, aber mit großer Begeisterung für ungewöhnliches Engagement all derjenigen, die unsere Welt bereichern wollen.

Das möchten wir mit unseren Reiseführern auch. Und wir möchten Sie anstecken mit unserer Begeisterung für das Schöne in unserer Nähe.

NÄHER DRAN

Näher reisen

Mit ✺ pmv Deutschland umweltfreundlich entdecken!

Die Reise- und Freizeitführer von ✺ pmv sind so vielseitig wie praktisch. Sie führen zuverlässig durch Wälder und Städte, geben Wissen weiter und nennen Adressen, Preise und Anfahrten mit ÖPNV. Alles umweltfreundlich durchdacht. Immer klimaneutral und in Deutschland gedruckt.

77 BESTE PLÄTZE BERLIN
Streifzüge, Sehenswertes & Museen. Mit 250 Adressen zum Entspannen & Vergnügen.
ISBN 978-3-89859-201-7, 304 S., 18 Euro

BERLIN UND UMGEBUNG MIT KINDERN
1001 Aktivitäten und Ausflüge mit S & U
ISBN 978-3-89859-436-3, 320 S., 16 Euro

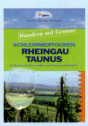

SCHLEMMERTOUREN RHEINGAU & TAUNUS
22 Touren zu Winzerhöfen und Gartenwirtschaften
ISBN 978-3-89859-324-3, 192 S., 16 Euro

✺ **pmv** PETER MEYER VERLAG

33 SCHÖNSTE RADTOUREN RHEIN-MAIN
Radeln von leicht bis weit rund um Frankfurt. Mit Extra-Karte
ISBN 978-3-89859-320-5, 224 S., 18 Euro

22 MTB-TOUREN RHEINGAU RHEIN-HESSEN
Mit GPS-Daten und Roadbook-Download
ISBN 978-3-89859-323-6, 192 S., 18 Euro

66 SCHÖNSTE AUS-SICHTEN HESSEN
Burgen, Türme, Berge Wandern, Radeln, Einkehren
ISBN 978-3-89859-319–9, 256 S., 16 Euro

33 OUTDOOR-TOUREN PFÄLZER-WALD
Die schönsten Wanderungen, MTB– & Radel-Touren, Kletterfelsen und Winterwege
ISBN 978-3-89859-326-7, 256 S., 18 Euro

Näher reisen, näher dran.

EIFEL MIT KINDERN
Über 500 Aktivitäten und Ausflüge bei jedem Wetter zwischen Aachen und Trier
ISBN 978-3-89859-440-0
320 Seiten, 16 Euro

RHEINLAND MIT KINDERN
Über 500 Aktivitäten und Ausflüge bei jedem Wetter in und um Düsseldorf – Köln – Bonn
ISBN 978-3-89859-411-0
320 Seiten, 16 Euro

PFALZ MIT KINDERN
400 x Abenteuer und Erlebnis rund um Pfälzerwald und Weinstraße
ISBN 978-3-89859-444-8, 320 Seiten, 16 Euro

TAUNUS MIT KINDERN
500 Ausflüge, Aktivitäten und Adressen für Ferien und Freizeit
ISBN 978-3-89859-438-7, 320 Seiten, 16 Euro

Treffen Sie uns auf facebook.com/PeterMeyerVerlag

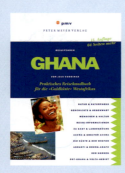

GHANA
Praktisches Reisehandbuch für die »Goldküste« Westafrikas
von Jojo Cobbinah

Der erste und einzige deutschsprachige Reiseführer zu Ghana! Mit Humor präsentiert der ghanaische Autor sein Heimatland. Gründliche Landeskunde und umfassende praktische Infos zu Reisevorbereitung, Anreise, Unterkunft, Essen & Trinken, Verkehrsmitteln und Aktivitäten: stets aktuell. – Von der UNESCO als vorbildlich empfohlen!

»Der mit Abstand beste Afrika-Reiseführer überhaupt.«
Studie Deutsche UNESCO-Kommission

ISBN 978-3-89859-155-3
576 Seiten, 34 Euro

77 SCHÖNSTE ORTE RUND UM BERLIN
Ausflüge zu Schlössern, Seen und Sehenswürdigkeiten in Brandenburg.
Mit 154 Einkehrtipps
von Wolfgang Kling

Bereits in 2. Auflage führt Wolfgang Kling seine Leser zu den 77 schönsten Orten rund um Berlin. Von Schloss Rheinsberg im Norden bis zur Spreestadt Lübbenau im Süden reichen die Ausflüge bis 100 km um die Hauptstadt: Bekannte Sehenswürdigkeiten und geschmackvolle Einkehrtipps machen Lust auf Unternehmungen.

»Ob Familien, Freunde, Senioren – der Reiseführer ›77 schönste Orte rund um Berlin‹ bringt jeden vor die Haustür.«
Berliner Woche

ISBN 978-3-89859-202-4
304 Seiten, 18 Euro

77 SCHÖNSTE ORTE HARZ
Ausflüge zu Burgen, Wäldern & Sehenswürdigkeiten.
Mit Einkehr, Einkaufen & Unterkunft
von Kirsten Wagner

Reisen mit Genuss von der Kaiserpfalz Goslar über Burgen und Dome bis zum Fachwerkjuwel Quedlinburg: Der aktuelle Reiseführer »77 schönste Orte Harz« stellt Orte und Wanderungen vor, zeigt Sehenswertes wie Kirchen, Klöster, Museen und Schlösser und gibt Tipps zum Einkehren, Genießen und Schlemmen.

»Kultur und Genuss verspricht der Untertitel. Das ist untertrieben.«
MDR Magdeburg

ISBN 978-3-89859-210-9
256 Seiten, 18 Euro

✹ pmv PETER MEYER VERLAG

HARZ MIT KINDERN
500 spannende Ausflüge und Aktivitäten rund ums Jahr
von Kirsten Wagner

Mit der Sommerrodelbahn den Bocksberg in Hahnenklee runterrasen oder doch lieber die Barbarossaburg erkunden? Im Harz gibt es für Familien Spannendes und Schönes zu erleben. Das neue Reisehandbuch des Peter Meyer Verlags bietet 500 Tipps für Ausflüge und Aktivitäten. So heißt es im Sommer wie im Winter: Langeweile ade!

»Das alles macht Spaß und ist zudem interessant.«
DIE ZEIT

ISBN 978-3-89859-419-6
320 Seiten, 16 Euro

Harz und Hannover – 3 weitere Reiseführer von Kirsten Wagner, Ko-Autorin von Hamburg mit Kindern!

HANNOVER & REGION MIT KINDERN
400 spannende Ausflüge und Aktivitäten im Herzen Niedersachsens
von Kirsten Wagner

Was können Familien in Hannover und der Region unternehmen? Welche Radeltouren machen Kindern Spaß, wo kann der Nachwuchs paddeln lernen, wo die Familie schwimmen gehen? Antworten auf diese und 400 noch ungestellte Fragen gibt dieser konkurrenzlose Freizeitführer.

»Wer in Hannover noch Langeweile hat, braucht diesen Freizeitführer!«
www.reisegezwitscher.de

ISBN 978-3-89859-418-9
304 Seiten, 16 Euro

HOLLANDS KÜSTE MIT KINDERN
400 spannende Aktivitäten für Ferien und Freizeit
von Monika Diepstraten

Mit Rückenwind die Küste entlang, von Seeland bis zu den Inseln! Das Land hinter den Deichen ist bereit für Entdeckerkinder. Mit diesem pmv-Ferienführer im Gepäck ist ein Regentag nicht schlimm, denn 400 spannende Aktivitäten sind zu entdecken.

»Und wer dachte, dass man an Hollands Küsten nur im Sand spielen oder im Meer baden kann, wird sehr überrascht sein.«
Literatur-Report

ISBN 978-3-89859-439-4
256 Seiten, 16 Euro

Treffen Sie uns auf facebook.com/PeterMeyerVerlag

FRANKFURT RHEIN-MAIN MIT KINDERN
400 preiswerte und spannende Aktivitäten für draußen und drinnen
Eberhard Schmitt-Burk

Vom Miniausflug über leichte Wander- und Radeltouren, Spaß im und auf dem Wasser, von Naturerlebnissen an frischer Luft bis hin zu Aktivitäten, die bei schlechtem Wetter die miese Laune vertreiben: Der Freizeitführer »Frankfurt Rhein-Main mit Kindern« beweist, dass es in Frankfurt und Umgebung für Familien jede Menge zu entdecken gibt. Gegen Elternstress und Kinderlangeweile!

»Perfekt für die Ferien!«
Bild Frankfurt

ISBN 978-3-89859-434-9
304 Seiten, 16 €

WIESBADEN RHEINGAU MIT KINDERN
300 Ausflüge & Aktivitäten rund ums Jahr
von Eberhard Schmitt-Burk

Der Autor hat für die hessische Landeshauptstadt Wiesbaden nicht nur Bekanntes wie Opelbad und Leichtweißhöhle ausgekundschaftet, sondern auch vielerlei neue Ideen für spannende Aktivitäten im Sommer und Winter zusammengetragen.

»Das Buch zum In-die-Tasche-stecken ist ein heißer Tipp für große wie kleine Leser.«
Wiesbadener Tagblatt

ISBN 978-3-89859-442-4
256 Seiten, 16 €

Treffen Sie uns auf
facebook.com/
PeterMeyerVerlag

MAINZ RHEINHESSEN MIT KINDERN
350 spannende Ausflüge und Aktivitäten rund ums Jahr
von Eberhard Schmitt-Burk

Dieser umfangreiche Reiseführer präsentiert Familien mit Kindern die schönsten Ecken in Mainz, Rheinhessen und an der Nahe bis Idar-Oberstein. Die 350 Tipps zur Freizeitgestaltung sind optimal vorbereitet, sodass der Ausflug gleich beginnen kann.

»Das ultimative Nachschlagwerk für Familien.«
Allgemeine Zeitung Mainzer Anzeiger

ISBN 978-3-89859-441-7
256 Seiten, 16 €

pmv PETER MEYER VERLAG

SALZBURG, SEEN & BERGE MIT KINDERN

Über 400 spannende Aktivitäten im Seenland, Salzkammergut & Tennengau
Katja Faby

Salzburg, Mozart und Natur pur: Schwimmen und Wassersport an den glasklaren Salzburger Seen, radeln, wandern und klettern für alle, die ihre Kräfte messen wollen, Tiere beobachten und Höhlen erforschen sowie Seilbahn- und Skifahren auf hohen Gipfeln – Österreich ist für Familien ein Paradies!

Sensationell: Über 400 spannende Aktivitäten in und um Salzburg und zwischen Bad Ischl und Oberndorf hat Autorin Katja Faby zusammengestellt.

ISBN 978-3-89859-446-2.
256 Seiten, 16 Euro.

BODENSEE MIT KINDERN

400 x Abenteuer und Erlebnis rund um den ganzen See
pmv

Eine der beliebtesten Ferienregionen mit Kindern wieder- oder neu entdecken: Vom Bootsverleih über Tierparks bis zur kinderfreundlichen Unterkunft, vom Aquarium über die Radtour bis hin zum Apfelzügle-Express. Hier finden alle Kinder zwischen 3 und 13 Jahren ihren Lieblingsausflug rund um den See. Mit Beschreibung, Adressen, Anfahrt, Öffnungszeiten und Preisen.

»Voller Informationen, für die Eltern mehr als dankbar sein werden.«
Die Zeit

ISBN 978-3-89859-428-8
272 Seiten, 16 Euro

BERCHTESGADENER LAND & CHIEMGAU MIT KINDERN

Über 400 spannende Aktivitäten vom Chiemsee bis zum Watzmann
Katja Faby, Antje Kindler-Koch

Was können Familien im Berchtesgadener Land und im Chiemgau neben wandern und baden noch unternehmen? Dieser pmv-Freizeitführer stellt über 400 spannende Aktivitäten vor, die Urlaub und Freizeit verschönern und auch bei schlechtem Wetter für gute Laune sorgen. Frisch aufgelegt in bereits 3. Auflage!

»Übersichtlich, vielseitig und preiswert: Ein Reiseführer an dem Eltern samt Kindern Spaß haben werden.«
Berchtesgadener Land Tourismus

ISBN 978-3-89859-449-3
256 Seiten, 16 Euro

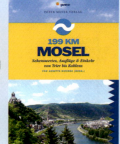

77 SCHÖNSTE ORTE HOLLAND
Schlösser, Parks und sehenswerte Orte. Mit Restaurant- und Hotelempfehlungen
von Monika Diepstraten

Holland ist überraschend anders. Dieses Buch zeigt, was es jenseits von Windmühlen, Grachten und Sanddünen zu entdecken lohnt. Übersichtlich und modern werden Orte und Sehenswürdigkeiten mit allen Reiseinfos und besonderen Einkehr- und Unterkunfttipps auf den Punkt gebracht.

Für Urlauber, Grenzgänger, Ausflügler mit Lust auf die schönsten Sehenswürdigkeiten und besten Tipps aus Gastronomie und Hotelerie.

ISBN 978-3-89859-180-5
256 Seiten, 18 €

FRANKFURT AM MAIN
Sehen & Erleben, Ausgehen & Vergnügen. Mit 10 Stadtrundgängen
von Annette Sievers

Auf den Spuren von Kaisern, Parlamentariern und Hausbesetzern: Bereits in 3. Auflage führt Annette Sievers ihre Leser mitten hinein ins schnelle Leben der Mainmetropole. Anschaulich und humorvoll verzahnt sie dabei in 10 wunderbaren Stadtspaziergängen das Gestern mit dem Heute. Mit über 250 Adressen zum Einkehren und Ausgehen.

»Machen wir es kurz: Selten habe ich einen so guten, einen so informativen Reiseführer gelesen.«
hr-Info

ISBN 978-3-89859-200-0
416 Seiten, 22 €

199 KM MOSEL
Sehenswertes, Ausflüge & Einkehr von Trier bis Koblenz
Annette Sievers (Hrsg.)

Ob Weinbergswanderung, Moselschifffahrt oder Porta Nigra – wer mit diesem prall gefüllten Reiseführer aufbricht, erlebt abwechslungsreiche Touren. Ansprechend gestaltet und hintergründig beschrieben, führt dieses Buch zu den schönsten Orten und Sehenswürdigkeiten entlang der deutschen Mosel, Einkehr- und Übernachtungsmöglichkeiten inklusive.

»So viel Genuss auf 256 Seiten ist kaum zu überbieten.«
Literatur-Report

ISBN 978-3-89859-310-6
256 Seiten, 18 €

WEITWANDERN HESSEN
Die 10 schönsten Trekkingtouren. Mit Einkehr, Unterkunft & Bahntransfer
Michael Schnelle

Wandern, einkehren und übernachten: Gründlich recherchierte Mehrtagestouren für Wanderer, Naturfreunde, aktive Entdecker und Hessenliebhaber, die gern mal ein bisschen länger durch Hessens schönste Regionen unterwegs sind.

»Darauf haben Hessen-Liebhaber gewartet!«
Wiesbadener Kurier

ISBN 978-3-89859-306-9
256 Seiten, 16 €

WALDWANDERN HESSEN
33 Premiumwege und Traumpfade durch Hessens schönste Wälder.
Dr. Wolfgang Seidenschnur, Hessen-Forst

Wer kennt den Wald besser als die Förster? Bald sind auch Sie Experte, denn dieser neuartige Wanderführer gibt echtes Insider-Wissen wieder. 33 Rundwege von 2 bis 5 Stunden Länge, 33 Karten, genaue Wegbeschreibungen und 186 Zusatztipps in den Randspalten machen Sie schlauer und Ihre Wanderung schöner.

»Hessens Förster verraten Wandertipps.«
Bild Frankfurt

ISBN 978-3-89859-307-6
256 Seiten, 16 €

DIE BELIEBTESTEN WANDERWEGE DER HESSEN
30 Touren zwischen Reinhardswald und Odenwald. Das Buch zur Sendung des hr-fernsehens
Annette Sievers

Welcher ist der beliebteste Wanderweg der Hessen? In einer großen Aktion haben die Zuschauer des hr-fernsehens abgestimmt: 30 abwechslungsreiche, landschaftlich interessante und wunderschöne Strecken aus dem Bundesland sind nun in Film und Buch festgehalten.

ISBN 978-3-89859-327-4
256 Seiten, 18 €

 pmv PETER MEYER VERLAG

Frohsinn liegt Ihnen?
Dann lassen Sie Ihre Kinder doch auf einem
»Optimist« segeln lernen!

Zum Beispiel an der Küste Schleswig-Holsteins: Der fröhliche pmv-Freizeitführer »Ostseeküste Lübeck mit Kindern« sagt Ihnen genau wo und wie. Finden werden Sie mit seiner Hilfe auch Hühnergötter, Donnerkeile und Bernsteine. Und wem's im »Opti«, dem kleinen Segelboot, doch zu windig wird, wandert durchs Hinterland, kriecht durch geheimnisvolle Gänge, schwätzt mit Kirchenmäusen und kostet Lübecker Marzipan gleich in der Fabrik. So werden Ferien unvergesslich!

**OSTSEEKÜSTE LÜBECK
MIT KINDERN**
350 Aktivitäten & Adressen im
Dreieck Lübeck, Plön und Fehmarn
Karolin Küntzel

256 Seiten
ISBN 978-3-89859-445-5
16 Euro. Im Buchhandel oder unter
www.PeterMeyerVerlag.de

www.PeterMeyerVerlag.de | PeterMeyerVerlag

pmv PETER MEYER VERLAG